农民工及其子女
文化适应的代际传递

Intergenerational Transmission
of Acculturation among Migrant
Workers and Their Children

王中会　　著

中国社会科学出版社

图书在版编目(CIP)数据

农民工及其子女文化适应的代际传递 / 王中会著.
北京：中国社会科学出版社, 2025. 4. -- ISBN 978-7
-5227-4863-4

Ⅰ. G12

中国国家版本馆 CIP 数据核字第 2025AJ7132 号

出 版 人	赵剑英	
责任编辑	郭如玥	
责任校对	闫 萃	
责任印制	郝美娜	

出 版	中国社会科学出版社	
社 址	北京鼓楼西大街甲 158 号	
邮 编	100720	
网 址	http://www.csspw.cn	
发 行 部	010-84083685	
门 市 部	010-84029450	
经 销	新华书店及其他书店	

印刷装订	北京君升印刷有限公司	
版 次	2025 年 4 月第 1 版	
印 次	2025 年 4 月第 1 次印刷	

开 本	710×1000 1/16	
印 张	18.75	
字 数	317 千字	
定 价	108.00 元	

目　录

绪　论

第一节　选题依据

随着我国城镇化建设的推进，截至 2010 年第六次人口普查，城乡流动人口已达 2.21 亿，其中与农民工一起迁移的流动儿童有 3581 万（段成荣，2015）；截至 2016 年流向外地的农民工已达 1 亿 6934 万人（国家统计局，2017）。2020 年第七次人口普查数据显示，人户分离人口为 49276 万人，与 2010 年相比，人户分离人口增加 88.52%，流动人口规模进一步扩大（国家统计局，2021）。农民工不仅数量庞大，而且近年来引发的诸多事件已引起社会和政府的高度关注，如富士康"十一连跳"、南海本田罢工事件、潮州古巷事件、广东增城事件等；农民工子女也面临婚恋"归根"家乡和"扎根"城市的两难和犯罪比例上升等困境。可见，农民工及其子女由于融入城市的困境引起了强烈的心理冲突和困惑，他们的心理困惑与精神状态已经影响到了社会的和谐与稳定。《国务院关于进一步做好农民工服务工作的意见》指出，"丰富农民工精神文化生活，把农民工纳入城市公共文化服务体系"，为农民工文化适应提供了政策支持。但农民工及其子女与城市文化的冲突依然存在，本研究尝试探析上述问题。

一　国内外研究学术史梳理及研究动态

人的城镇化，是中国城镇化发展的本质（郑杭生等，2014）。"人的城镇化"需要从农村文明向城市文明进行脱胎换骨的转变（徐惟诚，2013）。农民工融入城市，有经济、社会和心理文化三个依次递进的层次，而心理文化适应是农民工完全融入城市的标志（朱力，2002；唐琼，2013；李国新，2011；迟云福，2013；曹峰，2011）。然而，目前绝大多数农民工一直处于"半城市化"状态，具体表现为：就业非正规化、发展能力弱化、居住边缘化、生活孤岛化、名声妖魔化、社会认同内卷化（王春光，2006）。农民工在城市文化融入过程中存在交往、生活方式和心理三个方面的隔离障碍（唐琼，2013）。由于文化适应是农民工城市融入的核心标志，但城乡文化的冲突无法避免，将对此进行深入探析。

农民工及其子女的文化适应主要有四个研究视角：

1. 文化排斥的视角：文化排斥是由于各种原因导致外群体无法融入主流文化（包括行为方式、生活方式、价值观、生活技能等）的状态和过程（胡艳辉，2009），产生文化排斥的直接原因是文化冲突。宋林飞（2005）认为，农民工面临三个方面的文化冲突："一是结合紧密的、以家庭和社区为纽带的乡村文化与注重个人奋斗、注重竞争的城市文化相冲突；二是重视情谊的乡村文化与市场经济理性文化相冲突；三是平等的乡村文化与歧视性的城市亚文化相冲突。"汤林春（2009）提出农民工子女面临表层（外表、语言和饮食习惯）、中层（学习习惯、生活规范和教育方式）和深层（内在价值观）三个层次的文化冲突，也从侧面反映了流动人群在城市面临文化冲突的层次性。

2. 文化融合的视角：从文化本身的适应价值来说，城乡文化之间并没有孰优孰劣之分，人的城镇化不应是城市文化对乡土文化的否定与削弱，乡土文化保留了很多传统文化的优秀成分，对人更好地面对工业化困境具有启示作用（张春妹，2014）。中国城镇化建设也要继承和吸纳传统文化，乡土文化中的优秀传统会通过某些方式继续影响和改变着当下社会，因此需要构建乡土文化与城市文化的有效对接（邹慧君，2014；胡晓红，2008）。

由此可见，农民工文化适应的过程，既是城乡文化相互排斥和冲突的过程，也是相互融合、渗透的过程，但国内对此尚无深入研究。

3. 文化资本的视角：法国社会学家布尔迪厄（1989）提出"文化资本"的概念并将其分为三种形式：具体化形态是指知识、技能和教养等文化产物；客观化形态是指书籍、古董等物质性文化财富；体制化形态是指认定合格文凭等方式的制度。由于文化资本与经济资本、社会资本之间能够相互转化，农民工由于原本的生存环境、生活方式、人际交往、价值观念等文化资本的缺乏，阻碍了他们融入城市，也影响了他们的文化素养、职业能力和社会地位（赵芳等，2008；陈甫英、沈裔翀，2016；李为君，2011、2012；陈长松，2008；张海峰、韩云洁，2012；赵芳、黄润龙，2008；胡洪彬，2012；王小红，2008）。文化资本不仅影响农民工自身的文化适应，而且具有代际传递机制，进而影响其子女的文化适应，在价值观（如乡土观念、消费观念）、职业选择、社会交往方面会产生代际传递（李国强等，2014；卓玛草等，2016）。农民工子女的文化适应在语言交流、风俗习惯、身份认同、价值观念、情感认知、人际关系、行为模式等方面均存在困难（范兴华等，2012；冯帮 2011a、2011b；程建等，2010；李红婷，2009；徐丽琼，2012）；也面临婚恋"归根"家乡和"扎根"城市的两难、就业渠道少、择业范围小和犯罪比例上升等困境（刘淑华，2008；韦丽霞，2012）。农民工子女文化适应的困境是否受到父代文化资本的影响，是否进而影响农民工及其子女文化适应的代际传递，国内仍无深入研究。

国外研究已经发现，教育成就（Feinstein et al.，2004）、社会阶层（Dohmen，2009）、贫困（Bird，2007）、政治倾向（Jennings et al.，1999）、犯罪行为（Rakt，2001）、风险态度（Paola，2010）、攻击行为（Cui et al.，2010）、婚姻质量（Perren et al.，2005）等都存在代际传递。同样，文化价值取向（Pinquart et al.，2004）、传统价值观（Paryent et al.，2010）、宗教信仰等（Bengtson et al.，2009）也存在较强的代际传递。尽管代际传递是文化连续的重要方式，但传递也有选择性，父母为子女提供一个价值框架，子女在此文化价值框架里主动形成自己的社会价值观，并非完全照搬父母的社会价值取向（Schönpflug，2001）。因为代际传递的选择性，不同文化价值观内容的代际传递效应也不同，Tam 等发现，父母不仅向子女传递他们个人认同的价值观，也会刻意传递社会上公认的重要价值观（Tam et al.，2012）。与当前社会文化环境相一致的文化价值观更容易获得代际传递（Schönpflug，2001），并且亲子关系质量能强化价值观的代际传递效应（Albert et al.，2012）。

因此可以推测，我国农民工及其子女的文化适应也会存在代际传递；由于传递具有选择性，而且变迁是文化的重要特征之一（周晓虹，2000），传递也可能存在代际差异。

4. 代际差异的视角：第一代农民工进入城市后，复制了乡村规则和文化理念，仍然过着"文化内卷"的生活；而新生代农民工通过文化适应的层层努力，内化了城市文化符号，形成了"去内卷化"的特征（汪国华，2009）。第一代农民工和新生代农民工的差异，其城市融入可分为"流动者"和"移民"两类人群，从争取"流动权"向争取"移民权"转化（秦阿琳，2013）。国内仅有对农民工和新生代农民工两个群体之间文化适应的代际差异研究，而无家庭内部亲子之间文化适应的代际差异研究。

国外研究已关注移民个体和家庭的文化适应过程。Kwak（2003）认为代际文化适应模式的分歧程度会威胁代际关系，而传统的核心价值观和文化网络越稳定，第二代移民越会延迟自主选择生活方式，以保持积极代际关系。Lau 等（2005）发现，比父母更疏离于主流文化的青年移民，发生问题行为的可能性更小；反之，对原籍文化更生疏的青年移民，问题行为却更多。因此，在主流文化中适应更快的移民子女，其家庭可能会承受更多的代际冲突，子女的心理痛苦、抑郁和患病率更高（Ying，2007；Choi & Thomas，2009；Lo，2010；Dinh，Roosa & Jenn-Yun，2002）。Burt 等（2005）认为针对不同性别子女，其代际传递效应不同，女儿更易受到母亲抑郁的影响，而其他研究者则认为男孩更易受到母亲抑郁的影响。文化适应中的代际冲突表现在约会与婚姻上，男性比女性冲突少，其中亚裔最少（Huong & Chung，2001）。因此，文化适应的代际差异影响家庭冲突，甚至影响子女的身心健康。

农民工及其子女的文化适应，根据文化资本理论和国外代际传递研究来推论，既可能出现代际传递，也可能出现代际差异，进而影响其子女的身心健康和在社会中的全面适应和发展。代际传递逐渐成为国内外社会学领域关注的焦点，是人类文化连续性或改变的核心机制之一（Schönpflug，2001）。在农民工及其子女文化适应方面，国内尚无家庭内部代际传递、代际差异的研究，因此也无法深入探析城乡文化是否在代际传递过程中发生了传承或变迁。

二 研究问题的提出

从上述农民工及其子女文化适应中社会排斥和文化融合的研究视

角可见，农民工及其子女在文化适应的过程中，既可能受到城市文化的排斥，也会积极地融入城市文化，同时可能会保留原有的农村文化，在城市文化和农村文化之间冲突、碰撞中，逐渐融合、融入城市文化的过程。在农民工及其子女文化适应的过程中，会保留哪些农村文化，学习哪些城市文化，经历两种文化的冲突后又如何实现融合呢？

再根据文化传承与进化的理论，传承与使用是文化发展过程中两种重要的选择机制，即忠诚传承传统文化和在使用中发展传统文化的相互博弈过程，这两种选择机制必然出现在文化进化中。文化传承是文化世代累积的基础，只有通过文化的代际传递，人类才有可能积累出当今繁荣的文化。但为了代代相传，一种文化特征面临两大挑战——它必须基本完整地传递给新的个体，实现文化的代际传递，而且要履行某些理想的功能；但同时也必须经受住使用的考验，即这种文化特征在个体使用的过程中可以帮助个体适应环境。当一种文化特征同时可以经受得起传承和使用的双重考验时，文化才能在传承和使用（不断提升适应环境的能力）的相互作用下不断进化发展（Monica Tamariz，2019）。

依据文化传承与进化理论，农民工及其子女文化适应的代际传递过程，一方面原籍的农村文化可能会产生传递；另一方面农民工及其子女为了适应城市文化，也会积极学习和使用城市文化。再根据代际差异的视角，农民工及其子女文化适应的过程不仅是农村文化与城市文化冲突与融合的过程，同时，农民工及其子女文化适应的代际传递过程，也会存在代际差异。

因此，在第一章中，重点探析农民工及其子女文化适应的代际差异及代际传递。

再从上述文化资本的视角，探析文化资本对文化适应有何影响。对于移民来说，社会和文化资本的相互作用变得非常重要，这有利于将其转化为经济资本，经济资本又可以转化为社会和文化资本（Dinesh Bhugra，Cameron Watson & Antonio Ventriglio，2020）。Tutu 和 Busingye（2019）进行了一项有趣的概述，将文化适应、文化资本、生活方式和健康联系起来。他们指出，文化资本影响健康和生活方式，并指出文化资本也影响语言习得、理解、饮食、服饰和价值观等文化适应的各个方面。Concha，Sanchez，De La Rosa 和 Villar（2013）对佛罗里达州的拉丁裔移民进行了研究，发现文化资本和朋友的支持积极促进了移民的文化适应，因此，在移民背景中，文化资本和社会支持确实变得很重要。在移民群体中，文化资本在促进移民文化适应和减少文化适应压力方面可能会变得更加重要（Dinesh Bhugra，Cameron Watson & Antonio Ventriglio，2020）。

从已有研究可见，农民工及其子女的文化适应均会受到文化资本的影响，农民工及其子女文化适应的代际传递可能也会受到文化资本的影响，而且根据布尔迪厄文化再生产理论，文化资本自身也会存在代际传递。因此，第二章重点探析农民工及其子女文化资本的代际传递，同时也探析文化资本对农民工及其子女文化适应代际传递的影响。

价值观的代际传递是文化延续和文化变迁的核心问题，因此引起了越来越多学者的研究兴趣。价值观为行为提供标准，从而规范日常行为以及做出重要和关键的生活决定（Garling，1999）。文化适应是指人们接触新文化时，价值观、信仰和行为发生改变的过程（Berry，2006；Farver，Narang & Badha，2002）。由文化适应的定义可见，价值观是文化适应的重要因素，它对行为产生重要影响。由于价值观是文化适应中的重要因素，我们在第三章中重点探析价值观是否存在代际传递、价值观的代际传递与文化适应的代际传递有何内在关联。

上述三章从三个层面全面揭示农民工及其子女的文化适应存在代际传递的内在机制，即个体、家庭和社会三个层面探析农民工及其子女文化适应代际传递的内在机制。在个体层面，第三章重点从农民工及其子女价值观是否存在代际传递，其中农村价值观和城市价值观是否存在代际传递？由于价值观是文化适应的重要因素，进而从个体价值的层面揭示文化适应代际传递的内在机制。在家庭层面，第一章中不仅探析农民工及其子女文化适应的代际传递及代际差异，同时揭示亲子依恋和家庭亲密适应在此代际传递中是否起到中介作用，进而揭示家庭因素对农民工及其子女文化适应代际传递的影响。在社会层面，在第二章中揭示农民工及其子女文化资本的代际传递，以及文化资本对农民工及其子女文化适应代际传递的影响。通过上述三章整体揭示农民工及其子女文化适应代际传递的个体、家庭和社会机制。

三　研究总体框架

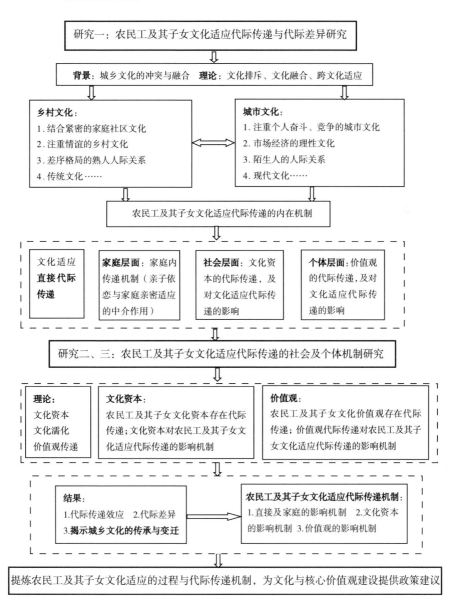

四　学术价值与应用价值

1. 学术价值：本书从社会主义核心价值体系建设、文化建设、文化强国的时代背景出发，深入分析农民工文化适应过程中城乡文化的冲突与融合，探析农民工及其子女之间文化适应的代际传递机制，不仅有利于揭示文化适应的动态机制，而且有利于揭示文化价值观的传承机制，可以丰富我国乃至世界的文化适应理论，具有重要的学术价值。

2. 应用价值：本书不仅能帮助农民工及其子女走出文化适应的困境、促进其身心健康和全面发展，还能为我国社会主义核心价值观建设中如何融合城乡文化、如何传承优秀文化提供智力支持，进而为我国社会稳定、经济发展、文化和谐、社会和谐发挥积极作用。

五　研究的重点难点

（一）重点

1. 农民工及其子女文化适应的动态过程，揭示城乡文化冲突与融合机制；

2. 农民工及其子女文化适应的代际传递过程，揭示城乡文化传承与变迁机制。

（二）难点

以文化资本的宏观理论与家庭互动的微观视角，研究农民工及其子女文化适应的代际传递机制。

六　研究的主要目标

希望通过本书能够探析农民工及其子女两代人如何在城乡文化冲突与融合中达到文化适应，进而揭示文化适应的动态过程，同时发现两代人之间文化适应的代际传递或代际差异，并揭示城乡文化如何在两代人之间传承与变迁。最后提炼农民工及其子女文化适应的过程与代际传递机制，为我国的文化建设、文化强国、社会主义核心价值体系建设提供政策建议。

第二节　研究对象及调查过程

一　研究对象

（一）研究对象的分层抽样

我国农民工及其子女数量庞大、分布广泛，但更集中于大城市。我国第六次人口普查数据显示，流动人口超过 500 万的城市有上海、北京、重庆、武汉、天津、广州。为了更全面地揭示农民工及其子女文化适应的现状及传递机制，本研究选取北京作为中国北方的大城市调查地，为了使样本具有较好的代表性，采取了四次分层抽样的方法进行抽样。

第一层抽样在北京选取三个有代表性的流动人口聚集区。在课题开始研究的 2017 年，第六次人口普查数据是北京市外来人口官方最权威的数据。根据 2010 年第六次人口普查数据，北京市外来常住人口，朝阳区、海淀区超过百万，分别为 151.5 万和 125.6 万；昌平、丰台、大兴区在 50—100 万，外来人口分别为 87.4 万、81.3 万、64.4 万；在北京市地区，在上述五个外来人口集中的区域抽取了海淀、丰台、大兴三个区为本研究的调查区。

第二层抽样分别在北京市的海淀、丰台、大兴三个区，每个区抽取一个以农民工子女为主的打工子弟学校为调查单位，确定三个打工子弟学校为调查单位。

第三层抽样分别在三个已抽取的打工子弟学校对三年级及以上的班级（三年级以下的儿童阅读问卷比较困难，因此不作为本调查的研究对象）进行抽样，每个学校抽取 8 个班级。

第四层对已抽取班级中的农民工子女进行整群抽样，在每个被抽取的班级中以每个农民工子女的家庭为单位（每个家庭一般三口人为一组，即农民工子女及父亲、母亲）作为调查对象。经过四层抽样，最后在北京市抽取 837 个家庭（农民工子女及父亲、母亲）作为本研究的调查对象，经筛查有效调查对象为 818 个家庭。

（二）研究对象的基本情况

在本次调查对象中，性别分布为：农民工子女男生 419 人、占 51.2%，女生 399 人、占 48.8%；班级分布为：三年级 239 人、占 29.2%，四年级 228 人、占 27.9%，五年级 186 人、占 22.7%，六年级 165 人、占 20.2%；父亲受教育程度分布为：父亲受教育水平低的（小学及其以下）有 250 人、占 30.6%，中等的（初中）有 355 人、占 43.4%，高的（高中及其以上）有 213 人、占 26.0%；母亲受教育程度（与父亲分类相同）分布为：低的有 203 人、占 24.8%，中等的有 374 人、占 45.7%，高的有 241 人、占 29.5%。家庭月收入分为低（4000 元以下）、中（4000—10000 元）、高（10000 元以上），低的有 208 人、占 25.5%，中等的有 386 人、占 47.2%，高的有 224 人、占 27.3%。农民工子女的平均年龄为 10.53±1.36 岁。

表 0.1 农民工子女及其父母在各人口学变量上的分类

分类	性别		年级				父亲受教育程度			母亲受教育程度			家庭月收入（元）		
	男	女	三	四	五	六	小学及以下	初中	高中及以上	小学及以下	初中	高中及以上	低	中	高
人数（人）	419	399	239	228	186	165	250	355	213	203	374	241	208	386	224
占总人数比例（%）	51.2	48.8	29.2	27.9	22.7	20.2	30.6	43.4	26.0	24.8	45.7	29.5	25.5	47.2	27.3

此外，父母的婚姻状况分布为已婚 789 人，占 96.42%；单身 29 人，占 3.58%。父母的年龄分布为 25—30 岁的 197 人，占 24.10%；31—40 岁的 512 人，占 62.55%；41—50 岁的 109 人，占 13.35%。

在一、二、三章中，问卷的施测过程和研究对象均与上述情况相同，关于施测过程和研究对象不再赘述。

二 问卷的施测过程

为了保证调查的质量，农民工子女的调查时间是他们在学校上自习课的时候，由本研究调查组的老师或经过培训的研究生进行施测，如果学生在填写问卷过程中提出任何问题，调查组的老师或研究生会针对普遍问题集体解答或根据个别问题单独解答，尽量让每个农民工子女在理解问卷问题的基础上认真准确作答。为了保障三四年级同学能够理解问卷的内容，先让学生阅读问卷，把不认识的字词挑选出来，把不理解的内容说出来，施测人员先集中讲解，再进行问卷填答。在每个农民工子女自己填写完问卷后，发给他们两份农民工版调查问卷，并由调查组老师或研究生向他们讲解当他们父母填写农民工版调查问卷时的注意事项。保证每个农民工子女听懂的前提下，再由他们将问卷带回家给自己的父母填写。同时，由调查组老师或研究生对每个调查班级的班主任进行培训，讲解农民工版调查问卷的注意事项，让每个班主任都理解调查问卷中的问题，并提前了解家长在填写过程中可能遇到的问题，以及如何解答这些问题。若同学将农民工版调查问卷带回家，家长在填写过程中遇到任何问题，可以通过家长微信群向班主任提问，或者单独发私信向班主任提问，确保每个家长均可以准确理解调查问卷中的问题并有效回答。为了保障调查质量，给填写问卷农民工子女及其父母每个人 10 元左右的小礼物表达感谢，礼物随问卷一同发放。回收问卷之后，对每一份问卷进行了筛查，对于有问题漏答、不认真填写、只填写某个答案的问卷确定为无效问卷，同时也核对每个家庭（农民工子女、父亲、母亲）3 份问卷是否填写完整、是否有无效问卷，除单亲家庭外，每个家庭 3 份均为有效问卷的才被确认为最终的有效问卷。经过筛查后，北京市有效问卷为 818 份，有效问卷回收率为 97.7%。

第三节　思路及方法

一　基本研究思路

以北京市 818 户的农民工及其子女为研究对象，对其进行文化适应、文化资本、城乡价值观等方面的问卷调查。重点研究农民工及其子女在文化适应过程中面临哪些城乡文化冲突，采取何种方法和策略达到文化融合与适应；探析两代人之间文化适应的相似性与差异性，揭示文化适应的代际传递机制和城乡文化传承与变迁的过程，为推进农民工及其子女的文化适应、文化建设、社会主义核心价值观体系建设贡献一定的理论思考和智力支持。

二　具体的四个研究

研究一：农民工及其子女文化适应的现状、代际传递及代际差异研究（第一章）

在第一章中，首先以文化适应的一维理论框架（是否适应城市文化这一维度为标准）为基础，揭示农民工及其子女对文化适应的现状，再分析农民工及其子女文化适应是否存在代际传递。在此基础上，进一步深入探析农民工及其子女文化适应代际传递的内在机制，在第一章中，重点剖析家庭内部的文化适应代际传递机制，力图阐明亲子依恋和家庭亲密适应在文化适应代际传递中的影响机制。

其次，以文化适应的二维理论框架（是否适应农村文化和是否适应城市文化两个维度为标准）为基础，先从代际差异的视角，解析农民工及其子女在农村文化适应和城市文化适应两个维度上的代际差异；再从代际传递的视角，进一步阐发农民工及其子女在农村文化适应和城市文化适应两个维度上的代际传递。

最后，从农民工及其子女如何传承农村文化，如何学习适应城市文化，在文化适应过程中的冲突和融合机制是什么？再从代际差异和代际传递的视角，从家庭内在的影响机制的视角，深入阐释农民工及其子女文化适应代际传递的家庭内在机制。

研究二：农民工及其子女文化资本的现状、代际传递及对文化适应代际传递的影响（第二章）

在研究二中，先揭示农民工及其子女文化资本的现状，进而分析农民工及其子女文化资本是否存在代际传递，再进一步探析文化资本对文化适应的影响。

文化资本是影响文化适应代际传递的社会机制，在研究二中进一步深入探讨文化资本在农民工及其子女文化适应代际传递中的影响机制。

研究三：农民工及其子女城乡价值观现状及代际传递机制研究（第三章）

在研究三中，先揭示农民工及其子女城乡价值观的现状，进而分析农民工及其子女城乡价值观是否存在代际传递，并进一步探析文化资本对城乡价值观的影响。

由于价值观是文化传承和文化变迁的核心要素，我们在探析城乡价值观是否存在代际传递的基础上，进一步阐释农民工及其子女城乡价值观的代际传递是否会影响其文化适应的代际传递。

将三个研究中的个人价值观、家庭关系与文化资本三个要素相结合，进一步全面阐释个体价值观、家庭关系和文化资本如何对农民工及其子女文化适应代际传递产生影响，再全面剖析个体价值观、家庭关系和文化资本对农民工及其子女文化适应代际传递的影响机制。

研究四：提升流动儿童文化适应的个案干预研究（第五章）

通过个案工作方法干预流动儿童文化适应，提升流动儿童文化适应的水平，进而阻断农民工向其子女进行不良的文化适应代际传递效应。

第四节　创新之处

一　学术思想方面

以往研究多关注流动人口文化适应的现状，缺乏剖析文化适应过程中城乡文化冲突与融合机制，更未从微观视角分析农民工及子女文化适应的代际传递机制，也未从宏观视野揭示代际传递中城乡文化的传承与变迁。因此，本研究不仅是在流动人口文化适应领域的深入拓展，也为中国社会变迁中城乡文化的冲突与融合、传承与变迁提供理论思考和实证支撑。

二　学术观点方面

流动人口的文化适应也是个体、家庭、群体的文化适应，以往研究多关注农民工或子女作为个体或群体的文化适应状况，忽略了家庭整体文化适应的动态过程，也未进一步分析两代人之间文化适应的相似性与差异性。本研究以家庭视角为主，同时关注个体与群体，全面揭示流动人口文化适应的动态过程与代际传递机制。

三　研究方法方面

本研究不仅运用了定量研究、横断面研究，而且将个体、家庭互动与社会因素相结合，并将现状研究与机制研究有机结合并综合运用，进而深入揭示文化适应过程中文化冲突与融合的动态过程，运用结构方程建模揭示文化适应代际直接和间接的传递机制。

第一章

农民工及其子女文化适应的现状、代际传递及代际差异

第一节　文献综述与问题提出

一　文化的进化是文化传承与使用之间的平衡

文化发展过程是文化传承与文化进化交互作用的过程。文化传承与进化理论认为，传承与使用是文化发展过程中两种重要的选择机制，即忠诚传承传统文化和在使用中发展传统文化的相互博弈过程，这两种选择机制必然出现在文化进化中。文化传承是文化世代累积的基础，只有通过文化的代际传递，人类才有可能积累出当今繁荣的文化。但为了代代相传，一种文化特征面临两大挑战——它必须基本完整地传递给新的个体，实现文化的代际传递，而且要履行某些理想的功能；但同时也必须经受住使用的考验，即这种文化特征在个体使用的过程中可以帮助个体适应环境。当一种文化特征同时可以经受得起传承和使用的双重考验时，文化才能在传承和使用（不断提升适应环境的能力）的相互作用下不断进化发展（Monica Tamariz，2019）。

文化传承与进化的理论认为，由于文化既要传承又要进化，因此文化传承会介于精确传递和完全失败传递之间。文化的持久性是文化通过代际传递才得以传承，但文化也正是在人和群体及其环境之间的持续互动中塑造和重塑（Cavalli-Sforza & Feldman，1981）。文化传递过程不是文化在后代中复制；它介于精确的传递（父母和后代之间几乎没有任何区别）和完全失败的传递（世代之间几乎没有任何相似之处）之间。从功能上讲，任何一种极端都会给社会带来问题。完全传递意味着不允许有新颖性和变化，不允许对新情况做出新的有效反应，而传递失败则意味着代

际间一致认同的文化丧失其凝聚力，几代人之间无法在共同的文化中达成共识与和谐（Boyd & Richerson，1985）。

为了全面揭示人们如何在文化传承和文化使用之间相互博弈进而实现有效平衡的过程，研究者开始关注移民家庭，他们从一种文化进入另一种新文化，经历了社会文化快速而深刻的变化。移民面临如何传承自己的原籍文化，即原籍文化代际传递问题，同时也面临如何适应新的文化，即移民在新文化中的文化使用和文化适应问题。本研究将从移民文化代际传递和在新文化中的文化适应两个方面进行文献梳理。

二　移民文化代际传递的路径、动力及效果

文化的代际传递可能有以下三种路径：垂直传递、斜向传递、横向传递。文化传承可以通过父母向子女的垂直传递来完成。移民父母为了维护原籍的传统文化，将其有意识地传递给子女的过程。但在移民文化适应的背景下，如果原籍的传统文化与新文化相冲突，这种垂直传递就会陷入矛盾之中，垂直传递会变得更加困难。斜向传递是父辈以外的上一代人的文化影响下一代人。移民的斜向传递主要是对移民国社会文化与环境的学习和适应过程。在移民群体中的垂直和斜向传递路径之间会存在一些不一致的情况，即垂直原籍文化的传递与斜向新文化的适应之间可能存在冲突（Berry，Poortinga al.，1992）。横向传递是同辈之间在文化方面的相互影响，在移民背景下，移民子女会更多地接触移民国的同辈群体，更多的是对移民国社会文化与环境的学习和适应过程。由此可见，尽管文化代际传递在原籍国有三种路径，但对于移民群体而言，仅在垂直传递中父母才有可能有意识地传递他们的原籍文化。

移民父母在移民后可能会有更大的动力和投入更多的精力，有意识地将他们的文化传承下去（Laland，1993）。在移民国社会，由于原籍文化较难实现斜向传递和横向传递，可以预期家族内部有更强烈的传递动机，父母会更有意识地直接、持续地传递原籍文化。亲子配对样本的相关数据研究表明，与非移民家庭相比移民家庭会更强烈、更努力维系和传递原籍的传统文化，与土耳其（伊斯坦布尔）相比，在德国的土耳其父母会向子女传递更多与孝道相关的规范（Nauck，1997）。此外，由于移民往往在移民国社会面临社会不利地位和歧视，族裔文化资源和代际团结有助于支持以家庭为基础的社会流动战略，这也促进原籍文化的传递与认同

(Phalet & hagendorn, 1996; Phalet & Swyngedouw, 1999)。

尽管移民父母可能有更大的愿望将原籍的传统文化传给下一代，但同时可能会面临更多的困难。一方面，因为新一代成长在一个不同于他们父母社会化和文化熏陶的环境中，父母原籍文化中的信念和价值观可能有一些或大部分失去了适应的价值。此外，父母的榜样也会受到竞争榜样的挑战，这些竞争榜样在移民国的主导文化中往往更有吸引力或更有声望。另一方面，移民家庭原籍文化的代际传递可能不会增强子女适应多变环境的能力。因为原籍文化的传递在移民国可能会产生机能失调，不仅后代不愿意接受传递，父母也不愿意传递自己的文化取向，因而父母向子女文化传递的效力应该会比较低。此外，移民子女的文化适应速度通常比父母快（Schönpflug, 2007），因此，在移民背景下，亲子代际价值差异随着居住时间的延长而增加（Phinney, Ong & Madden, 2000）。

由此可见，尽管移民有更强的动机和意愿希望原籍文化代际传递，但由于原籍文化在移民国新文化中的使用价值降低，从而可能导致原籍文化传递效果不佳。因此，移民原籍文化代际传递的研究无法回避的问题是移民如何在新文化中进行文化适应，进而在原籍文化代际传递与新文化适应之间达成平衡。接下来我们重点讨论移民在新文化中的文化适应问题。

三 移民文化适应

文化适应是个体接触并适应一种新文化的发展过程（Ferguson, 2013），在这个过程中，移民个人要适应一种新的文化，他们的信仰、价值观和行为可能会因为这种接触而改变。文化适应的定义有很多，其内容包括文化价值、实践、偏好、语言、媒体使用、家庭义务和种族认同等（Berry, 2006; Farver, Narang & Badha, 2002）。文化适应的目的是将个体发展成在一种文化中有能力的成员，包括在身份、语言、仪式和价值观方面的适应（Berry & Georgas, 2006）。它可以采用外显的、有意的学习形式，也可以采用内隐的、无意的学习形式。心理文化适应指的是在文化多样性的社会中，移民与移民国社区之间的跨文化接触所产生的心理后果（Berry, 2002）。文化适应有两个重要组成部分：个人在原籍文化的保留程度和在移民国文化的参与程度（Berry, 1980）。最常见的情况是在移民的背景下，移民者必须选择那些文化价值观和习俗可以保留他们的原籍文化，同时达到与移民国文化的兼容性。文化适应通过不同的文化维度

（包括移民国文化、原籍本土文化）来被衡量。由于维度不同，文化适应类型的划分也不同，下面介绍按照不同维度划分的三种文化适应类型。

1. 传统单维文化适应模型

传统的文化适应模型认为，文化适应是沿着一条线性路径进行的，即从没有适应移民国文化和完全沉浸在原籍文化中，到完全适应移民国文化和丧失原籍文化取向。许多研究者对文化适应的研究采取了这种单维的方法，认为在移民国文化中的文化适应会导致本土文化的丧失。这些研究没有承认文化适应的复杂性，也没有承认文化适应在每种文化中的作用可能是不同的。当研究沿着线性路径测量文化适应性时，关于新旧文化的信息被混杂在一个测量分数中，很难全面理解移民国文化与原籍文化在文化适应中的作用（Birman，2006b）。

2. 双维文化适应模型

双维文化适应模型认为，移民可以采用和保持一种以上的文化信仰、价值观和行为，而对新文化的适应与对原籍传统文化的保持这两者无关（Berry，2006）。文化适应过程的两个维度是：面向原籍文化（文化维护取向）和面向新文化（文化采纳取向）的态度和行为（Ryder，Alden & Paulhus，2000）。Berry（2006）提出了一个文化适应的双维模型，该模型同时考虑了对移民国文化的采纳和对原籍传统文化的维护，从而得出了四种文化适应的结果：融合，代表着同时对移民国主流文化和对原籍传统文化的高度认同；同化，代表着对移民国主流文化的高度认同但对原籍传统文化的低认同；分离，代表着对移民国主流文化的低认同但对原籍传统文化的高度认同；边缘化，代表着对移民国主流文化和原籍传统文化均低认同。

3. 全球指数与多维文化适应模型

除了对原籍文化和移民国文化的关注外，文化适应理论也越来越强调文化适应的多个领域或维度的重要性，如语言、习俗和对新旧文化的认同（Bman，1994；Bman & Trickett，2001；Kim，2003；Kwak & Berry，2001）。尽管大多数研究将这些维度结合到一个全球文化适应指数中（Cortes et al.，1994；Marin，Sabogal，Marin，Otero－Sabogal & Perez－STRATE，1987；Triandis，Kashima，Shimada &Villareale，1986），但数据表明，这些不同维度对文化适应过程有不同的影响。例如，人们注意到了行为文化适应和身份文化适应之间的区别（Bman，1994；Clark，Kaufman

& Piels，1976；Padilla，1980）。因此，文化适应差距可能在一些文化适应领域很明显，在另一些领域不明显。

四 文化适应的代际差距

人们常说，移民父母和他们的孩子越来越多地生活在两个独立的文化世界中，青少年与其父母之间的这些文化差异被称为文化适应代际差距。一个典型的情况是，移民父母坚持他们的传统文化信仰，而他们的孩子则认可移民国的主流价值观，从而导致了冲突的发生。在移民之后，个人必须在保留其原籍文化特征和采用移民国文化特征之间找到平衡。父母和孩子对新文化的适应速度可能不同，这可能导致父母和孩子之间的文化适应存在代际差异（Kwak，2003；Okagaki & Bojczyk，2002）。文化适应是由于两个或两个以上文化群体成员之间的接触而发生文化变化的过程（Berry，1980）。父母和子女在文化价值观上的冲突——在移民家庭中非常普遍，以至于被认为是一种习以为常的现象（Lee et al.，2005；Sluzki，1979；Ying et al.，1999）。当考虑到家庭背景时，文化适应过程更加复杂，因为移民父母和他们的孩子可能以不同的速度适应新的文化，导致文化价值观的代际差异（Costigan & Dokis，2006b；Phinney，Ong & Madden，2000）。

人们注意到，儿童适应新文化的速度比他们的父母更快（Bman & Trickett，2001；Szapocznik & Kurtines，1980），特别是在参与新文化的过程中，他们学会了新的语言和行为。相比之下，成年人更倾向于保留其原籍文化的某些方面，他们对新文化的适应速度较慢（Pawliuk，1996）。因此，人们认为，随着时间的推移，父母和孩子之间会出现文化适应的鸿沟。这些文化适应差异被认为是导致两代人之间家庭冲突的原因之一，移民家庭的家庭冲突比非移民家庭更明显（Dinh et al.，1994；Kwak，2003；Landau，1982；H. Nguyen，Messe & Stollak，1999；Rosenthal，1984）。

一些理论家假设，与移民文化适应过程相关的代际压力可能会严重破坏父母—青少年的关系，并在这一适应过程中加剧父母—青少年的冲突水平（Kagitcibasi，1989；Lazarus，1997；Min，1998；Rosenthal，1984；Storer，1985；Szapocznik，Kurtines，& Fernandez，1980；Zhou & Bankston，1998）。当年龄较大的移民儿童开始与其父母逐渐产生分歧时，这可能会导致两者之间文化适应的差异更大。更高水平的文化适应差异和代际压力可能会导致更高、更激烈的亲子冲突和消极的沟通交流状况。事实上，移民家庭和非移民家庭之间父母—青少年关系质量的差异在几个文化群体中都得到了验证（Dinh, Sarason, & Sarason, 1994；Rosenthal, 1984）。然而，令人惊讶的是，很少有实证研究探索父母—青少年关系质量和移民家庭文化适应差异率之间的直接联系。

五　文化适应代际差距的四种类型（融合移民国和本土两种文化取向）

文化适应代际差距—压力模型仅讨论了一种文化适应差距，即青少年比他们的父母在移民国文化中的文化适应程度更高。然而，根据 Berry（2006）的文化适应的双维模型，存在几种不同类型的父母—子女文化适应代际差距。在一个家庭中，父母和孩子在移民国和原籍本土文化中的文化适应水平可以是匹配的（一致而无差距的），他们可以在两种文化中都有文化适应的代际差距，或者他们可以在一种文化中适应水平一致，但在另一种文化中具有不同的文化适应水平。对文化适应代际差距的研究几乎都没有提到，父母与子女在移民国和原籍本土文化中的文化适应性差距如何同时影响家庭。也许两种文化的文化适应代际差距比只有一种文化的文化适应性代际差距更糟糕（Flavio, Elizabeth & Stephanie, 2016）。

在每个文化维度（移民国文化和原籍本土文化）中，文化适应差距可以是两个方向中的一个（即子女大于父母或子女小于父母），从而产生了四种文化适应差距：（1）移民国文化差距较高，即孩子比父母在移民国文化中的文化适应程度高；（2）移民国文化差距较低，即孩子比父母在移民国文化中的文化适应程度低；（3）原籍本土文化差距较高，即孩子比父母在原籍本土文化中的文化适应程度高；或（4）原籍本土文化差距较低，即孩子比父母在原籍本土文化中的文化适应程度低（Flavio, Elizabeth & Stephanie, 2016）。

文化适应代际差距—压力模型侧重于第一种类型的适应性差距，并假设当儿童以比其父母更快的速度适应移民国文化时，家庭会发生冲突、青少年也会出现不适应。由于这一假设，很少有研究人员对其他三种文化适应差距进行研究（Flavio, Elizabeth & Stephanie, 2016）。

1. 文化适应代际差距一：移民国文化差距较高

第一种类型的文化适应代际差距发生在青少年比他们的父母在移民国

文化中的文化适应程度更高。这种类型的文化适应代际差距被文化适应代际差距—压力模型强调为不适应。然而，在专门研究这种类型差距的7项研究中，只有1项研究发现有证据表明移民国文化差距较高会导致家庭冲突（Birman，2006b），而且没有研究发现这种差距与青少年适应不良有关。重要的是，大多数研究表明，这种类型的文化适应代际差距与家庭冲突或青少年的幸福感没有关系。也许快速的行为文化适应与个体社会功能的提高有关，对一些青少年来说更多参与主流文化可能是一种财富（Lau et al.，2005）。

2. 文化适应性代际差距二：移民国文化差距较低

第二种类型的文化适应代际差距发生在青少年在移民国文化中的文化适应性低于他们的父母。因为文化适应代际差距—压力模型假设儿童的文化适应速度比他们的父母快，而不是相反，所以很多研究者基本上忽略了这种差距。然而，许多家庭都存在这种类型文化适应代际差距的特点。具体来说，Atzaba-Poria 和 Pike（2007）发现，那些比他们的父母更不倾向于西方文化的儿童表现出更大的外部化问题。Costigan 和 Dokis（2006b）观察到，那些报告说比他们的母亲更少使用移民国文化的媒体的儿童有更低的成就动机；Birman（2006）发现，那些报告说比他们的母亲更少认同移民国文化的儿童显示出更大的家庭冲突。因此，在移民国文化中比他们的父母文化适应程度低的青少年存在更多的行为问题，更低的学习动机和更大的家庭问题，这些发现与文化适应代际差距—压力模型相矛盾。

3. 文化适应代际差距三：本土文化差距更高

第三种类型的文化适应代际差距发生在儿童比其父母更倾向于保留自己的原籍本土文化。同样，这种类型的差距在文化适应差距的研究中基本上被忽略了。因为它与文化适应差距—压力模型相矛盾，该模型假设父母比子女更倾向于保留他们的原籍本土文化。然而，相当一部分年轻人比他们的父母更倾向于他们的原籍本土文化（Atzaba-Poria & Pike，2007；Birman，2006b）。当父母比他们的孩子更快地适应移民国的文化，或者当子女比他们的父母更能保留他们的原籍文化时，家庭冲突和青少年不适应就会出现，也许是因为孩子们正在与他们的文化认同作斗争（Atzaba-Poria & Pike，2007；Lau et al.，2005；Lim et al.，2009）。例如，Atzaba-Poria 和 Pike（2007）认为，作为少数种族和民族，一些移民青年可能会觉得他们没有归属感，不被他们的移民国文化所接受。这些青年的反应可能是拒绝移民国文化的参与而拥抱他们的本土文化，这可能被视为"文化认同危机"导致适应不良（Atzaba-Poria & Pike，2007）。

这些研究结果表明，在移民家庭中，更多的青少年适应移民国文化可能是一种常态。青少年比他们的父母在移民国文化中的文化适应性更强（即移民国文化差距更大），但如果偏离这一过程（即移民国文化差距更小，而本土文化差距更大），则可能会导致他们（即移民国文化差距更大，而本土文化差距更小）在生活中面临更多的问题（Atzaba-Poria & Pike，2007）。当青少年比他们的父母更快地适应移民国的文化时，家庭冲突和青少年不适应的情况不会持续出现。

4. 文化适应代际差距四：本土文化差距较低

最后，第四种类型的文化适应代际差距：当青少年比他们的父母更不倾向于保留他们的本土文化时，就会出现这种情况。这种类型的差距有时会被文化适应差距压力研究者讨论，因为它通常被认为是与移民国文化差距较高同时发生的。同样，Ho 和 Birman（2010）发现，当青少年更倾向于他们的传统身份时，他们显示出更多的家庭问题。最后，Costigan 和 Dokis（2006b）发现，当母亲报告比他们的孩子更多地使用中文媒体时，有更大的家庭冲突，孩子表现出更多的抑郁症状和更低的成就动力。同样，当父亲比他们的孩子更多使用中文媒体时，孩子的成就动机较低，而当父亲报告的中国价值观比他们的孩子高时，孩子的抑郁症状也更多。为了保持强大的代际支持和联系，参与自己的原籍文化可能对移民青年的适应很重要。事实上，保留传统价值观与更积极的家庭关系、更少的痛苦有关（Birman & Taylor-Ritzler，2007；Smokowski et al.，2008）。

5. 有问题的与良性的文化适应代际差距

文化适应代际差距—压力模型表明，当儿童适应了他们的移民国文化，并比他们的父母更快地失去他们的原籍本土文化时，对家庭功能和青少年适应都是有问题的。因此，一些研究人员对"有问题的"文化适应代际差距与"良性的"文化适应代际差距进行了研究。Lau 等人（2005）和 Lim 等人（2009）将移民国文化差距较高和原籍传统文化差距较低的情况结合一起（问题性错配），以及移民国文化差距较低与原籍传统文化差距较高（良性错配）。与文化适应差距—压力模型相反，良性错配的儿童表现出更大的抑郁和行为问题，而有问题的错配儿童则没有表现出行为或心理问题。这些发现证实了上文所述的情况，即更倾向移民国文化的儿童（移民国文化差距较高）不会表现出不适应，但不倾向移民国文化的儿童（移民国文化差距较低）和更倾向原籍文化的儿童（原籍文化差距较高）会表现出不适应。

六 影响文化适应代际差距的因素

（一）个人层面

由于移民家庭横跨两个文化世界，父母与其孩子之间的文化适应结果可能存在差异。个人适应新社会的速度各不相同，通常取决于接触新文化的数量和到达新文化的年龄。大多数父母在他们的本土文化中达到成熟，而他们的孩子要么在两种文化中都有社会化，要么只在移民国文化中得到社会化（Costigan & Dokis, 2006a）。因此，许多研究者认为，儿童与其父母的文化取向和文化适应过程是不同的（Szapocznik et al., 1984）。此外，如果儿童在本国没有接受正规学校教育和文化社会化，移民儿童的传统价值观和做法可能永远达不到其父母希望的水平（Birman, 2006）。

一些研究报告指出，父母和孩子之间的文化适应代际差异与孩子的幸福感有关（Lee & Zhan, 1998; szapozznik & Kurtines, 1993），包括较低的社交能力（Pawliuk et al., 1996），较低的生活满意度（Phinney & Ong, 2002），日渐加剧的焦虑和较低的自尊（Farver, Narang, & Bhadha, 2002），以及较高水平的抑郁（Kim, 2003）。然而重要的是，并不是所有的研究都发现父母与孩子的文化适应代际差异对儿童的心理健康有很大影响（Sam & Virta, 2003）。

最后，在几乎所有的研究中，父母被视为一个单位，他们的文化适应率被认为是相同的。母亲和父亲的文化适应率可能不同，文化适应的差距对青少年的影响也会不同，这取决于父母中哪一方参与研究。例如，Schofield 等人（2008）对母亲和父亲都进行了研究，发现对于父—孩子的文化适应性差距来说，文化适应性差距只表明家庭冲突和青少年不适应，而对于母亲—孩子的文化适应性差距来说，则不表明这一结果。Costigan 和 Dokis（2006）报告说，母子文化适应性差距在公共领域是不适应的，如媒体和语言的使用，而父子文化适应性差距在私人领域是不适应的，如文化价值观。已有研究中描述的几乎都只有母亲参与，因此可能会错过对父亲与子女之间文化适应代际差距的探讨。

（二）社会层面

民族群体有不同的文化价值观，这可能会以不同的方式影响家庭关系（Kwak，2003）。可能某些领域的文化适应对某些种族群体更为突出，一些文化适应的结果可能对特定群体更有意义，也可能对其他群体的意义会有所不同（Rumbaut & Portes，2001；Zane & Mak，2002）。在许多西方文化中，代际分歧往往被视为正常发展的一部分（Steinberg，1990），而许多来自亚洲和拉丁美洲背景的家庭则重视家庭和谐、相互依赖和家庭尊重，这些家庭可能会经历更多与代际冲突相关的压力。

移民后的适应受到移民国社会大背景的影响（Phinney，Horenczyk，Liebkind & Vedder，2001），加拿大的意识形态广泛支持双文化融合（Berry，2003）。特别是不列颠哥伦比亚省是一个支持中国移民保留民族文化的环境。汉语是不列颠哥伦比亚省仅次于英语的第二大通用语言（加拿大统计，2001），不列颠哥伦比亚省还是一个庞大而重要的华人社区（Tsang，Irving，Alaggia，Chau & Benjamin，2003），有完善的组织来提供定居服务、语言教学、就业培训以及社区归属感等（Guo，2004）。

七　文化适应的代际传递

根据 Berry（2006）文化适应的双维模型，在一个家庭中，父母和孩子在移民国和原籍本土文化中的文化适应水平都可以是匹配的（一致而无差距的），即在移民国文化适应上，父母的文化适应水平与子女的文化适应水平相一致，在原籍本土文化保留上，父母的文化保留水平与子女的文化保留水平也相一致（Flavio，Elizabeth & Stephanie，2016）。这表明对原籍文化的保留和对移民国文化的接纳父母与子女可能保持一致，即存在代际传递效应。

我们首先讨论原籍文化移民父母与子女保留一致的可能性，父母有更强的愿望传递原籍文化。关于文化适应家庭的研究表明，与单一文化背景的家庭相比，移民原籍文化的代际传递有所增强，并揭示了移民父母和儿童社会化在传递原籍核心文化价值观方面的关键作用（Kwak，2003）。同样，单一文化背景下的宗教研究证明了父母和儿童社会化在宗教代际传递中的关键作用（Myers，1996）。这些研究表明，对于移民而言，父母会尽力将原籍文化中的重要成分传递给其子女，实现原籍文化保留的代际传递。而且，针对青少年文化适应的跨文化研究往往发现，家庭背景下的原籍文化维护是最主要的取向（Arends-Tóth & Van de Vijver, 2004）。在Schwartz（1992）关于价值维度的国际研究中，土耳其被认为是集体主义文化，而德国被认为是个人主义的社会。土耳其移民来到德国，经历了从集体主义向个人主义的社会环境过渡。因此，当东道国的文化和原籍民族的文化不同时，在移民群体之间进行有效的代际传递必然导致对东道国多数文化的隔离。在移民国社会，以维持原籍文化为导向的父母强调原籍文化的传递，而以适应为导向的父母则拒绝原籍文化传递，以便让子女适应移民国文化的功能性行为模式。但与这种思路相反，Boyd 和 Richerson（1985）认为连续的文化会缓慢和扩散传递，而快速变化的文化可能会更快速而强烈地传递，移民在快速变化的文化中，他们有更强烈的愿望向子女传递原籍文化。上述研究表明，在原籍文化的保留方面，移民父母可能与子女保持一致性。

另外，即使移民父母不努力向子女传递原籍文化，父母与子女也有可能在文化适应方面保持一致。研究表明父母和孩子在文化适应方面的差异并非不可避免；并不是所有的移民父母都继续强烈支持原籍民族传统，也不是所有的移民青少年都迅速接受移民国的主流文化，这表明移民父母和子女的文化适应水平可能会具有一致性（Chun & Akutsu, 2003）。

尽管移民父母与子女文化适应可能具有代际差异，Costigan 和 Dokis（2006a）的研究表明父母温暖功能对文化适应代际传递具有积极影响。他们发现父母温暖程度高的家庭，在亚洲价值观方面父母与子女的文化适应一致性越高。此外，Schofield 等人（2008）研究了文化适应差距对青少年适应的影响是否取决于家庭关系的质量。只有当家庭关系质量较低时，父亲—孩子的文化适应差距才会导致两年后更高的家庭冲突和外化行为。这些研究结果表明，文化适应性差距可能成为一些青少年的压力源，而家庭关系的质量越高，其负面作用较小。事实上，尽管可能出现文化适应代际差异的压力，移民家庭仍能经常保持和谐的关系（Fuligni, 1998; Kwak, 2003）。在强调家庭凝聚力和义务的移民家庭中，家庭成员可能有动力避免和解决冲突问题，并将家庭视为他们的核心社会支持网络，承认父母做出的牺牲和孩子对家庭的贡献（Kwak, 2003）。可见，良好的家庭关系会降低移民父母与子女的文化适应代际差异，增大文化适应代际传递的可能性。

相关研究已经表明良好的家庭关系有助于移民父母与子女文化适应的

代际传递，亲子关系是家庭关系中的重要方面，亲子依恋也是亲子关系的重要组成部分。亲子依恋是子女与父母形成牢固的情感纽带，它能为子女提供心理安全感和身心安慰（琚晓燕，2005；Nicole，Anne，2011）。已有研究表明良好的亲子依恋给子女提供心理安全基地，这将促进子女积极地向外探索与文化适应（Luthar，2006；Nicole，Anne，2011）。亲子依恋理论为我们清晰地阐释了亲子关系质量会影响子女未来的人际关系。依恋理论认为，子女与照顾者互动的早期经验会发展出一种潜意识的内部工作模式（Fuller，Fincham，1995）。这种潜意识的内部工作模式可能会影响子女一生的人际关系（Kirkpatrick，Hazan，1994）。亲子依恋的潜意识内部工作模式是子女与依恋对象在实际交往中形成的对自我和他人的一种心理表征，亲子依恋分为父母模型、同伴模型和自我模型。父母模型是代表子女对亲密他人是否值得信任和依赖的期待，父母模型包括关怀度、信任度和敏感性三个因子；同伴模型是同伴之间的信任和支持，包括敏感性、信任度和支持度三个因子；自我模型是子女自身的价值感和是否感受到自己被爱，包括自我价值感、自我能力感、社会度三个因子（唐玲，2009）。积极自我模型的子女，他们具有更强的自我价值感，更自信地适应社会生活；消极自我模型的子女则相反，他们相信生活中很多事情难以掌控，他人也极其复杂并难以理解（李淑梅，2009；Verschueren，Marcoen，1990）。从父母模型来说，如果父母更多地关怀、信任和支持子女，那么子女的信任感越强，越愿意与他人交往，越能积极地适应环境。积极的亲子依恋有助于提高子女对他人的信任（陶丽娜，2011）。亲子依恋关系的质量也会影响子女在学校的人际关系和学业成绩（Blair，2001；尚秀华，崔爽，2013；Bub，2007）。已有研究也发现亲子依恋对农民工子女城市适应具有积极的促进作用（王中会，2015、2016）。

八　问题提出

农民工及其子女文化适应测量的理论框架，依据马林诺夫斯基的《文化论》中提出文化包含四个方面：一是物质设备，如器物、房屋等；二是精神方面的文化；三是语言，是一套发音的风俗和精神文化的一部分；四是社会组织，是集体行动的标准规矩（马林诺夫斯基，1987）。这一划分在当时的文化环境中具有很强的代表性，而针对当前所研究的流动儿童文化适应范畴而言，颇有框架过大的嫌疑，例如，语言这一点21世纪的流动儿童，甚至留守儿童对普通话的使用已经非常普遍，如若套用这一分类，确为缺失说服力。由此，另一种"四分法"应运而生，即将文化分为物质文化、行为文化、精神文化、制度文化（王玉德，2006），此类分法，既传承于马林诺夫斯基与各位前人学者，又更具可测量性、可操作性。由此，文化适应也就相应地分为物质文化适应、行为文化适应、精神文化适应以及制度文化适应。

王玉德（2006）指出，人们的物质生产活动方式和产品的总和便是物质文化层，是人们自然创制的各种器物，当前关于在农民工及其子女群体内的物质文化，与马林诺夫斯基所总结的物质文化相比，是更加具体、更加细化的存在。但其重要性是一脉相承的，马林诺夫斯基认为物质文化是最重要的，它"决定了文化的水准，决定了工作的效率"（杨玉好，1989），同时，物质文化是文化的最普遍形态（曾小华，2001），物质文化是可触可知的具体实在且可感的事物，是可以凭人们的感觉而感知的物质实在（孙显元，2006），物质文化满足人类最基本的生存需要为目标，即穿衣服饰、饮食、住所、出行、经济水平等。农民工及其子女物质文化适应，就是在物质文化层面促进其适应城市环境。

行为文化层是人际交往中约定俗成的礼俗、民俗、习惯和风俗，它是一种社会的、集体的行为。行为文化作为大文化概念的其中一个类型，是由行为方式和行为环境等要素构成的（罗国权，2006）。但通常流动儿童的行为文化一般表现在语言、学习、同辈交往、家庭教养、班级活动等方面（傅蝶，2012）。农民工及其子女行为文化适应，即他们可使用城市居民共同使用的普通话进行交流，而非小众方言；农民工子女学习进度跟得上城市速度、学习水平逐渐提高，同时拥有较为稳定的同伴关系，同辈交往顺畅；农民工的家庭教育随城市环境而变，非一味打击型教育使得流动子女更难适应当前环境；最后在可顺利适应班级环境，主动在班级里占有"一席之地"，未觉自己是个"外人"。

精神文化层是属于精神、思想、观念范畴的文化。通常反映其理论思维水平的思维方式、价值取向、伦理观念、心理状态、理想人格、审美情趣等精神成果之总和（曾丽雅，2002），具有普世性（罗玉成，罗万里，2003），包括各种知识，以及道德上、精神上和经济上的价值体系，社会组织的方式和语言（马林诺夫斯基，1987），只有精神文化才能真正表现出文化的生命特征（薛晓阳，2003）。更进一步，城市精神文化相对于城市物质文化而言，是城市人的精神象征，也是城市的精神文化现象（鲍宗豪，2006），同时该学者还肯定了城市制度文化对城市精神文化的极大影响。具体来说，农民工及其子女精神文化适应体现在价值观、城市认同和自我认同、经验阅历、心理韧性与自尊等方面可达到较为良好的水平。

库利和泰勒一致认为文化是一种社会交往，通过特定的途径而被其社会成员所共同获取（曾小华，2001）。制度文化就是这种获得共同文化的特定途径，使文化得以交流和传递。而制度文化作为文化的其中一个部分，实质上与思想观念、精神层面和物质层面是无法完全分离的，制度文化作为文化整体中的一个组成部分，既是精神文化的产物，又是物质文化的工具，由此构成了人类行为与活动的习惯、规则。我们可以说制度文化层是人类在社会实践中建立的规范自身行为和调节相互关系的准则，是人们参与社会实践所形成的一整套规范，制度文化具有阶级性、社会本位性、相对稳定性、权威性和一元性（罗玉成，罗万里，2003）。农民工子女制度文化适应一般表现为因户籍而产生的在外来人口受教育、农民工子女入学等条例中，也会体现在更小维度的学校班级制度中；农民工的制度文化适应主要体现在工作应聘、工作待遇、社会保障等方面。

根据上述文献的梳理，本研究将农民工及其子女的文化适应分为四个方面，即物质文化适应、行为文化适应、精神文化适应、制度文化适应，并依据这一理论框架建构文化适应的量表（具体见研究工具部分）。

文化传承与进化的理论认为文化在传承和使用之间存在博弈与平衡。对移民的大量研究发现，移民面临如何传承原籍传统文化和如何适应移民国新文化之间的博弈与平衡。从代际视角的研究发现，由于移民父母和子女都会经历如何传承原籍传统文化和如何适应移民国新文化之间的博弈与平衡，他们的文化适应既可能出现代际差异，也可能出现代际传递。因此，本书从代际差异和代际传递两个视角研究农民工及其子女的文化适应问题。具体研究问题如下：

问题 1：农民工及其子女文化适应的现状；

问题 2：农民工及其子女文化适应的代际传递和传递机制；

将农民工文化适应作为自变量、农民工子女的文化适应作为因变量，首先探讨农民工文化适应是否对其子女的文化适应存在代际传递效应。然后进一步探析家庭亲密适应和亲子依恋是否在农民工与其子女文化适应的代际传递中起到中介作用。

问题3：农民工及其子女文化适应的代际差异。

农民工及其子女对乡村文化适应和对城市文化适应的程度可能不同，另外对两种文化适应的速度也可能不同。因此，从代际差异的视角，分析农民工与其子女在乡村文化适应和城市文化适应上是否存在代际差异，并进一步分析在乡村文化适应和城市文化适应上，是否存在代际传递。

第二节　研究方法

一　研究工具

1. 文化适应问卷（农民工版、农民工子女版）

根据艾莲（2010）的文化四层次说，城乡文化可分为制度文化、物态文化、心态文化、行为文化四个层次。其中制度文化包括纪律制度、法律法规、社会约定、道德准则四个因素；物态文化包括基础设施、交通状况、居住形态、建筑风格、经济发展五个因素；心态文化包括心理压力、价值观、归属感、文化认同、社会支持五个因素；行为文化包括民间传统、生存方式、娱乐方式、生活方式、思维方式五个因素。同时参考邵东珂和范叶超（2011）编制的新生代农民工文化适应调查问卷、邹显林（2012）编制的新生代农民工文化适应调查问卷的题目，自编了农民工文化适应问卷和农民工子女文化适应问卷。

根据已有文化适应的调查问卷涉及的问题，以及问题提出中梳理文化适应的四个方面，物质文化适应、行为文化适应、精神文化适应、制度文化适应为理论框架，对20个农民工家庭中的父母进行深入访谈，对部分访谈资料的梳理分析如下：

农民工物质文化适应问题集中于对陌生环境的不适应，表现为老家与北京的衣、食、住、行方面的差异而引起的不适应。

父母1：我们老家的穿衣风格比较随便，现在适应北京这边的穿衣风格感觉难度比较大。

父母2：北京这边的饮食习惯和老家那边的差异好大，家里那边喜欢的偏辣的食物，但北京这边即使是辣的菜，吃着也不过瘾，真不习惯。

父母 3：我们以前在老家那边有个大院子，而且四间房特别宽敞，现在来到北京之后，为了节省房租，居住的房间很小。

父母 4：我老家那边没有修地铁，公共交通也比较少，来到北京之后，为了方便坐地铁、坐公交换乘十分复杂，我很不习惯。

行为文化适应，农民工从农村到城市之后，语言、行为习惯、人际交往、教育子女、工作等都需要重新适应。

父母 5：到北京之后，发现平时大家都说普通话，可是我的发音不标准，有时候别人听不清楚，再说一遍，自己觉得不好意思，感觉很尴尬。

父母 6：在老家买点东西比较方便，在北京到超市买东西，结账的时候要排队；坐公交要排队，到哪里人都很多，需要排队，很不习惯。

父母 7：在老家说话大嗓门，而且说话比较直接，有什么说什么，但在北京人们说话很有礼貌，说话声音也没有那么高，交往的过程中很不习惯，有时候说着说着就开始大声喊了，很不好意思。

父母 8：感觉自己和其他人聊不到一起去，自己就感到是不是说话少一点会好一些，所以我一般在工作的时候话比较少，导致没有朋友。

父母 9：有时候感觉孩子让我很生气，就会打他，但孩子总觉得我们不关心他，只会因为学习成绩去批评他。

父母 10：工作的规则和要求比较多，刚开始很不习惯，在老家种地自己说了算，早起或晚睡自己很自由，但在北京工作时间安排很紧。

精神文化适应，农民工的精神文化适应主要由于生活、工作困境或文化冲突困境而产生的自卑感高和归属感不足。

父母 11：工作难免做些脏活累活，不太注意衣服是不是脏了，但和别人交流的时候，有时候我会感觉到他们看不起我或者对我有歧视。

父母12：坐地铁、坐公交的时候，由于换乘弄不清楚，就需要问别人，当人家说一遍我还没听懂时，那些人就会用异样的眼光看着自己，总会感觉别人看不起自己或者说是有歧视和自卑的感觉。

父母13：在工作中与同事交流，导致我自己总会有一种自卑的感觉，自己的性格比较内向，和其他同事聊不到一起去，导致自己在工作中非常孤立，感觉很有压抑感。

父母14：总感觉在老家人与人之间比较自在，在北京感觉人与人之间总有距离感，感觉得不到理解和支持，有时会陷入内心矛盾之中。

制度文化适应主要在于户籍制度、五险一金等方面的限制，对子女教育和就业造成不利影响。

父母15：由于我们从外地来到北京，为了孩子在自己的身边就会让孩子去上学，这样的话，每一年上学的学费会比其他孩子要多交钱，自己的经济压力加大了。老师找我们进行交流的时候，总感觉交流上存在问题。还有孩子要参加中考就要回到家乡去参加，非常不方便。

父母16：由于孩子同学大多数都是北京的户口，我们是老家的户口，入学就很难，等中考还是需要回老家，因为北京不能参加高考，为孩子的未来发愁。

父母17：同事问起我才知道，很多同事都是有五险一金的，可是我由于没有北京户口，文化程度又低，公司没有给我上，我自己也不知道。

父母18：很多同事都有社保，我们老家农村的，根本不知道这事，同事问起来我才知道，可是如果补交要很多钱，不交以后更难，真愁人！

农民工文化适应问卷有 82 项原始题目，采用探索性因素分析对其结构进行分析，结果表明 KMO＝0.902 值大于 0.7，证明该问卷适合因素分析。根据碎石图抽取 4 个因子。

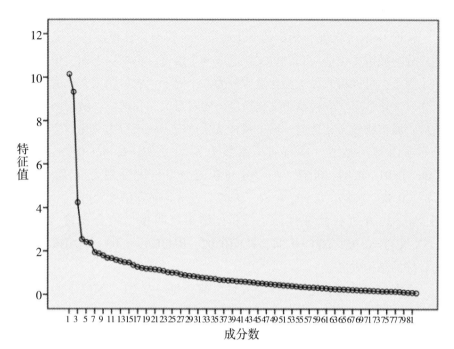

图 1.1　父母文化适应因素分析碎石图

　　再选用最大方差旋转法,最后将问卷划分为四个维度,即制度文化适应,主要包括对城乡的法律法规、各项生活就业规范和政策、道德准则等适应的情况;物质文化适应,主要包括对城乡的居住状况、交通状况、空间建筑、经济状况等方面的适应情况;精神文化适应,主要包括对城乡的心理压力、归属感、文化认同、价值观念和社会支持等方面的适应情况;行为文化适应,主要包括对城乡传统习俗、生活方式、娱乐方式、思维方式等适应的情况。文化适应四个维度因子的累积解释率为 57.6%。被试根据自身城乡文化适应程度进行选择,从完全符合到完全不符合分为五个等级。其中文化适应"完全符合"计 5 分、"比较符合"计 4 分、"一般"计 3 分、"比较不符合"计 2 分、"完全不符合"计 1 分。所有维度得分越高则表明文化适应越好。农民工版的问卷总体内部一致性信度 Cronbach'α 达到 0.91,四个分问卷内部一致性信度 Cronbach'α 系数分别为 0.83、0.87、0.85、0.79;总问卷的分半信度为 0.82,四个分问卷的分半信度分别为 0.81、0.86、0.88、0.80。表明该问卷信度较好。本研究采用 AMOS19.0 进行验证性因子分析,结果表明模型拟合良好: $\chi^2/df =$ 4.12,CFI = 0.96,NFI = 0.95,TLI = 0.93,RMSEA = 0.04,表明该问卷具有较好的结构效度。

根据 Berry（2006）提出的文化适应双维模型，该模型将农民工文化适应分为城市文化适应和农村文化适应两个维度。再根据上面文化适应的四个因子，可以将农民工文化适应分为八个因子：农村制度文化适应、农村物质文化适应、农村精神文化适应、农村行为文化适应；城市制度文化适应、城市物质文化适应、城市精神文化适应、城市行为文化适应。八个分问卷内部一致性 Cronbach'α 系数分别为 0.82、0.86、0.78、0.87、0.80、0.91、0.84、0.83，八个分问卷的分半信度分别为 0.84、0.82、0.81、0.80、0.85、0.90、0.86、0.87，表明各问卷信度较好。本研究采用 AMOS19.0 进行验证性因子分析，结果表明模型拟合良好：$\chi^2/df=$ 4.57，CFI＝0.95，NFI＝0.94，TLI＝0.92，RMSEA＝0.03，表明该问卷具有较好的结构效度。

在农民工子女文化适应问卷开发之前，我们对 20 个家庭中的农民工子女进行了深入访谈，对部分访谈资料的梳理分析如下：

物质文化适应问题集中于对陌生环境的不适应，这是由于大环境的不适应所导致农民工子女的不适应，具体表现为：老家与北京的衣服样式、交通方式、食物种类的不同；且由于租的房子比较小等原因。

研究者：对于从老家来到北京之后，你们感觉环境上的差异大吗？

儿童 1：有的，我们以前在家里那边居住范围很大，现在来到北京之后居住范围好小，还有就是陕北我们那边的气候感觉和北京这边的差异好大。

研究者：你感觉自己的穿衣风格和其他小朋友之间的差异大吗？

儿童 2：差异很大，我们家里的穿衣风格偏向内蒙古那边，现在要适应北京这边的穿衣风格感觉难度比较大。

研究者：食物方面差异大吗？

儿童 3：差异大，因为这边做的北京的饭感觉和家里那边的差异好大，家里那边喜欢的食物土豆和羊杂为主，在北京这边除了喜欢包子，其他的都不习惯。

研究者：交通方式习惯吗？

儿童 4：和我们老家那边不太一样，我们家里那边由于土质的原因没有修地铁，来到北京之后，为了方便还要坐地铁所以我很不习惯。

行为文化适应，从农村到城市之后，在语言、学习、行为习惯、人际交往等方面，来到一个陌生的地方都需要重新学习。被访谈儿童的行为文化适应表现：个人层面，衣食行不熟悉、个人生活作息不规律、人际交往差、同辈群体沟通不畅等困境；家庭层面：亲子沟通有问题、家庭对于儿童的文化支持不够等，这两方面的原因引起了儿童的文化适应困境。

研究者：来到北京以后你有没有交到新的朋友啊？学习情况怎么样？

儿童5：自从来到北京之后，我的学习成绩几乎直线下降，而我的爸妈还是一直说我和打我，几乎不会关心我，只是在意我的学习成绩，所以我就不太愿意去学习了。除了一起来的同村朋友，我几乎没有新的朋友。

研究者：这是由于什么原因所导致的呢？

儿童5：自己刚开始来到北京之后，自己的语言问题让其他同学和老师理解非常困难，交流之间出现了问题，现在虽然好了一些，但是偶尔还是会出现问题。行为习惯也不太适应，因为在老家孩子之间的玩耍方式与北京之间的差异较大。

研究者：你来到北京之后，交到的朋友多吗？

儿童6：就一两个。不知道为什么同班同学和我玩的人很少，我总是感觉他们好像对我有意见，但是原因我不清楚。

研究者：你和其他小朋友在一起玩的时候会有压力吗？

儿童6：有啊，因为感觉自己和其他人玩不到一起去，自己就感到是不是说话少一点会好一些，所以我一般在学校话比较的少，导致没有朋友。自己也就喜欢玩游戏和生活作息不规律。

研究者：你爸爸妈妈对你有什么帮助吗？

儿童7：爸爸妈妈不喜欢说普通话，有时候我在学校里面学会说普通话，一回家可能就又变回去了。

研究者：你感觉爸妈对你好不好啊？

儿童7：有时候感觉很不好，因为爸爸会打我，妈妈也不会关心我的具体生活方式，只会用学习成绩来批评我。有时候我自己感觉都想给我换一个爸爸妈妈。

精神文化适应。农民工子女的精神文化适应主要是由于文化冲突困境而产生的抑郁感和归属感不足。

研究者：对于你从老家来到北京之后，有没有和你的同学想法上有差异的地方？

儿童8：有啊，有的时候我喜欢去玩耍的时候，不太注意衣服是不是脏了，可是好多同班同学都会嫌弃我，甚至于有的时候我会感觉到他们看不起我。

研究者：你有没有感觉到自己乘坐地铁以及自己的穿衣风格对自己有怎样的影响？

儿童9：坐地铁的时候总感觉别人会用异样的眼光看着自己，总会感觉别人看不起自己或者说是有歧视和自卑的感觉。

儿童10：我从老家来到北京之后，开始的时候对于周围的新事物有很强的好奇心，但是由于和同龄人玩不到一起去，导致我自己总会有一种自卑的感觉，现在自己的性格比较内向，和其他孩子玩不到一起去，导致自己在班上非常孤立，感觉很有压抑感。

儿童11：总感觉自己在外面有时感觉还挺好，但是家里人不理解不支持，我有时会陷入自我矛盾之中。

制度文化适应主要是由于户籍制度的限制、家校合作不畅等造成的。

父母1：由于我们外地来到北京，为了孩子在自己的身边就会让孩子去上学，这样的话，每一年上学的学费会比其他孩子要多交钱，自己的经济压力加大了。老师找我们进行交流的时候，总感觉交流上存在问题。还有孩子要参加中考就要回到家乡去参加，非常不方便。

儿童12：由于其他孩子大多数都是北京的户口，我却是老家的户口，对于我的日常交往，以及老师对于我的态度与其他孩子相比都会有不一样的地方。

研究者：老师您可不可以在班级里面，对于孩子提供一些适当的帮助，例如：树立比较良好的班级制度文化，去帮助孩子解决一些问题。

老师1：嗯，这方面我也是有所考虑的，因为班级儿童12的情况我也有所了解，但是自从我接手儿童12以来，孩子一直比较内向，不与人交流，和家长沟通不畅，所以希望我们可以一起努力。

农民工子女文化适应问卷共有64项原始题目，与农民工相比，农民工子女的城市生活主要集中在家庭和学校，对制度、物质方面的文化适应接触比较少，因此问卷编制时制度、物质文化适应相关的题目较少。同样采用探索性因素分析，结果显示KMO＝0.862值大于0.7，表明该问卷适合因素分析。根据碎石图抽取4个因子。

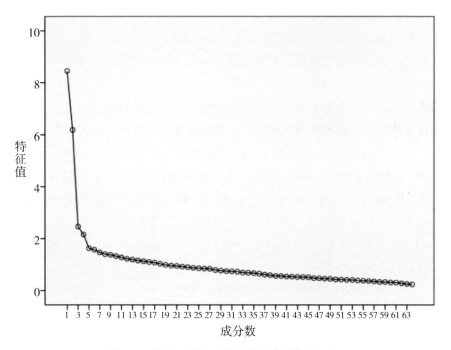

图1.2　农民工子女文化适应因素分析碎石图

再选用最大方差旋转法，最后四个维度因子的累积解释率为55.3%。问卷划分为四个维度分别为：制度文化适应，主要包括对城乡的法律法规、各项生活学习的规范和政策、道德准则等适应的情况；物质文化适应，主要包括对城乡的居住状况、交通状况、空间建筑、经济状况等方面的适应情况；精神文化适应，主要包括对城乡的心理压力、归属感、文化认同、价值观念和社会支持等方面的适应情况；行为文化适应，主要包括对城乡传统习俗、生活方式、娱乐方式、思维方式等适应的情况。被试根据自身城乡文化适应程度进行选择，从完全符合到完全不符合分为五个等级。其中文化适应"完全符合"计 5 分、"比较符合"计 4 分、"一般"计 3 分、"比较不符合"计 2 分、"完全不符合"计 1 分。所有维度得分越高则表明文化适应越好。农民工子女文化适应问卷四个分维度和总体的内部一致性 Cronbach'α 系数分别为 0.89、0.85、0.83、0.78、0.91，这说明该问卷信度良好；总问卷的分半信度为 0.82，四个分问卷的分半信度分别为 0.85、0.81、0.84、0.86。本研究中采用 AMOS19.0 进行验证性因子分析。结果表明模型拟合良好，$X^2/df=2.17$，CFI＝0.93，NFI＝0.92，TLI＝0.95，RMSEA＝0.03，表明该问卷结构效度较好。

根据 Berry（2006）提出的文化适应双维模型，该模型将农民工子女文化适应分为城市文化适应和农村文化适应两个维度。再根据上面文化适应的四个因子，可以将农民工子女文化适应分为八个因子：农村制度文化适应、农村物质文化适应、农村精神文化适应、农村行为文化适应；城市制度文化适应、城市物质文化适应、城市精神文化适应、城市行为文化适应。八个分问卷内部一致性 Cronbach'α 系数分别为 0.83、0.85、0.79、0.88、0.82、0.90、0.86、0.81，八个分问卷的分半信度分别为 0.82、0.83、0.80、0.85、0.84、0.91、0.81、0.87，表明各问卷信度较好。本研究采用 AMOS19.0 进行验证性因子分析，结果表明模型拟合良好：$X^2/df=4.09$，CFI＝0.96，NFI＝0.95，TLI＝0.93，RMSEA＝0.04，表明该问卷具有较好的结构效度。

2. 家庭亲密度和适应性量表中文版（FACESII-CV）

《家庭亲密度和适应性量表中文版（FACESII-CV）》由 Olson 等编制，费立鹏等翻译修订，是一个自我评价量表，有 30 个项目。主要评估两项家庭功能：家庭亲密度和家庭适应性，家庭亲密度是指家庭成员之间情感联系的状况，家庭适应性是指应对外界环境变化和家庭周期的不同发展阶段出现问题的能力。该量表采用 5 点计分法，从 1 到 5 分别是：不是、偶尔、有时、经常、总是。该量表的内部一致性 Cronbach'α 系数为 0.85、0.76，说明该量表的内部一致性较好，重测信度分别为 0.84、

0.72（Olson，Russell，Sprenkle，1983）。该量表本次调查的信度分析结果如下，家庭亲密度、家庭适应性内部一致性 Cronbach'α 系数分别为0.85、0.82；分半信度分别为 0.78、0.79，表明该量表信度较好。本研究中采用 AMOS 进行验证性因子分析，结果表明，模型与数据拟合良好：$\chi^2/df = 2.17$，CFI = 0.95，NFI = 0.91，TLI = 0.96，RMSEA = 0.04，表明该量表结构效度较好。

3. 亲子依恋问卷

本研究选用的亲子依恋量表是唐玲（2009）编制的，共36道题，包括父母模型、自我模型和同伴模型。其中父母模型包括信任度、敏感性和关怀度三个子维度，共13道题。其中信任度指个体认为父母是可信任可依靠的，敏感性指个体认为父母对儿童的需要的感知度，关怀度指个体认为父母对自己的关怀程度。自我模型包含自我价值感、自我能力感和社交度三个子维度，共10道题。自我价值感，也就是个体认为自己是否值得他人关爱、有价值。自我能力感，即个体认为自己是否具备解决问题的能力。社交度，即个体是否有与他人交往的愿望；同伴模型包括信任度、敏感性和支持度三个子维度，共13道题。量表从 1 "很不符合" 到 4 "非常符合" 采用四点计分法，量表各维度的分数越高，表明亲子依恋水平越高。总量表的内部一致性 Cronbach'α 系数为 0.82。本研究中总量表的内部一致性 Cronbach'α 系数为 0.83。本研究中采用 AMOS 进行验证性因子分析。结果表明，模型与数据拟合良好：$\chi^2/df = 2.03$，CFI = 0.94，NFI = 0.92，TLI = 0.91，RMSEA = 0.03，表明亲子依恋量表结构效度较好。

二　数据分析

对数据采用 SPSS19.0 软件和 AMOS19.0 进行处理和统计分析。为了检验问卷是否存在共同方法偏差，在数据分析之前，采用 Harman 单因素方法（Aulakh & Gencturk，2000）对所有问卷项目进行探索性因素分析，结果表明问卷所有项目析出的第一个因子只解释了方差的 13.62%，小于40% 的临界标准。表明不存在共同方法偏差。接下来对数据进行如下分析：首先，采用 t 检验和方差分析对农民工文化适应和子女文化适应在各人口学变量上进行差异检验；然后，采用 Person 相关分析检验各变量之间的相关性；最后，采用 AMOS19.0 进行结构方程模型分析，检验农民工及其子女文化适应是否存在代际传递，以及家庭亲密适应与亲子依恋在农民工及其子女文化适应代际传递中是否存在中介效应。

第三节　结果分析

一　农民工及其子女文化适应的现状分析

1. 农民工子女文化适应在性别、年级、父母受教育程度、家庭收入上的差异分析

为了全面了解农民工子女文化适应的现状，本研究对儿童文化适应四个维度在性别、年级、父母受教育程度、家庭收入几方面进行独立样本 t 检验或方差分析。

表1.1　　　　　　儿童文化适应四个维度在性别上的差异检验

性别	物质文化适应	精神文化适应	行为文化适应	制度文化适应
	$M\pm SD$	$M\pm SD$	$M\pm SD$	$M\pm SD$
男	3.41±0.55	3.45±0.42	3.47±0.45	3.51±0.74
女	3.42±0.54	3.47±0.37	3.58±0.45	3.59±0.67
t	-0.158	-0.412	-1.838	-0.925

对儿童文化适应四个维度的均值在性别上进行独立样本 t 检验，如表 1.1 得出结果：物质文化适应、精神文化适应、行为文化适应、制度文化适应四个维度在性别上的差异均不显著（ $t_1 = -0.158$ ， $p_1 > 0.05$ ； $t_2 = -0.412$ ， $p_2 > 0.05$ ； $t_3 = -1.838$ ， $p_3 > 0.05$ ； $t_4 = -0.925$ ， $p_4 > 0.05$ ）。表明儿童文化适应四个维度均不受性别影响。

表1.2　　　　　　儿童文化适应四个维度在年级上的差异检验

年级	物质文化适应	精神文化适应	行为文化适应	制度文化适应
	$M\pm SD$	$M\pm SD$	$M\pm SD$	$M\pm SD$
三年级	3.31±0.53	3.34±0.44	3.42±0.40	3.39±0.69
四年级	3.29±0.57	3.47±0.36	3.43±0.43	3.48±0.74
五年级	3.37±0.49	3.44±0.39	3.61±0.47	3.47±0.70

续表

年级	物质文化适应	精神文化适应	行为文化适应	制度文化适应
	$M \pm SD$	$M \pm SD$	$M \pm SD$	$M \pm SD$
六年级	3.65±0.52	3.51±0.41	3.57±0.48	3.78±0.68
F	7.150***	1.627	2.727*	4.351**
	6>3，6>4，6>5		5>3，5>4	6>3，6>4，6>5

注：* 代表 $p<0.05$，** 代表 $p<0.01$，*** 代表 $p<0.001$。

对儿童文化适应四个维度的均值在年级上进行 F 检验，如表1.2得出结果：物质文化适应、行为文化适应、制度文化适应三个维度在年级上的差异均显著（$F_1 = 7.150$，$p_1 < 0.001$；$F_3 = 2.727$，$p_3 < 0.05$；$F_4 = 4.351$，$p_4 < 0.01$），而精神文化适应维度在年级上差异不显著（$F_2 = 1.627$，$p_2 > 0.05$）。进一步的均值比较结果得出，六年级物质文化适应得分显著大于三、四、五年级儿童；五年级行为文化适应得分显著大于三、四年级的儿童；六年级制度文化适应得分显著大于三、四、五年级的儿童。表明儿童物质文化适应、行为文化适应、制度文化适应三个维度受年级影响，且年级越高，儿童文化适应得越好，而儿童精神文化适应不受年级影响。

表1.3　　　儿童文化适应四个维度在父亲受教育程度上的差异检验

父亲受教育程度	物质文化适应	文化精神适应	行为文化适应	制度文化适应
	$M \pm SD$	$M \pm SD$	$M \pm SD$	$M \pm SD$
1（小学及以下）	3.50±0.55	3.51±0.41	3.41±0.36	3.39±0.94
2（初中）	3.42±0.55	3.44±0.35	3.49±0.44	3.55±0.68
3（高中及以上）	3.44±0.55	3.48±0.43	3.61±0.49	3.64±0.68
F	0.275	0.526	2.630	1.390

对儿童文化适应四个维度的均值在父亲受教育程度上进行 F 检验，如表1.3得出结果：物质文化适应、精神文化适应、行为文化适应、制度文化适应四个维度在父亲受教育程度上的差异均不显著（$F_1 = 0.275$，$p_1 > 0.05$；$F_2 = 0.526$，$p_2 > 0.05$；$F_3 = 2.630$，$p_3 > 0.05$；$F_4 = 1.390$，$p_4 > 0.05$）。表明儿童文化适应四个维度均不被父亲受教育程度影响。

表 1.4 　　　儿童文化适应四个维度在母亲受教育程度上的差异检验

母亲受教育程度	物质文化适应	精神文化适应	行为文化适应	制度文化适应
	$M\pm SD$	$M\pm SD$	$M\pm SD$	$M\pm SD$
1（小学及以下）	3.64±0.58	3.55±0.42	3.57±0.42	3.50±0.69
2（初中）	3.36±0.55	3.42±0.36	3.43±0.45	3.52±0.76
3（高中及以上）	3.47±0.53	3.49±0.41	3.63±0.46	3.65±0.66
F	3.491*	1.600	4.959**	1.139
	1>2		3>2	

对儿童文化适应四个维度的均值在母亲受教育程度上进行 F 检验，如表 1.4 得出结果：儿童物质文化适应、行为文化适应两个维度在母亲受教育程度上差异均显著（$F_1=3.491$，$p_1<0.05$；$F_3=4.959$，$p_3<0.01$），而儿童精神文化适应与制度文化适应两个维度在母亲受教育程度上差异不显著（$F_2=1.600$，$p_2>0.05$；$F_4=1.139$，$p_4>0.05$）。进一步的均值比较结果得出，母亲受教育程度为小学以下的儿童物质文化适应显著大于母亲受教育程度为初中的儿童，母亲受教育程度为高中及以上的儿童行为文化适应显著大于母亲受教育程度为初中的儿童。表明儿童物质文化适应、行为文化适应两个维度受母亲受教育程度影响，即在物质文化适应维度上，母亲受教育程度越低，儿童越能适应；在行为文化适应维度，母亲的受教育程度越高，儿童越能适应；而儿童精神文化适应与儿童制度文化适应两个维度不受母亲受教育程度的影响。

表 1.5 　　　儿童文化适应四个维度在家庭收入上的差异检验

家庭月收入（元）	物质文化适应	精神文化适应	行为文化适应	制度文化适应
	$M\pm SD$	$M\pm SD$	$M\pm SD$	$M\pm SD$
1（6000 以下）	3.41±0.54	3.43±0.39	3.45±0.40	3.46±0.71
2（6000—10000）	3.46±0.56	3.45±0.42	3.56±0.47	3.57±0.72
3（10000 以上）	3.45±0.55	3.54±0.34	3.61±0.51	3.78±0.68
F	0.274	1.474	2.181	3.763*
				3>1

对儿童文化适应四个维度的均值在家庭月收入上进行 F 检验，如表 1.5 得出结果：物质文化适应、精神文化适应、行为文化适应三个维度

在家庭月收入上差异均不显著（$F_1 = 0.274$，$p_1 > 0.05$；$F_2 = 1.474$，$p_2 > 0.05$；$F_3 = 2.181$，$p_3 > 0.05$），而儿童制度文化适应维度在家庭收入上差异显著（$F_4 = 3.763$，$p_4 < 0.05$）。进一步的均值比较结果得出，家庭月收入为 10000 元以上的儿童制度文化适应分数显著大于家庭月收入为 6000 元以下的儿童制度文化适应分数。表明儿童物质文化适应、精神文化适应、行为文化适应三个维度不受家庭月收入的影响，而儿童制度文化适应维度受家庭月收入的影响，且家庭收入越高，儿童越能适应制度文化。

2. 农民工文化适应在受教育程度、家庭收入上的差异分析

表 1.6　父亲文化适应四个维度在父亲受教育程度上的差异检验

父亲受教育程度	物质文化适应	精神文化适应	行为文化适应	制度文化适应
	$M \pm SD$	$M \pm SD$	$M \pm SD$	$M \pm SD$
1（小学及以下）	3.20±0.72	2.91±0.24	3.21±0.44	2.78±0.43
2（初中）	3.30±0.49	3.06±0.33	3.33±0.38	2.98±0.48
3（高中及以上）	3.40±0.50	3.16±0.41	3.50±0.38	3.07±0.43
F	2.004	5.084 **	8.542 ***	4.300 *
		3>1，3>2	3>1，3>2	3>1

对父亲文化适应四个维度的均值在父亲受教育程度上进行 F 检验，如表 1.6 得出结果：精神文化适应、行为文化适应、制度文化适应三个维度在受教育程度上差异均显著（$F_2 = 5.084$，$p_2 < 0.01$；$F_3 = 8.542$，$p_3 < 0.001$，$F_4 = 4.300$，$p_4 < 0.05$），而父亲物质文化适应维度在父亲受教育程度上差异不显著（$F_1 = 2.004$，$p_1 > 0.05$）。进一步的均值比较结果得出，受教育程度为高中及以上的父亲精神文化适应维度的得分显著大于父亲受教育程度为小学及以下和初中的父亲；受教育程度为高中及以上的父亲行为文化适应维度的得分显著大于父亲受教育程度为小学及以下和初中的父亲；受教育程度为高中及以上的父亲制度文化适应维度的得分显著大于受教育程度为小学及以下的父亲。表明父亲精神文化适应、行为文化适应、制度文化适应三个维度受其受教育程度的影响，且父亲受教育程度越高，父亲文化适应的程度越高，而父亲物质文化适应维度不受其受教育程度的影响。

表1.7 父亲文化适应四个维度在家庭月收入上的差异检验

家庭月收入（元）	物质文化适应	精神文化适应	行为文化适应	制度文化适应
	$M \pm SD$	$M \pm SD$	$M \pm SD$	$M \pm SD$
1（6000以下）	3.22±0.58	3.07±0.31	3.32±0.37	2.91±0.45
2（6000—10000）	3.38±0.39	3.04±0.36	3.35±0.35	2.97±0.45
3（10000以上）	3.45±0.61	3.23±0.43	3.56±0.47	3.19±0.48
F	4.137*	4.797**	6.794***	6.514**
	2>1, 3>1	3>1, 3>2	3>1, 3>2	3>1, 3>2

对父亲文化适应四个维度的均值在家庭月收入上进行 F 检验，如表1.7得出结果：物质文化适应、精神文化适应、行为文化适应、制度文化适应四个维度在家庭月收入上差异均显著（$F_1 = 4.137$，$p_1 < 0.05$；$F_2 = 4.797$，$p_2 < 0.01$；$F_3 = 6.794$，$p_3 < 0.001$；$F_4 = 6.514$，$p_4 < 0.01$）。进一步的均值比较结果得出，家庭月收入为6000—10000元、10000元以上的父亲物质文化适应得分显著高于家庭月收入为6000元以下的父亲；家庭月收入为10000元以上的父亲精神文化适应得分显著高于家庭月收入为6000元以下、6000—10000元的父亲；家庭月收入为10000元以上父亲行为文化适应得分显著高于家庭月收入为6000元以下、6000—10000元的父亲；家庭月收入为10000元以上的父亲制度文化适应得分显著高于家庭月收入为6000元以下、6000—10000元的父亲。表明物质文化适应、精神文化适应、行为文化适应、制度文化适应四个维度均受家庭月收入影响，且家庭收入越高，父亲文化适应的程度越高。

表1.8 母亲文化适应四个维度在母亲受教育程度上的差异检验

母亲受教育程度	物质文化适应	精神文化适应	行为文化适应	制度文化适应
	$M \pm SD$	$M \pm SD$	$M \pm SD$	$M \pm SD$
1（小学及以下）	2.99±0.55	2.93±0.23	3.08±0.26	2.78±0.40
2（初中）	3.31±0.47	3.05±0.33	3.34±0.35	2.90±0.46
3（高中及以上）	3.40±0.46	3.22±0.39	3.50±0.35	3.09±0.42
F	7.021***	8.747***	15.523***	7.387***
	2>1, 3>1	3>1, 3>2	3>1, 3>2	3>1, 3>2

对母亲文化适应四个维度的均值在母亲受教育程度上进行 F 检验，

如表 1.8 得出结果：物质文化适应、精神文化适应、行为文化适应、制度文化适应四个维度在母亲受教育程度上差异均显著（$F_1 = 7.021$，$p_1 < 0.001$；$F_2 = 8.747$，$p_2 < 0.001$；$F_3 = 15.523$，$p_3 < 0.001$；$F_4 = 7.387$，$p_4 < 0.001$）。进一步的均值比较结果得出，受教育程度为初中和高中及以上的母亲物质文化适应维度的得分显著大于受教育程度为小学及以下的母亲；受教育程度为高中及以上的母亲精神文化适应维度得分显著大于受教育程度为小学及以下和初中的母亲；受教育程度为高中及以上的母亲行为文化适应维度得分显著大于受教育程度为小学及以下和初中的母亲；受教育程度为高中及以上的母亲制度文化适应维度得分显著大于受教育程度为小学及以下和初中的母亲。表明母亲物质文化适应、精神文化适应、行为文化适应、制度文化适应四个维度均受其受教育程度的影响，且母亲受教育程度越高，母亲文化适应的程度越高。

表 1.9　　　　母亲文化适应四个维度在家庭月收入上的差异检验

家庭月收入（元）	物质文化适应	精神文化适应	行为文化适应	制度文化适应
	$M \pm SD$	$M \pm SD$	$M \pm SD$	$M \pm SD$
1（6000 以下）	3.21±0.46	3.03±0.30	3.30±0.30	2.87±0.45
2（6000—10000）	3.31±0.46	3.07±0.34	3.34±0.33	2.96±0.42
3（10000 以上）	3.49±0.52	3.28±0.41	3.57±0.43	3.13±0.47
F	6.063**	8.353***	11.129***	5.831**
	3>1，3>2	3>1，3>2	3>1，3>2	3>1，3>2

对母亲文化适应四个维度的均值在家庭月收入上进行 F 检验，如表 1.9 得出结果：物质文化适应、精神文化适应、行为文化适应、制度文化适应四个维度在家庭月收入上差异均显著（$F_1 = 6.063$，$p_1 < 0.01$；$F_2 = 8.353$，$p_2 < 0.001$；$F_3 = 11.129$，$p_3 < 0.001$；$F_4 = 5.831$，$p_4 < 0.01$）。进一步的均值比较结果得出，家庭月收入为 10000 元以上的母亲物质文化适应得分显著高于家庭月收入为 6000 元以下、6000—10000 元的母亲；家庭月收入为 10000 元以上的母亲精神文化适应得分显著高于家庭月收入为 6000 元以下、6000—10000 元的母亲；家庭月收入为 10000 元以上的母亲行为文化适应得分显著高于家庭月收入为 6000 元以下、6000—10000 元的母亲；家庭月收入为 10000 元以上的母亲制度文化适应得分显著高于家庭月收入为 6000 元以下、6000—10000 元的母亲。表明母亲物质文化适

应、精神文化适应、行为文化适应、制度文化适应四个维度均受家庭月收入的影响，且家庭收入越高，母亲文化适应的程度越高。

二 儿童文化适应、父亲文化适应、母亲文化适应的相关分析

将儿童文化适应、父亲文化适应、母亲文化适应三个变量各因子间进行 Pearson 相关分析。结果如表 1.10 所示，儿童物质文化适应与儿童精神文化适应、儿童行为文化适应、儿童制度文化适应、父亲行为文化适应之间相关显著（$p<0.05$）；儿童精神文化适应与儿童行为文化适应、儿童制度文化适应、母亲物质文化适应之间相关显著（$p<0.05$）；儿童行为文化适应与儿童制度文化适应、父亲行为文化适应、母亲行为文化适应之间相关显著（$p<0.05$）；儿童制度文化适应与母亲精神文化适应之间相关显著（$p<0.05$）；父亲物质文化适应与父亲精神文化适应、父亲行为文化适应、父亲制度文化适应、母亲物质文化适应、母亲精神文化适应、母亲行为文化适应、母亲制度文化适应之间相关显著（$p<0.05$）；父亲精神文化适应与父亲行为文化适应、父亲制度文化适应、母亲物质文化适应、母亲精神文化适应、母亲行为文化适应、母亲制度文化适应之间相关显著（$p<0.05$）；父亲行为文化适应与父亲制度文化适应、母亲物质文化适应、母亲精神文化适应、母亲行为文化适应、母亲制度文化适应之间相关显著（$p<0.05$）；父亲制度文化适应与母亲物质文化适应、母亲精神文化适应、母亲行为文化适应、母亲制度文化适应之间相关显著（$p<0.05$）；母亲物质文化适应与母亲精神文化适应、母亲行为文化适应、母亲制度文化适应之间相关显著（$p<0.05$）；母亲精神文化适应与母亲行为文化适应、母亲制度文化适应之间相关显著（$p<0.05$）；母亲行为文化适应与母亲制度文化适应之间相关显著（$p<0.05$）。

表 1.10　儿童文化适应、父亲文化适应、母亲文化适应的相关分析结果

$M\pm SD$	1	2	3	4	5	6	7	8	9	10	11	12
1 儿童物质适应 (3.42±0.55)	1											
2 儿童精神适应 (3.46±0.40)	0.548**	1										
3 儿童行为适应 (3.52±0.46)	0.544**	0.588**	1									

续表

$M\pm SD$	1	2	3	4	5	6	7	8	9	10	11	12
4 儿童制度适应 (3.55±0.71)	0.353 **	0.288 **	0.240 **	1								
5 父亲物质适应 (3.33±0.52)	0.082	0.086	0.071	-0.021	1							
6 父亲精神适应 (3.09±0.37)	-0.024	0.031	0.098	0.120	0.481 **	1						
7 父亲行为适应 (3.39±0.40)	0.163 *	0.107	0.179 *	0.124	0.615 **	0.644 **	1					
8 父亲制度适应 (2.30±0.46)	0.015	0.010	0.120	0.104	0.407 **	0.463 **	0.571 **	1				
9 母亲物质适应 (3.32±0.48)	0.052	0.169 *	0.104	0.014	0.647 **	0.277 **	0.402 **	0.274 **	1			
10 母亲精神适应 (3.11±0.36)	0.023	0.088	0.112	0.145 *	0.348 **	0.787 **	0.525 **	0.402 **	0.422 **	1		
11 母亲行为适应 (3.38±0.36)	0.065	0.131	0.148 *	0.120	0.454 **	0.500 **	0.714 **	0.409 **	0.577 **	0.662 *	1	
12 母亲制度适应 (2.97±0.45)	0.079	0.074	0.118	0.121	0.240 **	0.283 **	0.430 **	0.676 **	0.260 **	0.392 **	0.436 **	1

三　农民工及其子女文化适应的代际传递

1. 农民工父亲文化适应对其子女文化适应的代际传递

为了验证农民工父亲的文化适应是否会对其子女的文化适应产生影响,以农民工父亲文化适应为自变量,儿童文化适应为因变量,检验是否存在代际传递,采用 AMOS19.0 建构了结构方程进行验证分析,如图 1.3 所示。由表 1.11 可见,各项拟合指数良好,表明结构方程成立。由图 1.3 所示,父亲的文化适应正向预测儿童的文化适应($\gamma = 0.16$, $p < 0.05$),表明预测效应显著,证明农民工父亲文化适应对其子女的文化适应存在代际传递效应。

表 1.11　父亲文化适应对儿童文化适应的代际传递模型的拟合指数

拟合指数	χ^2	df	χ^2/df	GFI	AGFI	NFI	IFI	TLI	CFI	RMSEA
	28.131	19	1.481	0.979	0.961	0.960	0.987	0.980	0.987	0.039

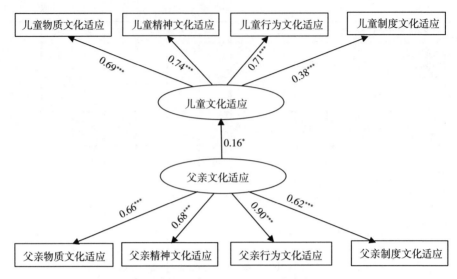

图 1.3 父亲文化适应对儿童文化适应的代际传递模型

2. 农民工母亲文化适应对其子女文化适应的代际传递

为了验证农民工母亲的文化适应是否会对其子女的文化适应产生影响，以农民工母亲文化适应为自变量，儿童文化适应为因变量，检验是否存在代际传递，采用 AMOS19.0 建构了结构方程进行验证分析，如图 1.4 所示。由表 1.12 可见，各项拟合指数良好，表明结构方程成立。由图 1.4 所示，母亲的文化适应正向预测儿童的文化适应（γ = 0.15，p < 0.05），表明预测效应显著，证明农民工母亲文化适应对其子女的文化适应存在代际传递效应。

表 1.12 母亲文化适应对儿童文化适应的代际传递模型的拟合指数

拟合指数	χ^2	df	χ^2/df	GFI	AGFI	NFI	IFI	TLI	CFI	RMSEA
	18.392	19	0.968	0.986	0.973	0.971	0.921	0.932	0.950	0.001

3. 农民工父亲、母亲文化适应对其子女文化适应的代际传递

为了验证农民工父亲、母亲的文化适应是否会对其子女的文化适应产生影响，以农民工父亲、母亲文化适应为自变量，儿童文化适应为因变量，检验是否存在代际传递，采用 AMOS19.0 建构了结构方程进行验证分析，如图 1.5 所示。由表 1.13 可见，各项拟合指数良好，表明结构方程成立。由图 1.5 所示，父母的文化适应正向预测儿童的文化适应（γ =

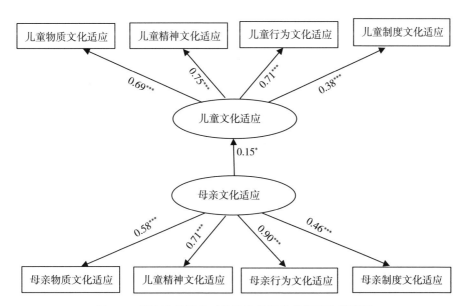

图1.4 母亲文化适应对儿童文化适应的代际传递模型

0.16，*p*<0.05），表明预测效应显著，证明农民工父亲、母亲文化适应对其子女的文化适应存在代际传递效应。

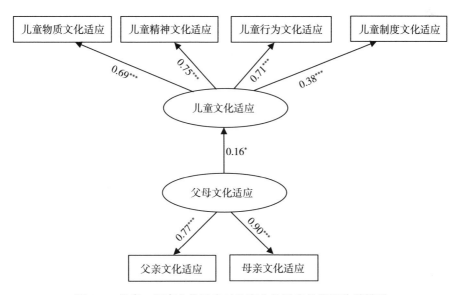

图1.5 父亲、母亲文化适应对儿童文化适应的代际传递模型

表 1.13　父亲、母亲文化适应对儿童文化适应的代际传递模型的拟合指数

拟合指数	χ^2	df	χ^2/df	GFI	AGFI	NFI	IFI	TLI	CFI	RMSEA
	11.139	8	1.392	0.989	0.973	0.971	0.993	0.987	0.0993	0.035

四　家庭亲密适应、亲子依恋在农民工父母文化适应对其子女文化适应代际传递中的中介作用

在进行中介效应检验之前，先进行相关分析，如果相关分析显著，再进一步进行中介效应分析。

1. 亲子依恋各因子与农民工父母文化适应各因子、子女文化适应各因子之间的相关分析

将亲子依恋、农民工文化适应及农民工子女文化适应三个变量各因子间进行 Pearson 相关分析。

在前面表 1.10 中已经将农民工父母及其子女文化适应的各因子进行了相关分析，下面的分析中仅讨论亲子依恋三个因子分别与农民工父母及其子女文化适应各因子的相关分析结果。如表 1.14 所示，亲子依恋的父母模型与儿童制度文化适应、儿童物质文化适应、儿童精神文化适应、儿童行为文化适应、父亲物质文化适应、父亲精神文化适应、父亲行为文化适应、母亲物质文化适应、母亲精神文化适应、母亲行为文化适应相关显著（$p<0.05$）；亲子依恋的朋友模型与儿童制度文化适应、儿童精神文化适应、儿童行为文化适应、父亲物质文化适应、父亲精神文化适应、父亲行为文化适应、母亲精神文化适应、母亲行为文化适应相关显著（$p<0.05$）；亲子依恋的自我模型与儿童物质文化适应、儿童精神文化适应、儿童行为文化适应、父亲精神文化适应、父亲行为文化适应、母亲制度文化适应、母亲物质文化适应、母亲行为文化适应相关显著（$p<0.05$）。

表 1.14　亲子依恋三因子与农民工及其子女文化适应各因子的相关分析结果

$M\pm SD$	儿童制度文化适应	儿童物质文化适应	儿童精神文化适应	儿童行为文化适应	父亲制度文化适应	父亲物质文化适应	父亲精神文化适应	父亲行为文化适应	母亲制度文化适应	母亲物质文化适应	母亲精神文化适应	母亲行为文化适应
父母模型 (26.38±4.35)	0.292**	0.237**	0.322**	0.216**	−0.045	0.274**	0.237**	0.307**	0.027	0.246**	0.212**	0.312**

续表

$M\pm SD$	儿童制度文化适应	儿童物质文化适应	儿童精神文化适应	儿童行为文化适应	父亲制度文化适应	父亲物质文化适应	父亲精神文化适应	父亲行为文化适应	母亲制度文化适应	母亲物质文化适应	母亲精神文化适应	母亲行为文化适应
朋友模型 (36.40±6.12)	0.295**	0.037	0.354**	0.239**	-0.004	0.255**	0.160**	0.160**	0.061	0.057	0.224**	0.324**
自我模型 (6.36±2.05)	0.020	0.256**	0.240**	0.337**	0.037	0.061	0.314**	0.314**	0.280**	0.189*	0.038	0.317**

2. 家庭亲密适应各因子与农民工父母文化适应各因子、子女文化适应各因子之间的相关分析

将家庭亲密适应、农民工文化适应及农民工子女文化适应三个变量各因子间进行 Pearson 相关分析。在前面表 1.10 中已经将农民工父母及其子女文化适应的各因子进行了相关分析，下面的分析中仅讨论家庭亲密适应两个因子分别与农民工父母及其子女文化适应各因子的相关分析结果。如表 1.5 所示，家庭亲密适应的亲密度与儿童物质文化适应、儿童精神文化适应、儿童行为文化适应、儿童制度文化适应、父亲行为文化适应相关显著（$p<0.05$）；家庭亲密适应的适应性与儿童物质文化适应、儿童精神文化适应、儿童行为文化适应、儿童制度文化适应、父亲行为文化适应、母亲行为文化适应相关显著（$p<0.05$）。

表 1.15 家庭亲密适应两因子与农民工及其子女文化适应各因子的相关分析结果

$M\pm SD$	儿童物质文化适应	儿童精神文化适应	儿童行为文化适应	儿童制度文化适应	父亲物质文化适应	父亲精神文化适应	父亲行为文化适应	父亲制度文化适应	母亲物质文化适应	母亲精神文化适应	母亲行为文化适应	母亲制度文化适应
亲密度 (53.57±9.39)	0.351**	0.339**	0.393**	0.182**	0.034	-0.057	0.147*	0.054	0.027	0.014	0.125	0.059
适应性 (47.10±8.53)	0.325**	0.298**	0.457**	0.134**	0.073	-0.014	0.206**	0.107	0.051	0.104	0.223**	0.131

3. 亲子依恋在农民工父母文化适应对其子女文化适应代际传递中的中介作用

为了验证亲子依恋在农民工父母文化适应对其子女文化适应代际传递中是否存在中介作用，以农民工父母文化适应为自变量，儿童文化适应为因变量，亲子依恋为中介变量，采用 AMOS19.0 建构了结构方程进行验证分析，如图 1.6 所示。由表 1.16 可见，各项拟合指数良好，表明结构方

程成立。由图 1.6 所示，父母的文化适应正向预测儿童的文化适应（γ=
0.25，p<0.05），表明预测效应显著，证明农民工父母文化适应对其子女
的文化适应存在代际传递效应。父母的文化适应正向预测亲子依恋（γ=
0.22，p<0.05），表明预测效应显著；亲子依恋正向预测儿童的文化适应
（γ=0.70，p<0.01），表明预测效应显著；上面两项路径系数均显著，表
明亲子依恋在农民工父母文化适应对其子女文化适应代际传递中的中介效
应显著。

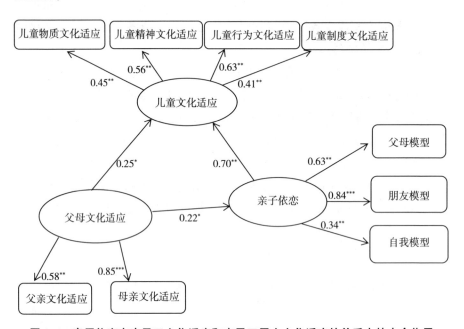

图 1.6　亲子依恋在农民工文化适应和农民工子女文化适应的关系中的中介作用

表 1.16　亲子依恋在父母文化适应对儿童文化适应的代际传递中
的中介作用拟合指数

拟合指数	χ^2	df	χ^2/df	GFI	AGFI	NFI	IFI	TLI	CFI	RMSEA
	9.136	7	1.305	0.963	0.971	0.950	0.982	0.984	0.0963	0.037

　　根据路径分析效应分解的原理，在模型中，农民工父母文化适应对其
子女文化适应的直接效应即农民工文化适应对其子女文化适应的路径系数
为 0.25，总的效应等于直接效应加上间接效应之和，即 0.25+0.22×
0.70=0.41。间接效应与总效应的比例为 0.16/0.41=0.39，即农民工父
母文化适应作用于其子女文化适应的代际传递中有 39% 是通过亲子依恋

这一中介变量所起的作用。

4. 家庭亲密适应在农民工父母文化适应对其子女文化适应代际传递中的中介作用

为了验证家庭亲密适应在农民工父母文化适应对其子女文化适应代际传递中是否存在中介作用，以农民工父母文化适应为自变量，儿童文化适应为因变量，家庭亲密适应为中介变量，采用 AMOS19.0 建构了结构方程进行验证分析，如图 1.7 所示。由表 1.17 可见，各项拟合指数良好，表明结构方程成立。由图 1.7 所示，父母的文化适应正向预测儿童的文化适应（γ=0.17，p<0.05），表明预测效应显著，证明农民工父母文化适应对其子女的文化适应存在代际传递效应。父母的文化适应正向预测家庭亲密适应（γ=0.14，p<0.05），表明预测效应显著；家庭亲密适应正向预测儿童的文化适应（γ=0.51，p<0.001），表明预测效应显著；上面两项路径系数均显著，表明家庭亲密适应在农民工父母文化适应对其子女文化适应代际传递中的中介效应显著。

表 1.17　　　家庭亲密适应在农民工文化适应对其子女文化适应代际传递中的中介作用各拟合指数

拟合指数	χ^2	df	χ^2/df	GFI	AGFI	NFI	IFI	TLI	CFI	RMSEA
	40.350	32	1.261	0.975	0.957	0.958	0.991	0.987	0.991	0.029

根据路径分析效应分解的原理，在模型中，农民工父母文化适应对其子女文化适应的直接效应即农民工文化适应对其子女文化适应的路径系数为 0.17，总的效应等于直接效应加上间接效应之和，即 0.17+0.14×0.51=0.24。间接效应与总效应的比例为 0.07/0.24=0.29，即农民工父母文化适应作用于其子女文化适应的代际传递中有 29% 是通过家庭亲密适应这一中介变量所起的作用。

五　农民工及其子女二维文化适应的代际差异

上面分析了农民工及其子女文化适应的代际传递效应，但从文化适应的代际差异的视角来看，农民工及其子女文化适应也会存在代际差异。为了深入探析农民工及其子女文化适应的代际差异，将物质文化适应、精神文化适应、行为文化适应和制度文化适应四个因子，再根据 Berry（2006）提出的文化适应双维模型，分为农村和城市两个维度；并分别对

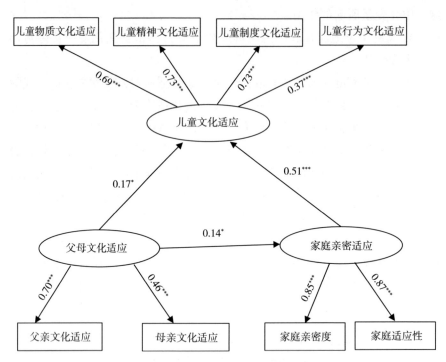

图 1.7　家庭亲密适应在农民工文化适应对其子女文化适应代际传递中的中介作用

父亲与儿童之间和母亲与儿童之间的文化适应进行配对样本 *t* 检验，具体分析如下：

表 1.18　　　　　　　　父亲—儿童文化适应配对样本 *t* 检验

	父亲	儿童	*t*	*p*
	M±*SD*	*M*±*SD*		
父亲—儿童农村物质文化适应	2.77±0.68	2.62±0.79	2.409 *	0.017
父亲—儿童农村精神文化适应	3.16±0.53	2.61±0.58	11.141 ***	0.001
父亲—儿童农村行为文化适应	2.90±0.54	2.09±0.67	15.531 ***	0.001
父亲—儿童农村制度文化适应	3.31±0.62	2.49±0.99	11.516 ***	0.001
父亲—儿童城市物质文化适应	3.44±0.65	3.45±0.70	0.168	0.867
父亲—儿童城市精神文化适应	3.36±0.38	3.39±0.51	0.697	0.487
父亲—儿童城市行为文化适应	3.56±0.48	3.44±0.51	2.618 **	0.010
父亲—儿童城市制度文化适应	3.16±0.57	3.61±0.87	−7.145 ***	0.001

父亲—儿童文化适应配对样本 *t* 检验的结果如表 1.18 所示，其中 6

对差异显著。在农村文化适应方面 4 对均为父亲显著高于儿童：父亲农村物质文化适应显著高于儿童的农村物质文化适应（$t_1 = 2.409$，$p_1 < 0.05$）、父亲农村精神文化适应显著高于儿童的农村精神文化适应（$t_2 = 11.141$，$p_2 < 0.001$）、父亲农村行为文化适应显著高于儿童的农村行为文化适应（$t_3 = 15.531$，$p_3 < 0.001$）、父亲农村制度文化适应显著高于儿童的农村制度文化适应（$t_4 = 11.516$，$p_4 < 0.001$）。在城市文化适应方面，仅有 2 对差异显著：父亲城市行为文化适应显著高于儿童的城市行为文化适应（$t_7 = 2.618$，$p_7 < 0.01$）、父亲城市制度文化适应显著低于儿童的城市制度文化适应（$t_8 = -7.145$，$p_8 < 0.001$）。父亲城市物质文化适应与儿童的城市物质文化适应无显著差异（$t_5 = 0.168$，$p_5 > 0.05$）、父亲城市精神文化适应与儿童的城市精神文化适应无显著差异（$t_6 = 0.697$，$p_6 > 0.05$）。

表 1.19　　　　　　　　母亲—儿童文化适应配对样本 t 检验

	母亲	儿童	t	p
	$M \pm SD$	$M \pm SD$		
母亲—儿童农村物质文化适应	2.74±0.60	2.63±0.79	1.761	0.080
母亲—儿童农村精神文化适应	3.14±0.52	2.60±0.57	10.983 ***	0.001
母亲—儿童农村行为文化适应	2.89±0.51	2.10±0.68	14.934 ***	0.001
母亲—儿童农村制度文化适应	3.32±0.58	2.48±1.00	11.997 ***	0.001
母亲—儿童城市物质文化适应	3.38±0.63	3.44±0.63	1.111	0.268
母亲—儿童城市精神文化适应	3.36±0.36	3.40±0.50	0.861	0.390
母亲—儿童城市行为文化适应	3.53±0.42	3.44±0.51	1.919	0.056
母亲—儿童城市制度文化适应	3.11±0.58	3.62±0.87	-7.999 ***	0.001

母亲—儿童文化适应配对样本 t 检验的结果如表 1.19 所示，其中 4 对差异显著。在农村文化适应方面 3 对均为母亲显著高于儿童：母亲农村精神文化适应显著高于儿童的农村精神文化适应（$t_2 = 10.983$，$p_2 < 0.001$）、母亲农村行为文化适应显著高于儿童的农村行为文化适应（$t_3 = 14.934$，$p_3 < 0.001$）、母亲农村制度文化适应显著高于儿童的农村制度文化适应（$t_4 = 11.997$，$p_4 < 0.001$）；而母亲农村物质文化适应与儿童的农村物质文化适应差异不显著（$t_1 = 1.761$，$p_1 > 0.05$）。在城市文化适应方面，仅有 1 对差异显著：母亲城市制度文化适应显著低于儿童的城市制度文化适应（$t_8 = -7.999$，$p_8 < 0.001$）；而母亲城市物质文化适应与儿童的

城市物质文化适应无显著差异（$t_5 = 1.111$，$p_5 > 0.05$）、母亲城市精神文化适应与儿童的城市精神文化适应无显著差异（$t_6 = 0.861$，$p_6 > 0.05$）、母亲城市行为文化适应与儿童的城市行为文化适应无显著差异（$t_7 = 1.919$，$p_7 > 0.05$）。

六 农民工及其子女二维文化适应的代际传递

根据 Berry（2006）提出的文化适应双维模型，分为农村和城市两个维度。上面的分析得出两个维度上农民工与其子女存在代际差异，但前面的分析也发现农民工与其子女的一维文化适应也存在着代际传递效应，现在更深入地考察农民工与其子女在二维的文化适应上是否存在代际传递效应，即从农村文化和城市文化两个维度来分析农民工与其子女的代际传递效应。

1. 农民工及其子女在农村文化适应上的代际传递效应

为了验证农民工及其子女在农村文化适应上的代际传递效应，先进行农民工及其子女农村文化适应各因子的相关分析。

将儿童农村文化适应、父亲农村文化适应、母亲农村文化适应三个变量各因子间进行 Pearson 相关分析。表 1.20 结果显示，儿童农村物质文化适应与儿童农村精神文化适应、儿童农村行为文化适应、儿童农村制度文化适应之间相关显著（$p < 0.05$），儿童农村精神文化适应与儿童农村行为文化适应、儿童农村制度文化适应、母亲农村制度文化适应之间相关显著（$p < 0.05$），儿童农村行为文化适应与儿童农村制度文化适应、母亲农村物质文化适应、母亲农村精神文化适应之间相关显著（$p < 0.05$），儿童农村制度文化适应与父亲农村精神文化适应、父亲农村行为文化适应之间相关显著（$p < 0.05$），父亲农村物质文化适应与父亲农村精神文化适应、父亲农村行为文化适应、父亲农村制度文化适应、母亲农村物质文化适应、母亲农村精神文化适应、母亲农村行为文化适应、母亲农村制度文化适应之间相关显著（$p < 0.05$），父亲农村精神文化适应与父亲农村行为文化适应、父亲农村制度文化适应、母亲农村物质文化适应、母亲农村精神文化适应、母亲农村行为文化适应、母亲农村制度文化适应之间相关显著（$p < 0.05$），父亲农村行为文化适应与父亲农村制度文化适应、母亲农村物质文化适应、母亲农村精神文化适应、母亲农村行为文化适应、母亲农村制度文化适应之间相关显著（$p < 0.05$），父亲农村制度文化适应与母亲农村物质文化适应、母亲农村精神文化适应、母亲农村行为文化适应、母

亲农村制度文化适应之间相关显著（$p<0.05$），母亲农村物质文化适应与母亲农村精神文化适应、母亲农村行为文化适应、母亲农村制度文化适应之间相关显著（$p<0.05$），母亲农村精神文化适应与母亲农村行为文化适应、母亲农村制度文化适应之间相关显著（$p<0.05$），母亲农村行为文化适应与母亲农村制度文化适应之间相关显著（$p<0.05$）。

表 1.20　儿童农村文化适应、父亲农村文化适应、母亲农村文化适应的相关分析结果

$M\pm SD$	1	2	3	4	5	6	7	8	9	10	11	12
1 儿童农村物质文化适应（2.64±0.82）	1											
2 儿童农村精神文化适应（2.63±0.59）	0.524**	1										
3 儿童农村行为文化适应（2.12±0.69）	0.425**	0.594**	1									
4 儿童农村制度文化适应（2.50±0.99）	0.401**	0.289**	0.269**	1								
5 父亲农村物质文化适应（2.79±0.68）	0.067	0.061	0.102	0.058	1							
6 父亲农村精神文化适应（3.19±0.55）	-0.031	0.109	0.099	0.160*	0.457**	1						
7 父亲农村行为文化适应（2.91±0.55）	0.055	0.055	0.101	0.156**	0.444**	0.676**	1					
8 父亲农村制度文化适应（3.30±0.63）	-0.074	0.029	-0.031	0.092	0.355**	0.585**	0.499**	1				
9 母亲农村物质文化适应（2.74±0.60）	-0.013	0.116	0.144*	0.016	0.648**	0.386**	0.362**	0.252**	1			
10 母亲农村精神文化适应（3.16±0.54）	0.041	0.127	0.172**	0.110	0.361**	0.789**	0.552**	0.475**	0.442**	1		
11 母亲农村行为文化适应（2.89±0.51）	0.085	0.112	0.090	0.111	0.315**	0.542**	0.693**	0.353**	0.431**	0.623*	1	
12 母亲农村制度文化适应（3.32±0.58）	0.036	0.164*	0.060	0.110	0.290**	0.474**	0.390**	0.620**	0.344**	0.569**	0.451**	1

相关分析表明，儿童农村文化适应的各因子与父母农村文化适应部分因子相关显著。因此，进一步采用 AMOS19.0 建构了结构方程，分别检验父亲对其子女是否在农村文化适应上产生代际传递，母亲对其子女是否在农村文化适应上产生代际传递。

结果验证了农民工母亲农村文化适应对其子女农村文化适应产生影响，以农民工母亲农村文化适应为自变量，儿童农村文化适应为因变量，检验是否存在代际传递，采用 AMOS19.0 建构了结构方程进行验证分析，如图 1.8 所示。由表 1.21 可见，各项拟合指数良好，表明结构方程成立。由图 1.8 所示，母亲农村文化适应正向预测儿童农村文化适应（γ＝0.17，p<0.05），表明预测效应显著，证明农民工母亲农村文化适应对其子女农村文化适应存在代际传递效应。而父亲的农村文化适应对其子女的农村文化适应不存在代际传递效应。

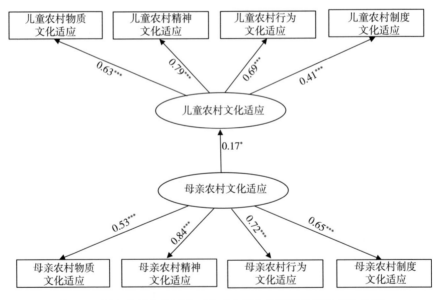

图 1.8 母亲农村文化适应对儿童农村文化适应的代际传递模型

表 1.21 母亲农村文化适应对儿童农村文化适应的代际传递的各拟合指数

拟合指数	χ^2	df	χ^2/df	GFI	AGFI	NFI	IFI	TLI	CFI	RMSEA
	32.755	19	1.724	0.975	0.953	0.950	0.978	0.967	0.978	0.048

2. 农民工及其子女在城市文化适应上的代际传递效应

从上述分析可见，母亲农村文化适应对其子女的农村文化适应存在代际传递效应。接下来我们考察农民工父母城市文化适应是否对其子女的城市文化适应存在代际传递效应。首先进行相关分析。

表 1.22　儿童城市文化适应、父亲城市文化适应、母亲城市文化适应的相关分析结果

M±SD	1	2	3	4	5	6	7	8	9	10	11	12
1 儿童城市物质文化适应（3.45±0.71）	1											
2 儿童城市精神文化适应（3.39±0.50）	0.509**	1										
3 儿童城市行为文化适应（3.44±0.50）	0.513**	0.686**	1									
4 儿童城市制度文化适应（3.59±0.87）	0.055	0.181**	0.206**	1								
5 父亲城市物质文化适应（3.44±0.64）	0.080	0.065	0.091	-0.007	1							
6 父亲城市精神文化适应（3.36±0.38）	0.001	0.023	0.088	0.110	0.477**	1						
7 父亲城市行为文化适应（3.53±0.49）	0.048	0.090	0.170*	0.122	0.604**	0.718**	1					
8 父亲城市制度文化适应（3.16±0.58）	0.025	0.004	0.143*	0.101	0.456**	0.549**	0.640**	1				
9 母亲城市物质文化适应（3.38±0.63）	0.069	0.085	0.058	0.080	0.601**	0.274**	0.383**	0.307**	1			
10 母亲城市精神文化适应（3.36±0.36）	0.039	0.027	0.141*	0.104	0.365**	0.657**	0.516**	0.474**	0.438**	1		
11 母亲城市行为文化适应（3.52±0.44）	0.038	0.074	0.129	0.101	0.437**	0.502**	0.683**	0.463**	0.562**	0.714**	1	

$M\pm SD$	1	2	3	4	5	6	7	8	9	10	11	12
12 母亲城市制度文化适应 (3.11±0.57)	−0.039	−0.007	0.141 *	0.121	0.250 **	0.270 **	0.406 **	0.659 **	0.293 **	0.419 **	0.466 **	1

将儿童城市文化适应、父亲城市文化适应、母亲城市文化适应三个变量各因子间进行 Pearson 相关分析。表 1.22 结果显示,儿童城市物质文化适应与儿童城市精神文化适应之间相关显著 ($p<0.05$),儿童城市精神文化适应与儿童城市行为文化适应、儿童城市制度文化适应之间相关显著 ($p<0.05$),儿童城市行为文化适应与儿童城市制度文化适应、父亲城市行为文化适应、父亲城市制度文化适应、母亲城市精神文化适应、母亲城市制度文化适应之间相关显著 ($p<0.05$),父亲城市物质文化适应与父亲城市精神文化适应、父亲城市行为文化适应、父亲城市制度文化适应、母亲城市物质文化适应、母亲城市精神文化适应、母亲城市行为文化适应、母亲城市制度文化适应之间相关显著 ($p<0.05$),父亲城市精神文化适应与父亲城市行为文化适应、父亲城市制度文化适应、母亲城市物质文化适应、母亲城市精神文化适应、母亲城市行为文化适应、母亲城市制度文化适应之间相关显著 ($p<0.05$),父亲城市行为文化适应与父亲城市制度文化适应、母亲城市物质文化适应、母亲城市精神文化适应、母亲城市行为文化适应、母亲城市制度文化适应之间相关显著 ($p<0.05$),父亲城市制度文化适应与母亲城市物质文化适应、母亲城市精神文化适应、母亲城市行为文化适应、母亲城市制度文化适应之间相关显著 ($p<0.05$),母亲城市物质文化适应与母亲城市精神文化适应、母亲城市行为文化适应、母亲城市制度文化适应之间相关显著 ($p<0.05$),母亲城市精神文化适应与母亲城市行为文化适应、母亲城市制度文化适应之间相关显著 ($p<0.05$),母亲城市行为文化适应与母亲城市制度文化适应之间相关显著 ($p<0.05$)。

相关分析表明,儿童城市文化适应的各因子与父母城市文化适应部分因子相关显著。因此,进一步采用 AMOS19.0 建构了结构方程,分别检验父亲对其子女是否在城市文化适应上产生代际传递,母亲对其子女是否在城市文化适应上产生代际传递。

结果验证了农民工父亲城市文化适应对其子女城市文化适应产生影

响，以农民工父亲城市文化适应为自变量，儿童城市文化适应为因变量，检验是否存在代际传递，采用 AMOS19.0 建构了结构方程进行验证分析，如图 1.9 所示。由表 1.23 可见，各项拟合指数良好，表明结构方程成立。由图 1.9 所示，父亲城市文化适应正向预测儿童城市文化适应（γ=0.16，p<0.05），表明预测效应显著，证明农民工父亲城市文化适应对其子女城市文化适应存在代际传递效应。而母亲的城市文化适应对其子女的城市文化适应不存在代际传递效应。

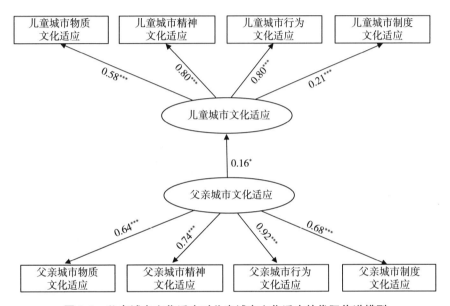

图 1.9 父亲城市文化适应对儿童城市文化适应的代际传递模型

表 1.23 父亲城市文化适应对儿童城市文化适应的代际传递的各拟合指数

拟合指数	χ^2	df	χ^2/df	GFI	AGFI	NFI	IFI	TLI	CFI	RMSEA
	19.364	19	1.019	0.984	0.970	0.976	0.971	0.992	0.957	0.008

第四节 讨论与结论

为了揭示农民工及其子女文化适应的现状，并从代际传递和代际差异的视角探析农民工及其子女在文化适应方面的相似性与差异性。分别对文化适应的两个模型进行验证：一维模型和二维模型。一维模型是指从农村文化向城市文化的适应，即尽量减少农村文化的保留，更多地学习采纳、融入城市文化；二维模型是指既保留农村文化的适应，也积极学习采纳、融入城市文化。我们先以文化适应的一维模型来揭示农民工及其子女文化适应的现状，以及文化适应的代际传递和中介作用；再以二维模型的文化适应揭示农民工及其子女在农村文化适应和城市文化适应上的代际差异及代际传递。

一 文化适应的现状分析——文化资本对农民工及其子女文化适应的影响

首先，在文化适应一维模型下，分析农民工及其子女文化适应的现状。除性别之外，儿童的年级、父母受教育程度、家庭收入对农民工子女文化适应的影响，父亲受教育程度和家庭收入对父亲文化适应的影响、母亲受教育程度和家庭收入对母亲文化适应的影响，这些影响因素均可以归结为文化资本对文化适应的影响。"文化资本"的概念是由法国社会学家布尔迪厄（1989）提出的，包括客观化文化资本、制度化文化资本和具体化文化资本。本研究重点讨论前两种文化资本，在第二章中再全面讨论第三种文化资本。客观化文化资本是指书籍、电脑、书桌、古董等物质性文化财富；制度化文化资本是指认定合格的证书、文凭等方式的文化资本。本研究中将农民工的受教育程度看作是制度化文化资本；农民工子女还没有毕业，没有文凭等，可以将受教育的年级看作他们制度化的文化资本；由于经济资本与文化资本可以相互转化，将家庭收入看作客观化文化资本，再进一步总结制度化、客观化的文化资本对农民工及其子女文化适应的影响。

我们先总结农民工子女文化适应的影响因素，通过本研究的分析发现，性别、父亲受教育程度对农民工子女文化适应的四个维度均无显著影响。农民工子女自身的制度化文化资本对其文化适应的影响显著，即年级对农民工子女文化适应的统计分析表明，儿童物质文化适应、儿童行为文化适应、儿童制度文化适应三个维度受年级影响，且年级越高，儿童文化适应得越好，但儿童精神文化适应不受年级影响。可见，年级对农民工子女文化适应的三个维度均有影响，而且年级越高、受教育时间越长，这三个维度的文化适应越好。农民工子女的行为文化适应维度受母亲教育程度影响，母亲的受教育程度越高，儿童的行为文化适应越好；而儿童精神文化适应与儿童制度文化适应两个维度不受母亲教育程度的影响。可见，父母的受教育程度（父母的制度化文化资本）对子女的文化适应影响较低，而年级（子女的制度化文化资本）对子女的文化适应影响更大。儿童制度文化适应维度受家庭月收入的影响，且家庭收入越高，儿童越能适应制度文化。但儿童物质文化适应、儿童精神文化适应、儿童行为文化适应三个维度不受家庭月收入的影响。从上述的分析可见，儿童自身的制度化文化资本对其文化适应影响最大，母亲的制度化文化资本对儿童行为文化适应、家庭客观化文化资本对儿童的制度文化适应有显著影响。儿童的文化适应既受自身文化资本的影响，部分也受父母文化资本的影响，其他因素影响不显著。

此外，农民工的制度化文化资本对其文化适应的影响分析表明，母亲物质文化适应、母亲精神文化适应、母亲行为文化适应、母亲制度文化适应四个维度均受母亲教育程度的影响，且母亲受教育程度越高，其文化适应的程度越好；父亲精神文化适应、父亲行为文化适应、父亲制度文化适应三个维度受其教育程度的影响，且父亲受教育程度越高，父亲文化适应的程度越高，但父亲物质文化适应维度不受其教育程度的影响。从整体而言，父母的受教育程度对自身的文化适应产生重要影响，且总体趋势为受教育程度越高，他们的文化适应水平越高。农民工的客观化文化资本对其文化适应的影响分析表明，父亲物质文化适应、父亲精神文化适应、父亲行为文化适应、父亲制度文化适应四个维度均受家庭月收入的影响，且家庭收入越高，父亲文化适应的程度越高；母亲物质文化适应、母亲精神文化适应、母亲行为文化适应、母亲制度文化适应四个维度均受家庭月收入的影响，且家庭收入越高，母亲文化适应的程度越高。父母的客观化文化资本对其自身文化适应的四个维度均产生了重要影响。可见，父母自身的制度化文化资本和家庭客观化文化资本对农民工父母的文化适应有显著影响，且文化资本越高，其文化适应程度越好。

从农民工及其子女文化适应影响因素的结果综合来看，两种形态的文化资本，制度化文化资本——受教育程度和客观化文化资本——家庭收入，均对农民工及其子女的文化适应产生影响，这也验证了农民工及其子女所积累的文化资本越多，越能促进他们融入城市文化，进而影响他们的职业能力、文化素养和社会地位（李为君，2011、2012；陈甫英、沈裔翀，2016；陈长松，2008；赵芳、黄润龙，2008；王小红，2008；张海峰、韩云洁，2012；胡洪彬，2012）。同时验证了农民工的客观化和制度化文化资本不仅影响其自身的文化适应，而且具有代际传递机制，家庭收入（客观化文化资本）和母亲受教育程度（制度化文化资本）影响其子女的文化适应（卓玛草，孔祥利，2016；李国强，金源云，左彩金，孙万国，王宏伟，2014），验证了农民工文化资本对自身文化适应的影响，以及对其子女文化适应的影响作用。在第二章中，我们将全面深入地探究文化资本对文化适应影响的内在机制。

二 农民工及其子女文化适应的代际传递效应

通过农民工及其子女文化适应的现状分析我们发现，父母的文化资本不仅影响自身的文化适应水平，也会影响其子女的文化适应水平，即可能通过文化资本而产生文化适应的代际传递效应，这是间接的文化适应代际传递。是否存在一种直接的文化适应代际传递效应，即父母的文化适应水平是否会直接影响其子女的文化适应水平。

为了验证是否存在文化适应的直接代际传递效应，我们采用AMOS19.0建构了三个结构方程模型，农民工父亲的文化适应对其子女的文化适应是否存在直接代际传递、农民工母亲的文化适应对其子女的文化适应是否存在直接代际传递、农民工父母文化适应对其子女的文化适应是否存在直接代际传递。经过统计分析发现，三个模型的各项拟合指数良好，表明三个结构方程均成立。具体结果如下：父亲的文化适应正向预测儿童的文化适应（$\gamma = 0.16$，$p < 0.05$），表明预测效应显著，证明农民工父亲文化适应对其子女的文化适应存在直接代际传递效应；母亲的文化适应正向预测儿童的文化适应（$\gamma = 0.15$，$p < 0.05$），表明预测效应显著，证明农民工母亲文化适应对其子女的文化适应存在直接代际传递效应；父母的文化适应正向预测儿童的文化适应（$\gamma = 0.16$，$p < 0.05$），表明预测效应显著，证明农民工父母文化适应对其子女的文化适应存在直接代际传递效应。可见，农民工父亲、母亲各自的文化适应对其子女文化适应存在直接代际传递效应，农民工父母共同的文化适应对其子女文化适应也存在直接代际传递效应。

三 农民工文化适应对其子女文化适应的代际传递：亲子依恋和家庭亲密适应的中介作用

上述结果证明了农民工文化适应对其子女的文化适应存在代际传递效

应。在文化适应代际传递的研究中，一种是家庭视角，另一种是社会视角。先从社会视角的文化资本来看，从农民工及其子女文化适应的现状分析中发现，农民工的文化资本会影响自身的文化适应，并进一步对其子女文化适应产生影响。为了进一步揭示农民工及其子女文化适应代际传递的内在机制，从家庭视角进行探析，检验亲子依恋和家庭亲密适应是否在农民工及其子女文化适应代际传递中起到中介作用。

　　首先，探析亲子依恋如何影响农民工及其子女文化适应的代际传递。从图 1.6 的模型可见，中介效应显著。根据路径分析效应的分解原理，计算出中介效应为 39%，即在农民工对其子女文化适应的代际传递中，有 39% 是通过亲子依恋这一中介变量间接传递的，而农民工对其子女文化适应代际传递直接效应为 61%。依恋理论阐释了亲子依恋的质量会影响子女未来的人际关系，子女根据自己与照顾者互动的早期经验，会发展出一种潜意识的内部工作模式（Fuller，Fincham，1995）。亲子依恋的理论认为，子女与父母建立良好的亲子依恋会给子女提供安全基地，促进子女积极地探索与适应（Luthar，2006；Nicole，Anne，2011）。上面亲子依恋中介效应的结果也验证了良好的亲子依恋可以促进其子女的文化适应（Atzaba-Poria，Pike，2007）。下面从亲子依恋中的自我模型、同伴模型和父母模型三个方面入手，更深入地探析三个模型在农民工及其子女文化适应代际传递中所起的作用。首先探讨自我模型。如果农民工与其子女有良好的亲子依恋，会促进其子女建立积极的自我模型，具有更高的自我价值感，并在学习、生活中表现得更为自信，更容易适应城市文化（李淑梅，2009；Verschueren，Marcoen，1990）。再来探讨同伴模型。如果子女能从农民工父母那得到更多的关怀、信任和支持，那么他们就能更好地与同伴交往，就能更好地适应城市文化环境。亲子依恋关系的好坏也影响孩子在学校的学业成绩和人际关系（Blair，2001；尚秀华，崔爽，2013；Bub，2007）。最后探讨父母模型。良好的亲子依恋有助于提高子女对他人的信任（陶丽娜，2011）。子女与农民工父母的亲子依恋良好，即亲子依恋中的父母模型良好，就有利于子女建立良好的自我模型、同伴模型，进而通过自我模型和同伴模型帮助子女适应城市文化。因此，当农民工自身文化适应良好时，更容易与其子女建立良好的亲子依恋，进而有利于建立积极的父母模型、自我模型、同伴模型，并有利于其子女的城市文化适应，即亲子依恋在农民工对其子女文化适应的代际传递中起到中介作用。

再者，探析家庭亲密适应如何影响农民工及其子女文化适应的代际传递。从图 1.7 的模型可见，中介效应显著。根据路径分析效应的分解原理，计算出中介效应为 29%，即在农民工对其子女文化适应的代际传递中，有 29% 是通过家庭亲密适应这一中介变量间接传递的，而农民工对其子女文化适应代际传递直接效应为 71%。结果与已有的研究相一致，Schofield 等人（2008）研究了文化适应代际的一致性取决于家庭亲密适应的质量，当家庭亲密适应的质量较高，亲子之间的文化适应一致性越高。尽管可能出现文化适应代际差异的压力，移民家庭仍能经常保持和谐的家庭关系（Fuligni，1998；Kwak，2003）。在强调家庭凝聚力和义务的移民家庭中，家庭成员可能有动力避免和解决冲突问题，并将家庭视为他们的核心社会支持网络，承认父母做出的牺牲和孩子对家庭的贡献（Kwak，2003）。可见，良好的家庭关系，会增大文化适应代际传递的可能性。Costigan 和 Dokis（2006a）研究了父母温暖功能对文化适应代际传递具有积极影响。他们发现，家庭中父母温暖程度越高，父母与子女文化适应的一致性越高。本研究发现也验证了上述国外研究的结论，即良好的家庭关系促进了农民工对其子女文化适应的代际传递，家庭亲密适应在农民工对其子女文化适应的代际传递中起到中介作用。

四　农民工及其子女二维文化适应模型的代际差异

上述分析仅依据文化适应的一维模型，探析了农民工及其子女文化适应的现状、代际传递及中介效应，并仅从代际传递的视角进行研究，但本研究有代际传递和代际差异两个视角。因此，接下来我们从代际差异的视角分析农民工与其子女在文化适应方面的差异，并依据文化适应的二维模型，将文化适应分为农村文化适应和城市文化适应两个维度，进而从两个维度探析农民工与其子女的代际差异，将父亲—儿童、母亲—儿童的农村文化适应和城市文化适应进行配对样本 t 检验。

在城市文化适应方面，父亲城市行为文化适应显著高于儿童的城市行为文化适应，父亲城市制度文化适应显著低于儿童的城市制度文化。母亲城市制度文化适应显著低于儿童的城市制度文化适应。其余父母城市文化适应各维度与子女文化适应各维度之间均无显著差异。可见，在城市文化适应方面，父母的城市制度文化适应均显著低于子女的制度文化适应。其他的维度无显著差异。

儿童在城市制度文化适应上均高于父母的城市制度文化适应。可见，出现了第一种类型的文化适应代际差距（Flavio，Elizabeth & Stephanie，2016）：儿童比他们的父母在城市制度文化适应方面更快。大多数研究表明，这种类型的文化适应代际差距与家庭冲突或青少年的幸福感没有关系。也许快速的文化适应与个体社会功能的提高有关，对一些青少年来说更多参与主流文化可能是一种财富（Lau et al.，2005）。而在儿童城市行为文化适应上，儿童显著低于父亲，出现了第二种类型的文化适应代际差距（Flavio，Elizabeth & Stephanie，2016）：儿童在城市行为文化适应上低于他们的父亲。可见，在城市文化适应上，尽管大部分维度儿童与父母之间无显著代际差距，但儿童与父亲、母亲文化适应的差距在不同维度上表现出的类型也不同，在城市制度文化适应上，儿童与父母表现出第一类型的文化适应差距，即儿童比父母适应得更快；在城市行为文化适应上，儿童与父亲表现出第二类型的文化适应差距，即儿童比父亲适应更慢。

在农村文化适应四个维度均为父亲显著高于儿童：父亲农村物质文化适应、农村精神文化适应、农村行为文化适应、农村制度文化适应均显著高于儿童的农村物质文化适应、农村精神文化适应、农村行为文化适应、农村制度文化适应，母亲—儿童文化适应配对样本 t 检验的结果发现，在农村文化适应上三个维度均为母亲显著高于儿童：母亲农村精神文化适应、农村行为文化适应、农村制度文化适应显著高于儿童的农村精神文化适应、农村行为文化适应、农村制度文化适应，而母亲农村物质文化适应与儿童的农村物质文化适应差异不显著。可见，从整体而言，父母在农村文化适应的水平更高，而子女对农村的文化适应水平更低。

儿童在农村文化适应上，主要表现出第四种类型的文化适应代际差距（Flavio，Elizabeth & Stephanie，2016）：儿童比他们的父母更不倾向于保留本土农村文化。已有研究发现，为了保持强大的代际支持和联系，参与自己的原籍文化可能对移民青少年的适应很重要。事实上，保留传统价值观与更积极的家庭关系、更少的痛苦有关（Birman & Taylor‑Ritzler，2007；Smokowski et al.，2008）。但本研究发现，除母亲与儿童在农村物质文化适应上无显著差异外，儿童对农村文化的各个维度上的保留和适应均显著低于自己的父母。

根据双维的文化适应模型（Berry，2006），将文化适应代际差距分为四种类型（Flavio，Elizabeth & Stephanie，2016）。本研究发现儿童与父母的文化适应差距主要表现出三种类型：在城市制度文化适应上，儿童与父母表现出第一类型的文化适应差距，即儿童比父母适应得更快；在城市行为文化适应上，儿童与父亲表现出第二类型的文化适应差距，即儿童比父亲适应得更慢；在农村文化适应的各维度上，主要表现出第四类型的文化适应差距，即儿童比父母适应得更慢。

在文化适应的代际差距分析中我们发现，农民工及其子女在城市文化适应上更多地表现出代际的一致性，而在农村文化适应上更多地表现出代际的差异性。由此可见，农民工及其子女文化适应的过程，既是城乡文化相互排斥和冲突的过程，也是相互融合、渗透的过程。从文化本身的适应价值来说，城乡文化之间并没有孰优孰劣之分，人的城镇化不应是城市文化对乡土文化的否定与削弱，乡土文化保留了很多传统文化的优秀成分，对人更好地面对工业化困境具有启示作用（张春妹，2014）。中国城镇化建设也要继承和吸纳传统文化，乡土文化中的优秀传统会通过某些方式继续影响和改变着当下社会，因此需要构建乡土文化与城市文化的有效对接（邹慧君，2014；胡晓红，2008）。在农村文化的保留和传承上，农民工父母显著高于其子女，但同时他们也与子女在城市物质和精神文化维度上保持一致的适应速度。可见，农民工在自身的文化适应中，既有保留农村文化的一面，也有积极适应城市文化的一面。其子女在保持农村文化的方面明显低于父母，在适应城市制度文化方面明显高于父母，可见，子女在文化适应的过程中，面对农村和城市两类文化，也会出现冲突和融合的过程。

五　农民工及其子女二维文化适应模型的代际传递

依据文化适应的一维模型，尽管我们在图 1.3、图 1.4、图 1.5 中验证了农民工及其子女文化适应存在代际传递效应，但依据文化适应的二维模型，在表 1.18、表 1.19 中也同样发现了农民工及其子女在农村和城市文化适应上存在代际差异。为了更深入地揭示农民工对其子女在农村和城市文化适应上的代际传递效应，我们进一步依据文化适应的二维模型，分别探析农民工对其子女在农村文化适应和城市文化适应上是否存在代际传递效应。

首先，我们验证了农民工母亲对其子女在农村文化适应上存在代际传递效应，如图 1.8 所示，母亲农村文化适应正向预测儿童农村文化适应

（$\gamma=0.17$，$p<0.05$），表明预测效应显著。由表 1.21 可见，各项拟合指数良好，表明结构方程成立。但父亲的农村文化适应对其子女的农村文化适应不存在代际传递效应。农民工母亲对其子女在农村文化适应上存在代际传递效应这一结果，也验证了移民可能会有更大的动力和投入更多的精力，有意识地将他们的原籍文化传承下去（Laland，1993）。在城市中，由于农村文化较难实现斜向传递和横向传递，可以预期家庭内部有更强烈的传递动机，父母会更有意识地直接、持续地传递农村文化。已有研究表明，与非移民家庭相比移民家庭会更强烈、更努力维系和传递原籍的传统文化，与土耳其（伊斯坦布尔）相比，在德国的土耳其父母会向子女传递更多与孝道相关的规范（Nauck，1997）。此外，由于移民往往在移民国社会面临社会不利地位和歧视，族裔文化资源和代际团结有助于支持以家庭为基础的社会流动战略，这也促进原籍文化的传递与认同（Phalet & hagendorn，1996；Phalet & Swyngedouw，1999）。本书也证实了农民工母亲对其子女在农村文化适应上存在代际传递效应，可能是母亲有更大的动力和投入更多的精力，有意识地传递农村文化，希望自己的子女保留农村文化，进而出现了母子在农村文化适应上存在代际传递效应。

再者，我们验证了农民工父亲城市文化适应对其子女城市文化适应存在代际传递效应，如图 1.9 所示，父亲城市文化适应正向预测儿童城市文化适应（$\gamma=0.16$，$p<0.05$），表明预测效应显著。由表 1.23 可见，各项拟合指数良好，表明结构方程成立。但母亲的城市文化适应对其子女的城市文化适应不存在代际传递效应。农民工父亲对其子女在城市文化适应上存在代际传递效应的结果说明，尽管农民工父母可能有更大的愿望将农村的传统文化传给子女，但同时可能会面临更多的困难。第一，因为子女成长在一个不同于他们父母社会化和文化熏陶的环境中，父母农村文化中的信念和价值观可能有一些或大部分失去了适应的价值。第二，父母的榜样也会受到竞争榜样的挑战，这些竞争的榜样在城市的主导文化中往往更有吸引力或更有声望。第三，农民工农村文化的代际传递可能不会增强子女适应城市多变环境的能力。因为农村文化的传递在城市可能会产生机能失调，不仅后代不愿意接受传递，父母也不愿意传递自己的文化取向，这样父母向子女文化传递的效力应该会比较低。第四，移民子女的文化适应速度通常比父母快（Schönpflug，2007）。农民工父亲对其子女在城市文化适应上存在代际传递效应，一方面可能是农民工父亲不希望自己的子女更多

地保留农村文化，这可能导致子女在城市文化适应方面出现困境；另一方面可能是农民工父亲自身的城市适应水平更高（父亲的城市行为文化适应高于子女的城市行为文化适应，见表 1.18），父亲希望自己的子女以后能在城市生活，更好地适应城市文化，而有更大的动力更积极地向其子女传递城市文化。

从以上结果我们会发现，农民工母亲对其子女在农村文化适应上存在代际传递效应，而农民工父亲对其子女在城市文化适应上存在代际传递效应。农民工父母在农村文化适应和城市文化适应的代际传递上起着相反的作用。母亲在农村文化的传承上发挥着积极的作用，而父亲在学习和适应城市文化上发挥着积极的作用。这一结果也验证了文化传承与进化的理论，该理论认为，传承与使用是文化发展过程中两种重要的选择机制，即忠诚取向和功能取向的相互博弈的过程，这两种选择机制必然出现在文化发展进化中。文化传承是文化世代累积的基础，只有通过文化的代际传递，人类才有可能积累出当今繁荣的文化。但同时也必须经受住使用的考验，即这种文化特征在个体使用的过程中可以帮助个体适应环境。当一种文化特征同时可以经受得起传承和使用的双重考验时，文化才能在传承和使用（不断提升适应环境的能力）的相互作用下不断进化发展（Monica Tamariz，2019）。根据文化传承与进化的理论，农民工母亲扮演着农村文化传承的角色，而父亲扮演着城市文化学习和使用的角色，其子女文化适应是在文化传承和文化使用之间相互博弈进而实现有效平衡的过程，既从母亲那里传承农村文化，保持农村文化的适应；又和父亲一起学习和适应城市文化，达到融入城市文化的目的。可见，农民工子女的文化适应采取了融合的适应策略，也是受母亲的农村文化和父亲的城市文化双重代际传递的结果。

六　研究结论

本章得出以下结论：

（一）在文化适应一维模型下，分析农民工及其子女文化适应的现状：父母自身的制度化文化资本和家庭客观化文化资本对其子女的文化适应有显著影响，且文化资本越高，其文化适应程度越好；儿童自身的制度化文化资本对其文化适应影响最大，母亲的制度化文化资本对儿童行为文化适应和家庭客观化文化资本对儿童的制度文化适应有显著影响。儿童的文化适应既受自身文化资本的影响，也部分受父母文化资本的影响。

（二）在文化适应一维模型下，农民工父亲、母亲各自的文化适应对其子女文化适应存在直接代际传递效应，农民工父母共同的文化适应对其子女文化适应也存在直接代际传递效应。

（三）在文化适应一维模型下，亲子依恋和家庭亲密适应在农民工对其子女文化适应的代际传递中起到中介作用。

（四）在文化适应二维模型下，农民工与其子女的文化适应代际差距主要表现出三种类型：在城市制度文化适应上，儿童与父母表现出第一类型的文化适应代际差距，即儿童比父母适应得更快；在城市行为文化适应上，儿童与父亲表现出第二类型的文化适应代际差距，即儿童比父亲适应得更慢，在农村文化适应的各维度上，主要表现出第四类型的文化适应代际差距，即儿童比父母适应得更慢。

由此可见，在农村文化的保留和传承上，农民工父母显著高于其子女，但同时他们也与子女在城市物质和精神文化维度上保持一致的适应速度。可见，农民工在自身的文化适应中，既有保留农村文化的一面，也有积极适应城市文化的一面。其子女在保持农村文化的方面明显低于父母，在适应城市制度文化方面明显高于父母，可见，子女在文化适应的过程中，面对农村和城市两类文化，也会出现冲突和融合的过程。

（五）农民工母亲对其子女在农村文化适应上存在代际传递效应，而农民工父亲对其子女在城市文化适应上存在代际传递效应。农民工父母在农村文化适应和城市文化适应的代际传递上起着相反的作用。母亲在农村文化的传承上发挥着积极的作用，而父亲在学习和适应城市文化上发挥着积极的作用。

根据文化传承与进化的理论，农民工母亲扮演着农村文化传承的角色，而父亲扮演着城市文化学习和使用的角色，其子女的文化适应是在文化传承和文化使用之间相互博弈进而实现有效平衡的过程，既从母亲那里传承农村文化，保持农村文化的适应；又和父亲一起学习和适应城市文化，达到融入城市文化的目的。可见，农民工子女的文化适应采取了融合的适应策略，也是受母亲的农村文化和父亲的城市文化双重代际传递的结果。

第二章

农民工及其子女文化资本的现状、代际传递及对文化适应代际传递的影响

第一节 文献综述与问题提出

一 文化资本的概念及演变

从文化上讲，文化资本的概念是根深蒂固的，但也会随着社会历史、社会经济、政治背景的不同而不同。自布尔迪厄以来，许多学者围绕文化资本理论展开诸多争论，由此对文化资本及其内涵形成了许多不同的观点（Davies & Rizk，2017；Kingston，2001；Krarup & Munk，2016；Lamont & Lareau，1988；Lareau & Weininger，2003；Tan，2017；Yeonsoo Choi，Sung won Kim & Won-Pyo Hong，2019）。

布尔迪厄最初对文化资本的界定是基于 20 世纪 70 年代在法国的观察。法国中上阶层的父母致力于培养孩子对高雅文化活动的品位（即在家里拥有艺术品、参观博物馆或剧院或其他文化活动）。在西方社会，文化资本传递机制的核心是文化品位的家庭社会化（Yeonsoo Choi，Sung won Kim & Won-Pyo Hong，2019）。随着社会的发展，传统的高雅文化在法国逐渐失去了认可（Pasquier，2005）。一项关于法国青少年文化消费和媒体实践的研究显示，最受重视的文化形式特征已经发生了变化。在这些变化中，古典文化与科学文化相比，其价值有所下降，在学校也是如此（Yeonsoo Choi，Sung won Kim & Won-Pyo Hong，2019）。

20 世纪 80 年代，Lamont 和 Lareau（1988）质疑在法国背景下发展起来的文化再生产理论是否可以完全适用于美国。他们认为，由于社会分层和教育制度的差异，布尔迪厄所研究的法国文化价值风格在这一时期的美国可能并不具有同样的价值。例如，法国的考试制度包括大量的笔试和口

语部分，学生必须通过利用他们的文化资本来展示广泛的文学和艺术知识；而在美国，学校考试通常包含多项选择题，更关注学生个人的认知技能，这些考试题目与对高雅文化的熟悉程度几乎没有太大关系（Andersen & Hansen，2012；Bourdieu & Passerson，1977；Yeonsoo Choi，Sung won Kim & Won-Pyo Hong，2019）。还有一些学者认为，在阅读和文学等学科中，文化资本的影响比数学和科学更明显，因为后者不太可能受学生文化经历和风格的影响（Tan，2017；Yeonsoo Choi，Sung won Kim & Won-Pyo Hong，2019）。

基于 80 年代的这些理论，学者们将文化资本的边界从狭义地培养高雅文化品位扩展开来。例如，父母的教育参与，即父母对子女的学术领域的资源承诺（Grolnick & Slowiaczek，1994），通常与文化资本的传递有关（Lareau & Weininger，2003；Tan，2017；Tramonte & Willms，2010）。Tramonte 和 Willms（2010）强调"关系文化资本"概念，将之定义为父母和孩子针对文化品位的家庭社会化所进行的文化讨论（Yeonsoo Choi，Sung won Kim & Won-Pyo Hong，2019）。

Tramonte 和 Willms（2010）明确区分了传统的文化资本和他们所谓的"关系文化资本"，后者强调父母的参与以及父母将社会重视的技能和态度传递给孩子的过程。其潜在的假设是，虽然高雅文化主要用于区分和表明家庭的社会地位，但关系文化资本侧重于儿童可以利用的文化资源，以便在学业和社会上获得成功。因此，文化资本更广泛地包括一般的语言和认知技能、习惯和知识。他们认为这将有助于学生在学校取得成功（Yeonsoo Choi，Sung won Kim & Won-Pyo Hong，2019）。

韩国经历了从发展中国家到发达国家的巨大转变。通过教育争取向上社会流动的制度建设以及获得全球认同的文化资本的普遍愿望，是理解韩国文化资本的关键。这有别于最初植根于西方社会的文化资本概念，上文所述的文化资本传递机制的核心是文化品位的家庭社会化，且侧重研究在一个社会或国家内运营和流通的传统形式。而当代韩国的文化资本还受不断全球化或跨国文化资本的影响（Kim，2011）。由于韩国高度重视标准化考试，这使与学术技能或与学业成绩不直接相关的文化资本成分变得不那么重要。在韩国，孩子大部分时间都在学校度过，父母与孩子互动的时间较少。而西方父母能够通过与孩子的广泛互动来传播基于阶层的互动方式、知识、价值观和文化品位（Lareau，2002）。此外，以教师为中心的教学几乎没有为课堂上师生之间的互动留下空间（Byun，Schofer & Kim，2012；Kwon，Kristjánsson & Walker，2017）。在主要关注大学招生和为国家做准备的广泛的大学学术能力测试中，教师并不认为学生参与高雅文化活动和测试特别相关或特别值得（Baek，2012）。与西方工业化社会相比，受儒家传统文化影响的韩国学生，其学校成功动机可能更强，因而以阶层为基础的文化资本对学业成绩的影响往往小于西方社会（Tan & Liu，2017；Yeonsoo Choi，Sung won Kim & Won-Pyo Hong，2019）。

因此，特定类型的文化资本在特定社会历史背景和特定时间内可能具有很高的价值，而在其他时空背景下可能会失去价值。例如，在中国，项和申（2009）解释了 20 世纪 80 年代海外获得的学位在中国是如何受到高度重视。当时是经济改革之初，出国留学的人很少。在 21 世纪初十年，随着外国学位在中国变得司空见惯，它们的象征价值已经减弱（Yeonsoo Choi，Sung won Kim & Won-Pyo Hong，2019）。而国际排名和外国大学的声望变得更加重要，大学排名获得了新的象征价值，它将外国大学归入拥有不同制度化文化资本存量的机构。这说明了等级制度是如何被象征性地构建的。布尔迪厄的理论解释了精英群体可以从有利的角度操纵象征性和制度化的资源，以便在社会变革中保持他们的阶层特权（Yeonsoo Choi，Sung won Kim & Won-Pyo Hong，2019）。

随着社会的不断发展，文化资本的概念也在不断丰富，Lamont 和 Lareau（1988）对文化资本的定义最清楚地揭示了这个概念的关键组成部分。他们将文化资本定义为"制度化的，即广泛共享的、较高地位的文化信号（态度、偏好、正式知识、行为、商品和证书），用于社会和文化排斥"（Lamont & Lareau，1988）。尽管不同国家的文化资本内涵有所不同，但都是为了进行社会和文化排斥来巩固自己的社会地位。

在布尔迪厄关于文化资本的概念中，有两个核心，即文化资本的制度化性质和文化资本所服务的排他性目的（Lamont & Lareau，1988）。文化资本的制度化性质体现在，为了被认为是文化资本的指示器，它必须被公众，或者至少是一大群人广泛承认它是阶级地位的指示器。文化资本对那些拥有它的人来说是有价值的，不是因为它具有绝对的内在价值，而是由于社会承认它是有声望的——例如教育证书或"制度化的文化资本"。因此，拥有文化资本的人被公认为具有较高社会地位的群体。而文化资本所服务的排他性目的体现在，由于文化资本主要是通过家庭社会化来进行传递和获得的，它是一个人的习惯或性格的重要组成部分（Reay，2004）。因此，与低文化资本家庭相比，高文化资本的家庭通过文化资本的家庭社会化，让其子女获得了高文化资本，让其具有了排他性的目的，而且子女的文化资本会在日常互动中不知不觉地显露出来（Yeonsoo Choi，Sung won Kim & Won-Pyo Hong，2019）。

二　文化资本的三种形式

1986 年，布尔迪厄明确提出文化资本具有具体化、客观化和制度化三种形态。

首先是具体化的文化资本。传统指标包括参与文化活动的频率，如参观博物馆、参加古典音乐会和参观美术馆的频率等（Yeonsoo Choi，Sung won Kim & Won-Pyo Hong，2019）。现在我们所指的具体化文化资本主要是通过家庭环境和学校教育获得并成为精神与身体一部分的知识、教养、审美、技能、语言解释能力、态度、行为等文化产物来衡量的（朱伟珏，2016）。具体化的文化资本，包括单纯的文化消费（例如，参观剧院、古典音乐会或博物馆）与生产性文化活动（例如，阅读、参加视觉或表演艺术课程），二者相比，生产性文化活动对发展儿童技能的贡献更大。然而，文化消费可以通过其象征功能转化为教育优势（aroline Mikus，Nicole Tieben & Pia S. Schober，2020）。具体化文化资本的获得不能通过他人直接给予，必须通过行动者个人的亲力亲为、投入大量的时间和精力、通过个人内化的方式来获得。就好比父母无法直接将自己的品德、习性、价值观等直接传递给孩子一样，具体化文化资本的积累不仅要靠个人的努力，同时还必须以雄厚的经济实力为后盾。

其次是客观化的文化资本。它通常是通过文化财产来衡量的，如艺术品、文学书籍和家庭中可获得的其他类型的书籍、书桌等文化产品来衡量（Yeonsoo Choi，Sung won Kim & Won-Pyo Hong，2019）。客观化的文化资本是可以直接传递的，但必须通过具体化的文化资本来发挥作用。例如，我们购买了一本书，只有通过阅读来学习和内化书中的内容才能获取知识，否则它就是一个纯粹的物质产品，无法作为一种文化资本来发挥作用。

最后是制度化的文化资本。它通常是通过受教育程度和资格证书来衡量的（Yeonsoo Choi，Sung won Kim & Won-Pyo Hong，2019）。制度化的文化资本就是将行动者掌握的知识与技能以某种形式（通常以考试的形式）正式予以承认并通过授予合格者文凭和资格认定证书等社会公认的方式将其制度化（朱伟珏，2016）。制度化的文化资本可以获得象征价值，因为它必须被社会承认为合法的、有声望的资本，才能具有价值。

从以上文化资本的三种形态我们不难发现，客观化、制度化的文化资本都需要通过具体化的文化资本才能发挥作用。即制度化的学历文凭、客观化的文化产品只有内化为文化习惯后才能对个人产生影响。所以说，具体化的文化资本对个人的成长是最重要的。

三　文化资本代际传递的两种理论争论

"文化资本代际传递"是指父母文化资本作用于子代的过程（王中会，钟昕琰，张雪，2021）。具体来讲，它是指父母为子女提供一些文化资源、营造良好的家庭氛围、参加高雅活动、将自己的教育期待传递给孩子，提升孩子认知能力和非认知能力，进而让孩子进入学校时适应学校的氛围并取得良好成绩，最终实现阶层跨越或稳固社会地位的作用。

我们可以看到，家庭的文化资本是影响子女受教育程度的一个重要因素：这一点几乎被所有理论所认可。然而，对于文化资本的作用，它是作为社会上层的优势发挥文化再生产乃至社会再生产的作用？还是可以为社会下层提供向上流动的途径？人们对此有很多争论。

在布尔迪厄看来，文化资本与社会再生产的关联更为密切。他认为，文化资本经历了阶级分化，即不同阶级的家庭拥有不同的文化资本，而上层阶级的家庭拥有优越的文化资本；更重要的是，教育系统传播的文化与统治阶级的文化更为接近，统治阶级的惯习被转化为学校默许的文化资本，因此，已经拥有统治阶级文化资本的个人更容易取得学术成就。换句话说，教育通过构建有利于统治阶级的文化来实现文化再生产。此外，学术等级制度转化为地位等级制度，是实现从文化再生产到社会再生产的过程（Bourdieu，2018；Yu Xiulan & Han Yan，2019）。

支持文化再生产理论的 Wisconsin 模式主要关注家庭背景是如何影响儿童教育程度的社会和心理过程。其倡导者 William Sewell、Archibald Haller 和 Alejandro Portes 将一些社会和心理变量，如父母对子女教育的态度、鼓励和期望，作为影响教育成就的重要中介变量纳入其地位成就模型。他们的研究发现，教育期望和其他社会与心理变量是教育成就的重要解释变量，家庭背景通过教育期望的方式来影响教育成就（Sewell，Haller & Ohlendorf，1970）。这些社会和心理变量对儿童的影响是经过长期积累的，类似于 Bourdieu 所描述的获得具体化的文化资本或潜移默化培养惯习的过程。因此，从这个角度来看，Wisconsin 模式为"布尔迪厄的文化资本的具体化形式提供了相对较好的经验操作和验证"（Zhou et al，2016）。Wisconsin 模式与布尔迪厄相同的是，Wisconsin 模式承认文化资本对教育成就的影响，同时也承认文化资本的阶级差异，它证明了家庭背景对文化资本的影响，并在一定程度上验证了布尔迪厄的理论；然而，与布尔迪厄不同的是，支持 Wisconsin 模式的学者们没有强调文化资本的阶级分化和排他性，这就意味着文化资本存在流动的可能性（Yu Xiulan & Han Yan，2019）。

Paul DiMaggio 是一位知名的美国学者，他参与了对布尔迪厄理论的实证验证。他将文化资本定义为对地位文化（高级文化）的参与，类似于布尔迪厄提出的具体化的文化资本。他的研究发现，在控制了家庭背景、学生能力和其他因素后，学生对高雅文化的参与有助于他们的教育成就。他的研究结果部分支持了布尔迪厄的理论，即文化资本对教育成就有重大影响（Yu Xiulan & Han Yan，2019）。

然而，DiMaggio 和他的合作者也认为，文化资本对任何拥有文化资本的个人的学业成功都有帮助，并不局限于某个特定优势阶层的资源；他们还发现，文化资本对低阶层男学生学业成就的积极影响比对高阶层男学生更为显著（DiMaggio，1982；DiMaggio & Mohr，1985）。因此，有学者认为，DiMaggio 模型提出了一种与布尔迪厄的文化再生产理论相对立的文化流动模式，即文化资本并不总是通过代际传递来获得的：低层、贫困的个人可以通过积极获取优势文化资本来弥补其家庭背景的不足，从而实现社会的向上流动（Yu Xiulan & Han Yan，2019）。

迄今为止，教育在社会流动性、不平等和阶级结构复制中的复杂作用仍是一个有争议的话题（Milburn，2012；Rytina，2011）。一些研究人员指出，在一些欧洲国家，教育程度的不平等并不是持久的（Breen，Luijkx，Müller & Pollak，2009），教育可以促进社会的向上流动（Breen & Jonsson，2005）；但大多数学者认为，不平等会在教育过程中复制，从而加剧阶层固化（Haveman & Smeding，2006；Lucas，2001；Pfeffer，2008；Shavit & Blossfeld，1993；Kun Wang & Shenjing，2019）。

中国的现实和相关实证研究表明，家庭文化资本在再生产中的作用与它在社会流动中的作用并存：尽管特权家庭通过优势文化资本促进其子女取得教育成就，但文化资本并没有表现出明显的阶级分化或排他性；尽管学校教育表现出对某些形式的文化资本的偏好，但它更强调这种文化资本所带来的成绩，而不是与某个社会阶层相关的文化。文化资本对来自弱势家庭学生的教育成就起着重要作用，甚至超过了它对来自富裕家庭学生的作用（Yu Xiulan & Han Yan，2019）。

四 文化资本的代际传递机制

（一）家庭因素

1. 家庭的社会经济地位：家庭拥有的经济、社会和文化资本为孩子塑造了不同的文化道路。在孩子受教育的过程中，从小学到大学，甚至到研究生，都需要持续不断地投入资金。

经济资本假说认为，富裕的父母能够为他们的孩子提供更优越、更好的学校和课外活动机会。此外，来自高收入家庭的年轻人可能有更多机会来延长他们受教育的时间，并倾向于在学校教育中投入更多的时间和精力。从布尔迪厄的文化资本角度来看，上层阶级的孩子比下层阶级的孩子更有可能在学校取得成功，因为他们从出生就接触到较高水平的文化；他们的家庭会给予他们更多的资助，因此更有可能拥有文化资本。由于学校系统奖励具有较高文化资本的学生，这就意味着他们有更大的机会取得成功（Bourdieu，1997）。简言之，来自较高社会经济地位（SES）家庭的儿童更容易获得较高的文化资本，并在学校和后来的社会中获得更好的教育资格和工作回报（Silva，2005；Soo-yong Byun，2012；Evan Schofer；Kyung-keun Kim，2012）；而且，由于占主导地位的群体和社会阶层往往会利用他们的权力来维持和创造结构性条件，这些儿童的利益也能得到保护（Nan Dirk De Graaf，Paul M. De Graaf & Gerbert Kraaykamp，2000）。

对于下层阶级的家庭来说，家庭经济资本不足的影响最为显著。首先，它决定了孩子可以有多少空闲时间来获取文化资本。布尔迪厄（1986）认为，个人初始文化资本积累需要一定的经济支持，而家庭经济状况决定了他/她的家庭允许他/她拥有多少空闲时间。低社会经济地位家庭的经济预算通常都非常紧张。当低社会经济地位家庭的孩子未能通过高中或大学入学考试时，他们的父母大多会让他们放弃教育，而不是让他们再次参加考试。这些孩子们此时必须终止作为学生的角色，并在成年之前成为养家糊口的人（Kun Wang & Shenjing He，2019）。

2. 家庭的社会地位：一个孩子要想在学校表现良好，需要的不仅仅是经济资源。布尔迪厄（1973）提出的文化资本假说（Bourdieu & Passeron，1977；Swart，1997）表明，家庭社会地位较高的父母拥有更多的文化资源，这有助于他们的孩子掌握学校里的课程，从而更有利于孩子学业上的成功（Nan Dirk De Graaf，Paul M. De Graaf & Gerbert Kraaykamp，2000）。

3. 家庭的受教育程度：研究表明，来自高学历家庭的学生比他们的同龄人更有可能参与较高水平的文化活动，父母的教育和收入对孩子的文化资本具有积极影响。这表明"合法的"与"（自然）区分的标志"是以阶级之间的社会和文化差异为条件的（Bourdieu，1990；Tina Wildhagen，2009）。

4. 家庭的教育期望：不仅文化资本会影响教育期望，教育期望作为文化资本反过来也会影响学业成绩（制度化的文化资本）（Tina Wildhagen，2009）。父母的教育期望会影响孩子对自己的教育期望，从而影响学业成绩。根据来自32个国家和地区2011年国际数学与科学趋势研究数据的分析，父母的期望（具体化文化资本）与学生成绩的关联最强（Haigen Huang，2005；Guodong Lian，2016）。

5. 家庭的文化资本：一项研究发现，与家庭的经济资本相比，家庭的文化资本（可操作化为父母的教育水平，或制度化的文化资本）对子女获得高等教育机会的影响更大（Guo & Min，2006）。另一项研究发现，与低收入家庭相比，高收入家庭的文化资本对儿童受教育程度的影响没那么显著，低收入家庭可以通过更多地参与文化活动和相对良好的家庭文化氛围实现向上流动（Sun，2010）。另一位学者发现，家庭文化资本具有多种形式，这些形式对儿童受教育程度具有积极影响，其中家庭文化氛围的影响最大。家庭文化氛围和教育是获得社会地位的最基本前提，社会地位相对较低的家庭可以通过文化资本的积累实现子女的向上流动（Liping，Qiu & Xiao Rikui，2011）。除了西方学者讨论的文化资本，国内一些关于贫困地区家庭儿童学业成就的研究也表明，中国特有的传统家庭文化资本，如勤劳、坚韧的气质，以及在家庭发展过程中长期形成的约束家庭成员行为的规范，如家规、家教、家风、家训等家庭文化（Han，2016），或社会底层所拥有的独特的文化资本形式，如归属动机、道德化思维等，都成为弱势家庭学生在教育成就方面占得先机的法宝（Cheng & Kang, 2016）。虽然这些研究关注的领域不同，结论也不完全一致，但它们都表明，文化资本有助于教育成就，它对来自弱势家庭的学生具有特别重要的意义（Yu Xiulan & Han Yan, 2019）。

一些学者在日本收集了文化资本代际传递的调查数据，以检验不同形式的文化资本与学生学业成绩之间的关系。他们的研究结果表明，具体化文化资本（父母朗读给子女听，与父母一起参加美术活动）与子女成绩显著相关，而客观化文化资本（文化财产如书籍）与子女成绩无关。在具体化文化资本中，父母期望对子女数学和科学成绩的影响最大，这表明在布尔迪厄（1986）文化资本的几种形式中，具体化的文化资本可能最具有影响力。同时，并不是所有具体化文化资本的变量都像父母期望对子女的学校表现那样具有重要影响（Haigen Huang Guodong Liang, 2016）。

6. 家庭的教养方式：文化资本通常是通过家庭教养而非学校教育产生的（Bourdieu, 1977a）。在日常家庭生活中，孩子们会受到他们所见所闻的影响，并且随着时间的推移，他们会模仿父母的行为模式。在中上阶层的家庭，父母更有可能举止文雅。例如，使用文明或礼貌的语言和谈话风格，并在社交场合表现出与他人礼貌的互动。而在下层阶级的家庭中，日常生活中使用农村方言而不是普通话，父母通常是英语文盲。此外，人们在农村家庭中的互动和交流方式与城市家庭有很大不同。农村背景的人，社会交往更随意、直接，甚至粗鲁，而城市人则更多接触委婉、精致、优雅、官方的活动，父母可能会在这些活动中辅导和训练孩子的社交策略或沟通技巧（Kun Wang & Shenjing He, 2019）。不同的家庭教养方式对不同阶级孩子的具体化文化资本会产生巨大差异。

7. 父母文化参与的程度：研究表明，父母参与对学生的学习成绩有积极影响（Fan & Chen, 2001）。研究还表明，受教育程度较高的家长比受教育程度较低的家长更倾向于与教师建立有效的关系（Lareau, 1987; Lareau & Horvat, 1999）。原因之一可能是父母能够利用与教师的交谈，让教师意识到学生参与了较高水平的文化活动，从而让教师对孩子产生更良好的印象（Tina Wildhagen, 2009）。

（二）学校因素

1. 学校对上层文化资本的偏爱：学者们认为在中国，文化资本主要通过两种机制来实现向制度化文化资本的转化。首先，学校或其他当局对学生的惯习、态度和地位进行积极的识别或评价；其次，通过父母的教养，儿童获得了在学校教育中极为重要的愿望、能力和技能（具体化文化资本）。前者是高雅文化的排斥机制，后者则是人力资本的机制。研究发现，目前在文化资本对教育成就的影响中，高雅文化的排斥机制占主导地位，而人力资本的机制是次要的（Xiao，2016）。文化资本理论通常指的是社会化的重要性，如对艺术和古典音乐的兴趣、剧院和博物馆的参观以及文学阅读。该理论认为，不熟悉这种社会化的儿童将体验到学校是一个不友好的恶劣环境。其实他们缺乏的只是在较高教育水平上得到奖励的技能、习惯和风格。但他们因此会避免接受高等教育（自我选择），如果他们参加了高等教育，也不会达到预期的效果（间接排斥），或者可能不被教师认可（教师选择）（Kalmijn & Kraaykamp，1996；Lamont & Lareau，1988）。

2. 学校教育的城市偏好：研究还发现，学校教育（包括考试、教科书等方面）表现出一定程度的城市偏好，因此更有利于城市学生获得更多的制度化文化资本（Yu Xiulan & Han Yan，2019）。

3. 师生关系的好坏：一些研究已经证实，良好的师生关系与学业成绩的提高有关（Jussim，1989；Farkas，1996；Roscigno & Ainsworth-Darnell，1999；Oates，2003；Crosnoe，Johnson & Elder，2004）。例如，Farkas（1996）、Roscigno 和 Ainsworth-Darnell（1999）都发现，教师对学生的努力程度、作业完成情况和注意力的评估，对学生当前的成绩和考试成绩都会产生影响。也就是说，即使将学生的学习能力考虑在内，教师对学生课堂行为的评价仍然与当前的学习成绩呈正相关（Tina Wildhagen，2009）。

4. 应试教育的影响：在中国中小学强调应试教育，学业成绩代表了对学生的最终评价，并没有特别关注学生的家庭背景和文化资本状况。在现实中，较高文化资本所发挥的作用可能来自学生通过掌握较高文化来提高自己的学习能力，从而帮助自己获得更好的教育（Yu Xiulan & Han Yan，2019）。

5. 学校教育的不平等性：文化资本在学校环境中具有特别重要的意义，因为学校不是社会中立的机构，而是反映"占主导地位阶级"的经验机构（Lamont & Lareau，1988）。低社会阶层的学生因为没有适应主导地位阶级的喜好、态度和行为，因而较难符合教育系统的期望。因此，根据 Bourdieu 和 Passeron（1971）的说法，学校似乎是任人唯贤的机构，实际上它们却歧视工人阶级儿童并固化阶级不平等。

（三）国家和社会因素

1. 社会阶层的差异影响教育中的社会不平等：最突出的社会学解释之一是布尔迪厄的文化再生产理论（Bourdieu，1986；Bourdieu & Passeron，1971）。布尔迪厄认为，社会阶层在教育结果方面的差异是由于父母对文化资本占有的不平等造成的。中产阶层父母更熟悉合法文化，他们通过积极的社交活动（如带孩子去博物馆）和被动的榜样作用（如读书）将他们的文化资本传递给其子女。反过来，孩子们将他们的文化资本转化为学校环境中的学业成果。

2. 国家教育资源分配的城乡不平等：自 20 世纪 90 年代以来，教育资源分配的城乡不平等日益突出。中央和地方政府都采用两极分化的政策，这些政策都有利于城市地区而不是农村地区，以及城市中的户籍人口而不是农村流动人口（Mok & Lo，2009）。在分级办学、分级管理的政策框架内，教育经费必须由地方政府筹集。中国农村一直饱受教育经费极度缺乏的困扰。因此，设施优良的所谓实验学校、示范学校和重点学校几乎都分布在城市，而农村地区破败不堪的学校则被抛在脑后（Kun Wang & Shenjing He，2019）。教育资源的极度匮乏很大程度上影响了农村地区孩子的文化资本积累。

3. 中国的文化过滤系统也表现出深刻而明显的不平等：教育部针对不同省份制定了不同的大学录取名额。由于中国高校分布不均和地方保护主义政策，不同省份的高校入学难度差异很大。城市的学校等级一般可以分为三个层次：民办/公立精英学校、公立普通学校和民办农民工学校（Xiong，2015）。毫无疑问，对于那些父母进城务工的孩子来说，第一类远远超出他们的想象，而第二类，名额非常有限。那些设法找到一所公立普通学校的学生需要缴纳额外的"赞助费"，这对于他们的父母来说无疑是一笔巨款。因此，这些学生只能就读于民办农民工学校，这些学校的特点是教学质量低、设施破旧、学校的合法地位岌岌可危和厌学文化（Xiong，2015；Kun Wang & Shenjing He，2019）。这些不利因素都会极大影响他们的学习成绩和对未来就业的选择。

五　文化资本对文化适应的影响

上述文献可以看出文化资本的重要性以及代际影响。接下来我们进一步探析在移民背景下，文化资本对文化适应有何影响。对于移民来说，社会和文化资本的相互作用变得非常重要，这有利于将其转化为经济资本，经济资本又可以转化为社会和文化资本（Dinesh Bhugra，Cameron Watson & Antonio Ventriglio，2020）。Tutu 和 Busingye（2019）进行了一项有趣的概述，将文化适应、文化资本、生活方式和健康联系起来。他们指出，文化资本影响健康和生活方式，并指出文化资本也影响语言习得、理解、饮食、服饰和价值观等文化适应的各个方面。Dinesh Bhugra，Cameron Watson 和 Antonio Ventriglio（2020）认为，这使得文化资本可能比社会资本有更强的作用，社会资本关注的是社会关系及其质量，而文化资本则不止于此，因为文化资本还包括具体化的和制度化文化资本两种类型，这两个方面比社会关系所包含的范围更广。这在一项有趣的研究中得到证实，Concha，Sanchez，De La Rosa 和 Villar（2013）对佛罗里达州的拉丁裔移民进行了研究，发现文化资本和朋友的支持积极促进了移民的文化适应，因此，在移民背景中，文化资本和社会支持确实变得很重要。在移民群体中，文化资本在促进移民文化适应和减少文化适应压力方面可能会变得更加重要（Dinesh Bhugra，Cameron Watson & Antonio Ventriglio，2020）。

必须认识到移民所携带的文化资本及其对个人文化适应、群体的价值以及对新国家的重要性。文化资本的三种类型需要进一步探索，深入了解每一个方面的相对重要性，而且这些组成部分可能会嵌入到移民国的文化资本中，原籍文化资本与移民国文化资本之间会有潜在或实际的相互影响。众所周知，我们是文化的产物，文化影响着我们的育儿、生活、工作和娱乐，我们在文化中学习价值观和意义。因此，在移民背景下，理解文化资本对文化适应的影响是十分重要的。在心理学和精神病学研究领域，文化资本及其影响还尚未被明确认识或理解。我们预测客观化、制度化和具体化三种文化资本都很重要，它们有助于移民积极的文化适应，从而创造和维持积极的心理健康水平（Dinesh Bhugra，Cameron Watson & Antonio Ventriglio，2020）。

六　问题提出

上述研究表明，文化资本存在代际传递。随着我国工业化、城市化的推进，到 2010 年为止，从农村进入城市的农民工及其子女已经高达 2.21 亿，其中随农民工一起搬迁的子女有 3581 万人（段成荣，2015），农民工及其子女的发展，成为国内外学者广泛关注的问题（王中会、向宇、蔺秀云，2019）。尽管国外大量研究证明了文化资本的代际传递，但国内对农民工及其子女文化资本代际传递的研究非常缺乏，本章重点是农民工及其子女文化资本是否存在代际传递及其如何进行代际传递的。下面将从农民工的客观化文化资本、具体化文化资本、制度化文化资本来具体阐述这三种文化资本是如何影响其子女的。

首先讨论客观化文化资本。农民工家庭由于经济收入有限，所拥有的书籍、乐器、电脑等这些客观化文化资本相对很少，同时农民工在文化消费方面能力较低，研究表明，农民工除了给子女买学习辅导资料，他们几乎不出入博物馆、图书馆等，也不进行其他任何文化消费，有将近一半以上的农民工在这些文化传播场所的月消费低于 50 元（唐雅琳，2016）。农民工子女由于有限的家庭经济收入，无法获得丰富多样的书本、教辅等文化产品，他们的学习场所、学习资料相对简单，所获得的客观化文化资本也较少。由于农民工子女所处的环境为城市，有博物馆、图书馆的地方比较多，也可能为农民工子女的客观化文化资本的扩充提供了便利（王秀梅，2011）。

其次讨论具体化文化资本。农民工生长环境多为乡村、小镇等地区，对知识和技术的依赖性比较弱，多数以从事农业为主、靠天吃饭，主要依靠继承和学习祖辈积累下来的农业经验，他们的生活方式与城市区别较大，意识不到学习新知识和技术的必要性和重要性，在我国的社会阶层划分中属于弱势群体（秦洁，2009）。由于农民工的知识体系与中上层阶级不一致，他们的具体化文化资本较少，如农民工大多以方言为主，普通话能力较差，人际交往中的语言技巧不足，相当一部分农民工只会简单应用一些软件，对信息的接收和处理能力比较欠缺（唐雅琳，2016）。农民工子女跟随父母到城市生活，他们可能出生不久就离开了乡村或小镇，他们所处的环境与父母有相似的地方，也有许多不同之处。由于农民工与其子女的整体文化氛围相似，农民工子女可能会继承父母的具体化文化资本。

最后讨论制度化文化资本。总体而言，农民工的制度化文化资本相对较低。调查显示，农民工的学历大多数为初中水平，就业之后，也只有不到20%的农民工接受过成人教育，接受职业技能培训的农民工也才接近一半（唐雅琳，2016）。农民工子女学历（制度化文化资本）的高低可能会受到父母学历的影响。研究表明，母亲的受教育程度会影响其对子女的教育期望、影响其辅导子女学习的方式和能力、影响子女择校，进而影响子女的学习成绩（胡宏伟、童玉林、杨帆、胡祖明，2012）。家庭文化资本会影响儿童学习成绩，父母的受教育程度越高，子女获得的客观化文化资本和具体化文化资本也会越多，子女接受教育的水平也会越高。但也有例外，有的农民工受教育程度低，但其子女的受教育水平却很高（袁勇我，2019）。

尽管许多研究均证明文化资本存在代际传递，但国内尚无农民工及其子女文化资本是否存在代际传递、代际传递内在机制、文化资本对文化适应影响机制的实证研究，本研究采用实证研究方法来揭示以下三个问题：

第一，农民工及其子女客观化、具体化、制度化文化资本的现状；

第二，深入探析农民工及其子女的文化资本是否存在代际传递效应以及代际传递的内在机制；

第三，文化资本在农民工对其子女文化适应代际传递中的作用及机制。

第二节　研究方法

一　研究工具

（一）农民工文化资本问卷

农民工文化资本问卷是自编的，包括具体化的文化资本、客观化的文化资本和制度化的文化资本三部分。具体化文化资本是指在行为习惯、文化素养、子女教育参与度等方面的文化资本，共有 38 题，具体包括教育期望、教育观念、教养方式、家庭文化氛围、兴趣爱好等多个方面。客观化文化资本是指物化的文化资本，具体包括收入水平、家中是否拥有书籍、电脑、乐器等情况共 4 题，比如："除了孩子的课本，我家里的图书在 50 本以上；我家里至少有一种乐器等等。" 制度化文化资本是指国家制度认可的文凭和证书等，具体包括受教育程度、职业资格证书等和工作与制度相关得分三个方面构成。采用 5 点计分法，"完全符合" 计 5 分、"比较符合" 计 4 分、"不能确定" 计 3 分、"不太符合" 计 2 分、"完全不符合" 计 1 分。三个文化资本维度得分越高，表明拥有的文化资本越多。总量表的内部一致性信度为 0.89，三个分量表的内部一致性信度分别为 0.85、0.90、0.87；总量表的分半信度为 0.86，三个分量表的分半信度分别为 0.82、0.88、0.85，可见信度良好；本研究采用 AMOS19.0 进行验证性因子分析，模型拟合指数良好：$\chi^2/df = 3.57$，CFI = 0.94，NFI = 0.96，TLI = 0.95，RMSEA = 0.03，表明结构效度良好。

（二）农民工子女文化资本问卷

农民工子女文化资本问卷是自编的，包括具体化文化资本、客观化文化资本和制度化文化资本。具体化文化资本是指行为习惯、文化素养、自我能力与价值等方面的文化资本，共有 30 题，具体包括自我认知与行为爱好、能力及价值感、独立自主与领导力三个方面，如："我遇到困难时善于思考，老师乐于和我讨论，帮助我解答；我爱好体育活动等等。"客观化文化资本是指物化的文化资本，具体包括家中是否拥有儿童杂志、学习桌、地图、电脑，家中拥有的书籍数量等共 5 题，如："家里有多少书籍？家里有属于自己的书桌吗？"等。制度化文化资本是指国家制度认可的文凭和证书等，具体包括三方面：获得证书情况、获得奖项情况和成绩总分（语文、数学、英语三科总分）。采用 5 点计分法，"完全符合"计 5 分、"比较符合"计 4 分、"不能确定"计 3 分、"不太符合"计 2 分、"完全不符合"计 1 分。三个文化资本维度得分越高，表明拥有的文化资本越多。该问卷的内部一致性信度为 0.85，三个分量表的内部一致性信度分别为 0.86、0.83、0.84；总量表的分半信度为 0.82，三个分量表的分半信度分别为 0.80、0.84、0.81，表明信度良好；本研究采用 AMOS19.0 进行验证性因子分析，模型拟合指数良好：$\chi^2/df = 3.56$，CFI = 0.93，NFI = 0.94，TLI = 0.92，RMSEA = 0.03，表明结构效度良好。

（三）家庭亲密度和适应性量表中文版（FACESII-CV）

该量表与第一章相同（详见第一章）。

（四）农民工文化适应问卷和农民工子女文化适应问卷

两个量表与第一章相同（详见第一章）。

二　数据分析

采用 SPSS 19.0 进行 t 检验、方差分析、相关分析等，采用 AMOS 19.0 进行结构方程的统计分析。

第三节 研究结果

一 农民工及其子女文化资本的现状分析

(一)农民工子女文化资本各维度在性别、年级、父母受教育程度和家庭月收入上的差异分析

表 2.1　　　　　　　　儿童文化资本三个维度在性别上的差异检验

性别	制度化文化资本	客观化文化资本	具体化文化资本
	$M \pm SD$	$M \pm SD$	$M \pm SD$
男	100.18±18.97	45.02±23.38	104.60±16.47
女	108.44±18.38	48.15±22.84	108.89±15.77
t	−3.862*	−1.192	−2.150*

如表 2.1 所示，对儿童文化资本三个维度的均值在性别上进行独立样本 t 检验，如表 2.1 得出结果：儿童制度化文化资本、具体化文化资本两个维度在性别上的差异是显著的（$t_1 = -3.862$，$p_1 < 0.05$；$t_3 = -2.150$，$p_3 < 0.05$），儿童客观化文化资本在性别上的差异不显著（$t_2 = -1.192$，$p_2 > 0.05$）。表明女生儿童制度化文化资本、具体化文化资本高于男生，儿童客观化文化资本不受性别影响。

表 2.2　　　　　　　　儿童文化资本三个维度在年级上的差异检验

年级	制度化文化资本	客观化文化资本	具体化文化资本
	$M \pm SD$	$M \pm SD$	$M \pm SD$
三年级	105.64±17.75	34.05±19.79	105.81±14.94
四年级	107.38±15.43	44.15±22.83	105.58±17.18
五年级	103.68±17.66	50.74±21.92	105.46±15.08
六年级	98.97±23.62	50.25±24.18	108.62±17.25
F	3.149*	6.465***	0.645
	4>6	4>3, 5>3, 5>4, 6>3	

对儿童文化资本三个维度的均值在年级上进行 F 检验，如表2.2得出结果：制度化文化资本、客观化文化资本两个维度在年级上的差异均显著（$F_1=3.149$，$p_1<0.05$；$F_2=6.465$，$p_2<0.001$），而儿童具体化文化资本在年级上差异不显著（$F_3=0.645$，$p_3>0.05$）。进一步的均值比较结果得出，四年级的儿童制度化文化资本得分高于六年级的儿童制度化文化资本得分；四年级的儿童客观化文化资本得分显著高于三年级的儿童客观化文化资本得分，五年级的儿童客观化文化资本得分显著高于三、四年级的儿童客观化文化资本得分，六年级的儿童客观化文化资本得分显著高于三年级的儿童客观化文化资本得分。表明儿童制度化文化资本、客观化文化资本两个维度均受年级影响，而儿童具体化文化资本不受年级影响。

表2.3　　　儿童文化资本三个维度在父亲受教育程度上的差异检验

父亲受教育程度	制度化文化资本	客观化文化资本	具体化文化资本
	$M\pm SD$	$M\pm SD$	$M\pm SD$
1（小学及以下）	100.51±19.44	46.14±26.29	107.14±15.62
2（初中）	102.81±19.38	43.01±22.48	104.66±15.84
3（高中及以上）	108.29±16.43	51.38±23.66	108.90±16.86
F	3.694*	4.088*	1.851
	3>1，3>2	3>2	

对儿童文化资本三个维度的均值在父亲受教育程度上进行 F 检验，如表2.3得出结果：儿童制度化文化资本、客观化文化资本两个维度在父亲受教育程度上差异显著（$F_1=3.694$，$p_1<0.05$；$F_2=4.088$，$p_2<0.05$），儿童具体化文化资本在父亲受教育程度上差异不显著（$F_3=1.851$，$p_3>0.05$）。进一步均值比较结果得出，父亲受教育程度为高中及以上的儿童制度化文化资本得分显著高于父亲受教育程度为初中、小学及以下的儿童；父亲受教育程度为高中及以上的儿童客观化文化资本得分显著高于父亲受教育程度为初中的儿童。表明父亲受教育程度越高，儿童制度化文化资本、儿童客观化文化资本两个维度的得分也越高，而儿童具体化文化资本不受父亲教育程度的影响。

表 2.4　　　儿童文化资本三个维度在母亲受教育程度上的差异检验

母亲受教育程度	制度化文化资本	客观化文化资本	具体化文化资本
	$M\pm SD$	$M\pm SD$	$M\pm SD$
1（小学及以下）	101.01±22.20	34.06±23.65	106.52±15.86
2（初中）	104.32±18.80	42.86±22.31	105.62±16.07
3（高中及以上）	106.92±17.25	54.76±22.50	107.90±16.64
F	1.405	14.114 ***	0.515
		3>1，3>2	

对儿童文化资本三个维度的均值在母亲受教育程度上进行 F 检验，如表 2.4 得出结果：儿童客观化文化资本在母亲受教育程度上差异显著（$F_2 = 14.114$，$p_2 < 0.001$），而儿童制度化文化资本与儿童具体化文化资本两个维度在母亲受教育程度上差异不显著（$F_1 = 1.405$，$p_1 > 0.05$；$F_3 = 0.515$，$p_3 > 0.05$）。进一步的均值比较结果得出，母亲受教育程度为高中及以上的儿童客观化文化资本显著高于母亲受教育程度为初中、小学及以下的儿童。表明母亲受教育程度越高，儿童客观化文化资本得分也越高，而儿童制度化文化资本与儿童具体化文化资本两个维度均不受母亲教育程度的影响。

表 2.5　　　儿童文化资本三个维度在家庭月收入上的差异检验

家庭月收入（元）	制度化文化资本	客观化文化资本	具体化文化资本
	$M\pm SD$	$M\pm SD$	$M\pm SD$
1（6000 以下）	101.95±18.63	44.10±24.10	104.32±15.32
2（6000—10000）	105.63±18.70	46.71±23.87	108.23±17.41
3（10000 以上）	108.54±17.95	51.15±22.41	108.60±16.08
F	2.635	1.792	1.682

对儿童文化资本三个维度的均值在家庭月收入上进行 F 检验，如表 2.5 得出结果：儿童制度化文化资本、儿童客观化文化资本、儿童具体化文化资本三个维度在家庭月收入上差异均不显著（$F_1 = 2.635$，$p_1 > 0.05$；$F_2 = 1.792$，$p_2 > 0.05$；$F_3 = 1.682$，$p_3 > 0.05$）。表明儿童文化资本三个维度均不受家庭月收入的影响。

（二）农民工文化资本各维度在受教育程度、家庭收入上的差异分析

表 2.6　　　　父亲文化资本三个维度在父亲受教育程度上的差异分析

父亲受教育程度	制度化文化资本	客观化文化资本	具体化文化资本
	$M \pm SD$	$M \pm SD$	$M \pm SD$
1（小学及以下）	21.38±5.81	13.81±2.62	122.38±21.70
2（初中）	31.52±4.34	14.51±3.03	123.22±16.56
3（高中及以上）	48.47±10.35	16.38±3.35	131.56±14.93
F	234.380***	13.013***	6.770***
	3>1，3>2	3>1，3>2	3>1，3>2

对父亲文化资本三个维度的均值在父亲受教育程度上进行 F 检验，如表 2.6 得出结果：父亲制度化文化资本、父亲客观化文化资本、父亲具体化文化资本三个维度在父亲受教育程度上的差异均显著（$F_1 = 234.380$，$p_1 < 0.001$，$F_2 = 13.013$，$p_2 < 0.001$；$F_3 = 6.770$，$p_3 < 0.001$）。进一步的均值比较结果得出，父亲受教育程度为高中及以上的父亲制度化文化资本得分显著高于父亲受教育程度为初中、小学及以下的父亲制度化文化资本得分；父亲受教育程度为高中及以上的父亲客观化文化资本得分显著高于父亲受教育程度为初中、小学及以下的父亲客观化文化资本得分；父亲受教育程度为高中及以上的父亲具体化文化资本得分显著高于父亲受教育程度为初中、小学及以下的父亲具体化文化资本得分。表明父亲文化资本三个维度均受其教育程度的影响，且父亲受教育程度越高，父亲文化资本水平越高。

表 2.7　　　　父亲文化资本三个维度在家庭月收入上的差异检验

家庭月收入（元）	制度化文化资本	客观化文化资本	具体化文化资本
	$M \pm SD$	$M \pm SD$	$M \pm SD$
1（6000 以下）	33.46±10.86	13.31±2.45	127.11±17.14
2（6000—10000）	37.95±11.24	15.10±2.60	125.79±16.40
3（10000 以上）	43.69±13.76	18.71±2.77	128.85±17.46
F	15.271***	77.927***	0.492
	2>1，3>1，3>2	2>1，3>1，3>2	

对父亲文化资本三个维度的均值在家庭月收入上进行 F 检验，如表 2.7 得出结果：父亲制度化文化资本、父亲客观化文化资本两个维度在家

庭月收入上的差异均显著（$F_1 = 15.271$，$p_1 < 0.001$；$F_2 = 77.927$，$p_2 < 0.001$），父亲具体化文化资本在家庭月收入上差异不显著（$F_3 = 0.492$，$p_3 > 0.05$）。进一步的均值比较结果得出，家庭月收入为10000元以上的父亲制度化文化资本得分显著高于家庭月收入为6000元以下和6000—10000元的父亲制度化文化资本得分，家庭月收入为6000—10000元的父亲制度化文化资本得分显著高于家庭月收入为6000元以下的父亲制度化文化资本得分；家庭月收入为10000元以上的父亲客观化文化资本得分显著高于家庭月收入为6000元以下和6000—10000元的父亲客观化文化资本得分，家庭月收入为6000—10000元的父亲客观化文化资本得分显著高于家庭月收入为6000元以下的父亲客观化文化资本得分；表明父亲制度化文化资本、父亲客观化文化资本两个维度均受家庭月收入的影响，且家庭收入越高，父亲制度化文化资本、客观化文化资本水平越高，而父亲具体化文化资本不受家庭月收入的影响。

表 2.8　　　母亲文化资本三个维度在母亲受教育程度上的差异检验

母亲受教育程度	制度化文化资本	客观化文化资本	具体化文化资本
	$M \pm SD$	$M \pm SD$	$M \pm SD$
1（小学及以下）	18.39±3.74	12.67±3.07	118.95±18.22
2（初中）	30.60±2.38	14.56±2.90	124.42±13.53
3（高中及以上）	47.72±11.29	16.85±2.97	130.88±14.44
F	258.395 ***	27.312 ***	8.108 ***
	2>1，3>1，3>2	2>1，3>1，3>2	2>1，3>1，3>2

对母亲文化资本三个维度的均值在母亲受教育程度上进行 F 检验，如表 2.8 得出结果：制度化文化资本、客观化文化资本、具体化文化资本三个维度在母亲受教育程度上差异均显著（$F_1 = 258.395$，$p_1 < 0.001$；$F_2 = 27.312$，$p_2 < 0.001$；$F_3 = 8.108$，$p_3 < 0.001$）。进一步的均值比较结果得出，母亲受教育程度为高中及以上的母亲制度化文化资本得分显著高于母亲受教育程度为初中、小学及以下的母亲制度化文化资本得分，母亲受教育程度为初中的母亲制度化文化资本得分显著高于母亲受教育程度为小学及以下的母亲制度化文化资本得分；母亲受教育程度为高中及以上的母亲客观化文化资本得分显著高于母亲受教育程度为初中、小学及以下的母亲客观化文化资本得分，母亲受教育程度为初中的母亲客观化文化资本得分显著高于母亲受教育程度为小学及以下的母亲客观化文化资本得分；母

亲受教育程度为高中及以上的母亲具体化文化资本得分显著高于母亲受教育程度为初中、小学及以下的母亲具体化文化资本得分。表明母亲文化资本三个维度均受母亲教育程度的影响，且母亲受教育程度越高，母亲文化资本水平越高。

表2.9   母亲文化资本三个维度在家庭月收入上的差异检验

家庭月收入（元）	制度化文化资本	客观化文化资本	具体化文化资本
	$M \pm SD$	$M \pm SD$	$M \pm SD$
1（6000以下）	31.50±11.14	13.29±2.59	126.65±14.74
2（6000—10000）	36.40±10.77	15.13±2.30	125.35±14.57
3（10000以上）	43.54±14.73	18.82±2.74	129.06±15.84
F	20.029 ***	83.723 ***	0.960
	2>1, 3>1, 3>2	2>1, 3>1, 3>2	

对母亲文化资本三个维度的均值在家庭月收入上进行 F 检验，如表2.9得出结果：母亲制度化文化资本、母亲客观化文化资本两个维度在家庭月收入上差异均显著（$F_1 = 20.029$，$p_1 < 0.001$；$F_2 = 83.723$，$p_2 < 0.001$），母亲具体化文化资本在家庭月收入上差异不显著（$F_3 = 0.960$，$p_3 > 0.05$）。进一步的均值比较结果得出，家庭月收入为10000元以上的母亲制度化文化资本得分显著高于家庭月收入为6000元以下、6000—10000元的母亲制度化文化资本得分，家庭月收入为6000—10000元的母亲制度化文化资本得分显著高于家庭月收入为6000元以下的母亲制度化文化资本得分；家庭月收入为10000元以上的母亲客观化文化资本得分显著高于家庭月收入为6000元以下、6000—10000元的母亲客观化文化资本得分，家庭月收入为6000—10000元的母亲客观化文化资本得分显著高于家庭月收入为6000元以下的母亲客观化文化资本得分；表明母亲制度化文化资本、母亲客观化文化资本两个维度均受家庭月收入的影响，且家庭收入越高，母亲制度化文化资本、客观化文化资本水平越高，而母亲具体化文化资本不受家庭月收入的影响。

二　农民工及其子女文化资本的相关分析

将儿童文化资本、父亲文化资本、母亲文化资本三个变量各因子间进行 Pearson 相关分析。如表2.10结果显示，儿童制度化文化资本与儿童客观化文化资本、儿童具体化文化资本、父亲制度化文化资本、母亲具体化文化资本之间相关显著（$p<0.05$），儿童客观化文化资本与儿童具体化文化资本、父亲制度化文化资本、父亲客观化文化资本、母亲制度化文化资本、母亲客观化文化资本、母亲具体化文化资本之间相关显著（$p<0.05$），儿童具体化文化资本与父亲客观化文化资本、父亲具体化文化资本、母亲客观化文化资本、母亲具体化文化资本之间相关显著（$p<0.05$），父亲客观化文化资本与父亲具体化文化资本、母亲制度化文化资本、母亲客观化文化资本、母亲具体化文化资本之间相关显著（$p<0.05$），父亲具体化文化资本与母亲制度化文化资本、母亲客观化文化资本、母亲具体化文化资本之间相关显著（$p<0.05$），母亲制度化文化资本与母亲客观化文化资本、母亲具体化文化资本之间相关显著（$p<0.05$），母亲客观化文化资本与母亲具体化文化资本之间相关显著（$p<0.05$）。

表 2.10　儿童文化资本、父亲文化资本、母亲文化资本的相关分析结果

$M\pm SD$	1	2	3	4	5	6	7	8	9
1 儿童制度化文化资本 （103.75±19.13）	1								
2 儿童客观化文化资本 （46.36±23, 16）	0.222 **	1							
3 儿童具体化文化资本 （106, 46±16.28）	0.458 **	0.271 **	1						
4 父亲制度化文化资本 （37.51±12.27）	0.131 **	0.176 **	0.035	1					
5 父亲客观化文化资本 （15.21±3.28）	0.086	0.154 *	0.154 *	0.362 **	1				
6 父亲具体化文化资本 （126.76±16.91）	0.051	0.087	0.162 *	0.325 **	0.435 **	1			
7 母亲制度化文化资本 （36.24±12.69）	0.058	0.281 **	−0.021	0.622 **	0.390 **	0.279 **	1		
8 母亲客观化文化资本 （15.31±3.26）	0.058	0.136 *	0.144 *	0.259 **	0.840 **	0.325 **	0.408 **	1	
9 母亲具体化文化资本 （126.56±14.87）	0.135 *	0.184 **	0.173 *	0.197 **	0.305 **	0.771 **	0.261 *	0.393 **	1

三　农民工对其子女文化资本的代际传递

相关分析表明，父母文化资本的各维度与儿童文化资本各维度之间大部分存在显著相关。在此基础上，为了进一步研究农民工及其子女文化资本是否存在代际传递，采用 AMOS 19.0 建构了农民工父亲、母亲文化资本对其子女文化资本预测的结构方程。

（一）父亲对其子女文化资本的代际传递

表 2.11　父亲对子女文化资本代际传递结构方程的各项拟合指数

拟合指数	χ^2	df	χ^2/df	GFI	AGFI	NFI	IFI	TLI	CFI	RMSEA
	12.834	8	1.604	0.987	0.965	0.937	0.975	0.952	0.974	0.044

如表 2.11 所示模型各项拟合指数是，卡方自由度之比小于 5，其余拟合指数 GFI、AGFI、NFI、IFI、TLI、CFI 均大于 0.9，RMSEA 小于 0.08，表明模型各项拟合指数较好，该模型成立。

结果验证了农民工父亲文化资本对其子女文化资本产生影响，以农民工父亲文化资本为自变量，儿童文化资本为因变量，检验是否存在代际传递，采用 AMOS19.0 建构了结构方程进行验证分析，如图 2.1 所示。由表 2.11 可见，各项拟合指数良好，表明结构方程成立。由图 2.1 所示，父亲文化资本正向预测儿童文化资本（$\gamma = 0.37$，$p < 0.01$），表明预测效应显著，证明农民工父亲文化资本对其子女文化资本存在代际传递效应。

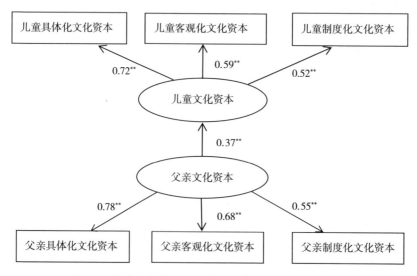

图 2.1　父亲文化资本对儿童文化资本的代际传递模型

（二）母亲对其子女文化资本的代际传递

表 2.12　母亲对子女文化资本代际传递结构方程的各项拟合指数

拟合指数	χ^2	df	χ^2/df	GFI	AGFI	NFI	IFI	TLI	CFI	RMSEA
	10.896	7	1.557	0.989	0.967	0.949	0.981	0.958	0.980	0.042

　　表2.12 中模型各项拟合指数是，卡方自由度之比小于5，其余拟合指数 GFI、AGFI、NFI、IFI、TLI、CFI 均大于0.9，RMSEA 小于0.08，表明模型各项拟合指数较好，该模型成立。

　　结果验证了农民工母亲文化资本对其子女文化资本产生影响，以农民工母亲文化资本为自变量，儿童文化资本为因变量，检验是否存在代际传递，采用 AMOS19.0 建构了结构方程进行验证分析，如图2.2 所示。由表2.12 可见，各项拟合指数良好，表明结构方程成立。由图2.2 所示，母亲文化资本正向预测儿童文化资本（γ=0.32，p<0.01），表明预测效应显著，证明农民工母亲文化资本对其子女文化资本存在代际传递效应。

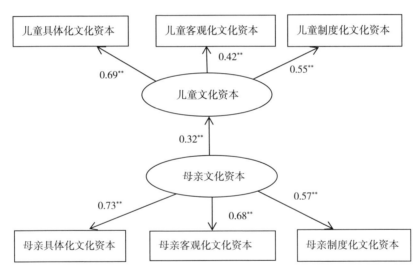

图2.2　母亲文化资本对儿童文化资本的代际传递模型

（三）父亲、母亲文化资本对其子女文化资本的代际传递

表2.13　父亲、母亲对子女文化资本代际传递结构方程的各项拟合指数

拟合指数	χ^2	df	χ^2/df	GFI	AGFI	NFI	IFI	TLI	CFI	RMSEA
	116.21	24	4.842	0.987	0.965	0.937	0.975	0.952	0.974	0.044

　　表2.13 中模型各项拟合指数是，卡方自由度之比小于5，其余拟合

指数 GFI、AGFI、NFI、IFI、TLI、CFI 均大于 0.9，RMSEA 小于 0.08，表明模型各项拟合指数较好，该模型成立。

结果验证了农民工父亲、母亲文化资本对其子女文化资本产生影响，即分别以农民工父亲、母亲文化资本为自变量，儿童文化资本为因变量，检验是否存在代际传递，采用 AMOS19.0 建构了结构方程进行验证分析，如图 2.3 所示。由表 2.13 可见，各项拟合指数良好，表明结构方程成立。由图 2.3 所示，父亲文化资本与母亲文化资本之间的系数（$\gamma = 0.78$，$p<0.001$），表明相关显著，证明农民工父亲文化资本与母亲文化资本之间有显著相关；父亲文化资本正向预测儿童文化资本（$\gamma = 0.20$，$p < 0.05$），表明预测效应显著，证明农民工父亲文化资本对其子女文化资本存在代际传递效应；母亲文化资本预测儿童文化资本（$\gamma = -0.02$，$p > 0.05$），表明预测效应不显著，证明农民工母亲文化资本对其子女文化资本不存在代际传递效应。

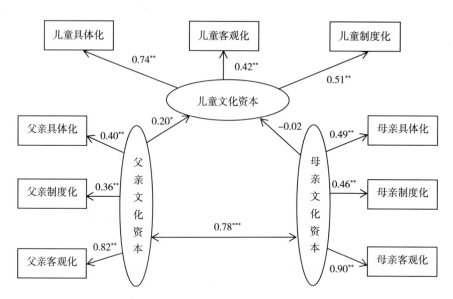

图 2.3　父亲、母亲文化资本对儿童文化资本的代际传递模型

四　家庭亲密适应在农民工对其子女文化资本代际传递中的中介作用

(一) 家庭亲密适应、农民工父母文化资本、子女文化资本之间的相关分析

表 2.14　家庭亲密适应两维度、父母文化资本、子女文化资本各维度的相关分析

$M \pm SD$	儿童具体化文化资本	儿童客观化文化资本	儿童制度化文化资本	父亲具体化文化资本	父亲客观化文化资本	父亲制度化文化资本	母亲具体化文化资本	母亲客观化文化资本	母亲制度化文化资本
亲密度 (53.57±9.39)	0.361**	0.329**	0.373**	0.182**	-0.057	0.167*	0.254**	0.027	0.214**
适应性 (47.10±8.53)	0.350**	0.268**	0.421**	0.184**	-0.014	0.216**	0.207**	0.151*	0.204**

表 2.14 的相关分析表明，家庭亲密适应中的亲密度与儿童具体化、客观化、制度化文化资本，父亲具体化、制度化文化资本，母亲具体化、制度化文化资本相关显著 ($p<0.05$)；家庭关系中的适应性与儿童具体化、客观化、制度化文化资本，父亲具体化、制度化文化资本，母亲具体化、客观化、制度化文化资本相关显著 ($p<0.05$)。

(二) 家庭亲密适应在农民工父亲对其子女文化资本代际传递中的中介作用

为了验证家庭亲密适应在农民工父亲文化资本对其子女文化资本代际传递中是否存在中介作用，以农民工父亲文化资本为自变量，儿童文化资本为因变量，家庭亲密适应为中介变量，采用 AMOS19.0 建构了结构方程进行验证分析，如图 2.4 所示。由表 2.15 可见，各项拟合指数良好，表明结构方程成立。由图 2.4 所示，父亲的文化资本正向预测儿童的文化资本 ($\gamma=0.17$, $p<0.05$)，表明预测效应显著，证明农民工父亲文化资本对其子女的文化资本存在代际传递效应。父亲的文化资本正向预测家庭亲密适应 ($\gamma=0.16$, $p<0.05$)，表明预测效应显著；家庭亲密适应正向预测儿童的文化资本 ($\gamma=0.52$, $p<0.001$)，表明预测效应显著；上面两项路径系数均显著，表明家庭亲密适应在农民工父亲文化资本对其子女文化资本代际传递中的中介效应显著。

根据路径分析效应分解的原理，在模型中，农民工父亲文化资本对其子女文化资本的直接效应即农民工父亲文化资本对其子女文化资本的路径

系数为 0.17，总的效应等于直接效应加上间接效应之和，即 0.17+0.16× 0.52=0.25。间接效应与总效应的比例为 0.08/0.25=0.32，即农民工父亲文化资本作用于其子女文化资本的代际传递中有 32%是通过家庭亲密适应这一中介变量起作用的。

表 2.15 **家庭亲密适应在父亲对儿童文化资本代际传递中的**
中介作用模型的拟合指数

拟合指数	χ^2	df	χ^2/df	GFI	AGFI	NFI	IFI	TLI	CFI	RMSEA
	48.558	17	2.856	0.963	0.922	0.910	0.939	0.898	0.938	0.077

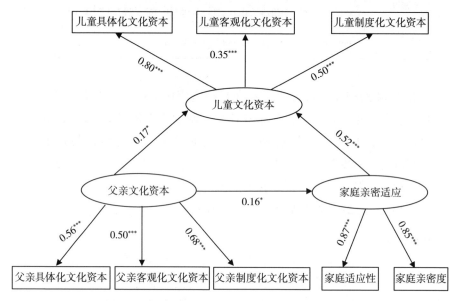

图 2.4 家庭亲密适应在父亲对儿童文化资本代际传递中的中介作用模型

（三）家庭亲密适应在农民工母亲对其子女文化资本代际传递中的中介作用

为了验证家庭亲密适应在农民工母亲文化资本对其子女文化资本代际传递中是否存在中介作用，以农民工母亲文化资本为自变量，儿童文化资本为因变量，家庭亲密适应为中介变量，采用 AMOS19.0 建构了结构方程进行验证分析，如图 2.5 所示。由表 2.16 可见，各项拟合指数良好，表明结构方程成立。由图 2.5 所示，母亲的文化资本正向预测儿童的文化资本（γ=0.10，p>0.05），表明预测效应不显著，证明农民工母亲文化资本对其子女的文化资本不存在直接代际传递效应。母亲的文化资本正向预测家庭亲密适应（γ＝0.20，p<0.05），表明预测效应显著；家庭亲密适应正向预测儿童的文化资本（γ＝0.52，p<0.001），表明预测效应显著；结合结构方程图 2.2 所示，母亲文化资本对其子女文化资本具有显著直接预测作用，但在加入家庭亲密适应的中介变量时，在结构方程图 2.5 中，母亲文化资本对其子女文化资本的直接预测作用变得不显著。上面结果表明，家庭亲密适应在农民工母亲文化资本对其子女文化资本代际传递中起完全中介作用。

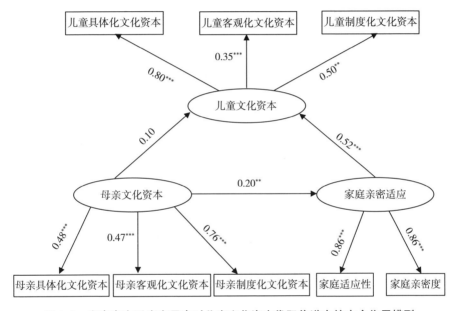

图 2.5　家庭亲密适应在母亲对儿童文化资本代际传递中的中介作用模型

根据路径分析效应分解的原理，在模型中，农民工母亲文化资本对其子女文化资本的直接效应不显著，总的效应即为间接效应，即 0.20×0.52＝0.10。间接效应与总效应的比例为 0.10/0.10＝1，即农民工母亲文化资本作用于其子女文化资本的代际传递中有 100% 是通过家庭亲密适应这一中介变量起作用的。

表 2.16　家庭亲密适应在母亲对儿童文化资本代际传递中的中介作用模型的拟合指数

拟合指数	χ^2	df	χ^2/df	GFI	AGFI	NFI	IFI	TLI	CFI	RMSEA
	34.300	17	2.155	0.973	0.943	0.935	0.966	0.943	0.965	0.057

五 文化资本在农民工父母对其子女文化适应代际传递中的作用

在第一章文化适应的现状分析中，我们发现农民工父母的文化资本会影响自身的文化适应，同时也会影响其子女的文化适应。同时，在第一章中也发现了农民工对其子女文化适应存在代际传递效应。由此可见，文化资本可能对农民工及其子女文化适应的代际传递中存在影响作用。由于文化适应代际传递的研究中有两种视角：家庭视角和社会视角，第一章重点从家庭视角深入探析了亲子依恋和家庭亲密适应在农民工对其子女文化适应代际传递中起中介作用。第二章重点从文化资本的社会视角，深入探析文化资本是否在农民工对其子女文化适应代际传递中起作用。而且第二章已经发现农民工父母对其子女文化资本存在代际传递效应，为了全面深入探究文化资本对文化适应代际传递的影响，农民工对其子女文化资本的代际传递与文化适应的代际传递之间是否存在内在关联，下面的研究将更深入地揭示两者之间的关系。

（一）农民工及其子女文化资本与文化适应变量间的相关分析

表 2.17　父亲、母亲、儿童文化资本与父亲、母亲、儿童文化适应之间的相关

因子	父亲文化资本	母亲文化资本	儿童文化资本	父亲文化适应	母亲文化适应	儿童文化适应
父亲文化资本	1.000					
母亲文化资本	0.693**	1.000				
儿童文化资本	0.300**	0.246**	1.000			
父亲文化适应	0.593**	0.467**	0.135**	1.000		
母亲文化适应	0.450**	0.565**	0.051	0.680**	1.000	
儿童文化适应	0.242**	0.212**	0.423**	0.186**	0.101*	1.000

由表 2.17 可见，父亲文化资本与母亲文化资本呈显著正相关（$r = 0.693$，$p<0.01$）；父亲文化资本与儿童文化资本呈显著正相关（$r = 0.300$，$p<0.01$）；父亲文化资本与父亲文化适应呈显著正相关（$r = 0.593$，$p<0.01$）；父亲文化资本与母亲文化适应呈显著正相关（$r = 0.450$，$p<0.01$）；父亲文化资本与儿童文化适应呈显著正相关（$r = 0.242$，$p<0.01$）。母亲文化资本与儿童文化资本呈显著正相关（$r = $

0.246，$p<0.01$）；母亲文化资本与父亲文化适应呈显著正相关（$r=0.467$，$p<0.01$）；母亲文化资本与母亲文化适应呈显著正相关（$r=0.565$，$p<0.01$）；母亲文化资本与儿童文化适应呈显著正相关（$r=0.212$，$p<0.01$）；儿童文化资本与父亲文化适应呈显著正相关（$r=0.135$，$p<0.01$）；儿童文化资本与儿童文化适应呈显著正相关（$r=0.423$，$p<0.01$）；父亲文化适应与母亲文化适应呈显著正相关（$r=0.680$，$p<0.01$）；父亲文化适应与儿童文化适应呈显著正相关（$r=0.186$，$p<0.01$）；母亲文化适应与儿童文化适应呈显著正相关（$r=0.101$，$p<0.05$）；即除了母亲文化适应和儿童文化资本没有显著相关之外，其他变量两两之间均存在显著相关，其中只有母亲文化适应与儿童文化适应在 0.05 水平相关，其他变量均在 0.01 水平上呈现显著相关。

基于此又进一步证实了文化资本是存在代际传递的，且文化资本与文化适应存在显著相关，为我们下一步构建模型探讨文化资本如何代际传递，又如何影响亲子文化适应代际传递提供了数据支持。

（二）结构方程模型建构的基本变量和思路

为了揭示文化资本在农民工对其子女文化适应代际传递中的作用，主要涉及父亲文化资本、母亲文化资本、儿童文化资本、父亲文化适应、母亲文化适应和儿童文化适应这 6 个变量。由于每个变量都包括一些子维度，为了重点揭示变量之间的整体相互影响，每个变量都以各子维度相加总分的显变量来建构模型。主要希望揭示三个问题：母亲文化资本和子女文化资本如何影响农民工母亲对其子女文化适应的代际传递？父亲文化资本和子女文化资本如何影响农民工父亲对其子女文化适应的代际传递？父亲、母亲文化资本和子女文化资本如何影响父亲、母亲对其子女文化适应的代际传递？

1. 母子文化资本对母子文化适应影响模型的建构及检验

根据已有关于文化适应和文化资本的关系研究，我们构建了结构方程模型，各项拟合指数如下：NFI = 0.981，RFI = 0.943，IFI = 0.985，TLI = 0.987，CFI = 0.961，RMSEA = 0.065，χ^2/df = 3.043，表明该模型对数据的拟合指数良好。在图 2.6 模型中，母亲文化资本对儿童文化适应有直接正向预测作用，标准化路径系数（$\gamma=0.11$，$p<0.01$）。另外，母亲文化资本对儿童文化资本有正向预测作用，标准化路径系数（$\gamma=0.25$，$p<0.001$）；儿童文化资本对儿童文化适应有正向预测作用，标准化路径系

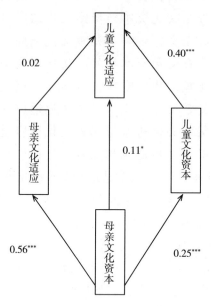

图 2.6 母子文化资本对母子文化适应影响的机制模型

数（$\gamma = 0.40$，$p < 0.001$）；由此可见，母亲文化资本通过儿童文化资本的中介作用进而影响儿童文化适应，表现为母亲文化资本越高，儿童文化资本越高，进而儿童文化适应水平越高。对该模型进行路径效应分解为：母亲文化资本对儿童文化适应的两条影响路径的标准化效应值所占比例分别为 52.4% 和 47.6%。其中母亲文化资本对儿童文化适应的直接影响作用更为显著，占 52.4%（见表 2.18）。该模型很好地解释了母亲文化资本如何影响儿童文化适应的内在机制，因此，该模型为最终接受的模型。但在模型中母亲文化适应对儿童文化适应影响不显著，即母亲对儿童文化适应的直接代际传递效应消失，这在后面的讨论中进一步探析。同时母亲文化资本对母亲文化适应的影响显著。

表 2.18 母亲文化资本对子女文化适应影响的路径效应分析

影响路径	标准化效应值	比例
母亲文化资本→儿童文化适应	0.110	52.4%
母亲文化资本→儿童文化资本→儿童文化适应	0.25×0.40=0.100	47.6%
总效应	0.210	—

2. 父子文化资本对父子文化适应影响模型的构建及检验

建构的结构方程为了检验父亲文化资本对儿童文化适应的直接预测作用，同时检验父亲文化资本通过父亲文化适应和儿童文化资本的中介作用影响儿童文化适应，共有三条影响路径如图 2.7 所示。模型各项拟合指数如下：NFI = 0.996，RFI = 0.975，IFI = 0.999，TLI = 0.991，CFI = 0.998，RMSEA = 0.033，$\chi^2/df = 1.53$，表明该模型对数据的拟合良好。

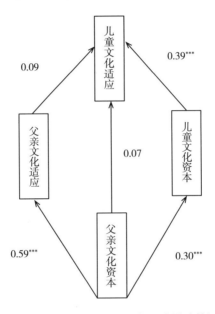

图 2.7　父子文化资本对父子文化适应影响的机制模型

但在此模型中，父亲文化资本对儿童文化适应的直接作用不显著，且父亲文化适应对儿童文化适应影响也不显著。因此，父亲文化资本直接影响儿童文化适应的假设不成立将其删除，将此模型调整为图 2.8，进一步检验父子文化资本对父子文化适应的影响。

在删除父亲文化资本对儿童文化适应的直接作用之后，建构了结构方程，如图 2.8 所示，各项拟合指数如下：NFI = 0.991，RFI = 0.973，IFI = 0.996，TLI = 0.989，CFI = 0.996，RMSEA = 0.037，$\chi^2/df = 1.658$，表明该模型对数据的拟合程度更好。由该模型可见，父亲文化资本通过两个中介变量（父亲文化适应和儿童文化资本）对儿童文化适应产生影响。具体表现为：父亲文化资本对儿童文化资本有直接正向预测作用，标准化路径系数（$\gamma = 0.30$，$p < 0.001$），儿童文化资本对儿童文化适应有直接正向预

测作用，标准化路径系数（γ=0.40，p<0.001），进而证明父亲文化资本通过儿童文化资本的中介作用对儿童文化适应产生影响；父亲文化资本对父亲文化适应有直接正向预测作用，标准化路径系数（γ=0.59，p<0.001），父亲文化资本对儿童文化适应有直接正向预测作用，标准化路径系数（γ=0.13，p<0.01），进而证明父亲文化资本通过父亲文化适应的中介作用对儿童文化适应产生影响。因此，该模型证明了父亲文化资本通过两个中介变量（父亲文化适应和儿童文化资本）对儿童文化适应产生影响。

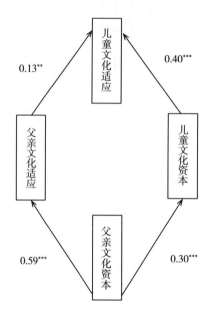

图2.8 父亲文化资本对父子文化适应影响机制的简洁模型

从拟合指数来看，图2.7和图2.8代表的模型都是拟合良好的模型，但图2.8模型的各拟合指数更好。此外，在图2.7的模型中，父亲文化适应对儿童文化适应的影响并不显著，且父亲文化资本对儿童文化适应的影响也不显著。而在图2.8的模型中，父亲文化资本通过父亲文化适应的中介作用对儿童文化适应有显著影响，该路径标准化效应达到39.0%（见表2.19），因此该模型更好地解释了父亲文化资本通过父亲文化适应和儿童文化资本两个中介变量影响儿童文化适应的内在机制，因此，图2.8模型为最终接受的模型。

表 2.19　　　父亲文化资本对父子文化适应影响的路径效应分析

影响路径	标准化效应值	比例
父亲文化资本→父亲文化适应→儿童文化适应	0.59×013 = 0.077	39.0%
父亲文化资本→儿童文化资本→儿童文化适应	0.30× 0.40 = 0.120	61.0%
总效应	0.197	—

3. 父母文化资本对子女文化适应影响模型的建构及检验

为了整体探析父母文化资本对子女文化适应的影响，如图 2.9 模型所示。该模型不仅检验父母文化资本对儿童文化适应的直接影响效应，而且分别检验父母文化资本通过儿童文化资本的中介变量对儿童文化适应的影响；同时分别检验父母文化资本通过父母文化适应的中介变量对儿童文化适应的影响。

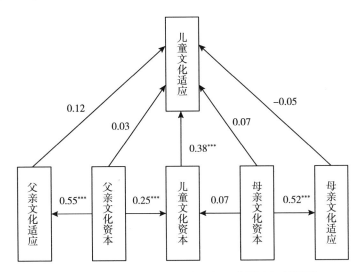

图 2.9　父母文化资本对儿童文化适应影响机制模型

该模型各项拟合指数如下：NFI = 0.978，RFI = 0.917，IFI = 0.981，TLI = 0.929，CFI = 0.981，RMSEA = 0.102，$X^2/df = 6.014$，表明该模型对数据的拟合良好。通过该模型得知：母亲文化资本对儿童文化资本的直接预测作用不显著，这与图 2.6 中母亲文化资本对儿童文化资本的直接预测作用显著的结果不一致，因此该模型不符合实际应舍弃。同时考虑到文化资本直接代际传递的场所是家庭，因此，在综合考虑父母文化资本对儿童文化资本的代际传递时，应考虑将父母的文化资本进行整合，所以在建构新的模型时，将父亲文化资本和母亲文化资本结合为家庭文化资本，进行模型建构得到图2.10。

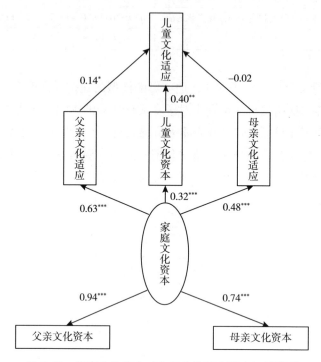

图 2.10 家庭文化资本对儿童文化适应影响机制模型

对模型图 2.10 进行拟合度分析，得到各项拟合指数如下：NFI = 0.989，RFI = 0.966，IFI = 0.993，TLI = 0.979，CFI = 0.993，RMSEA = 0.056，X^2/df = 2.482。拟合指数高于图 2.9 模型的拟合指数。分析得知，除母亲文化适应对儿童文化适应的结果为负向预测且不显著之外，其他路径都表现为显著，这与图 2.6 模型显示结果母亲文化适应对儿童文化适应没有显著预测结果相一致，由于该模型中母亲文化适应对儿童文化适应影响的路径系数不显著，于是将此路径删除，得到简洁模型图 2.11。

对模型图 2.11 进行拟合度分析，得到各项拟合指数如下：NFI = 0.991，RFI = 0.977，IFI = 0.997，TLI = 0.991，CFI = 0.997，RMSEA = 0.035，X^2/df = 1.580。该模型拟合指数高于图 2.10 模型的拟合指数。表明该模型对数据的拟合良好，在简洁模型图 2.11 中每条路径都显著且拟合度更高。

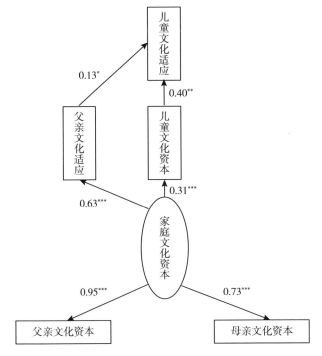

图 2.11　家庭文化资本对儿童文化适应影响机制简洁模型

从拟合指数来看，图 2.9、图 2.10 和图 2.11 代表的模型都是拟合良好的模型。但是，在图 2.9 中，母亲文化资本对儿童文化资本的正向预测并不显著，与实际情况不符，应舍弃；在图 2.10 中将父亲文化资本和母亲文化资本合成家庭文化资本建构模型。但母亲文化适应对儿童文化适应的影响并不显著，因此删去该路径，得到简洁模型图 2.11。在图 2.11 中，家庭文化资本通过两个中介变量（父亲文化适应和儿童文化资本）对儿童文化适应产生影响。路径标准化效应分析表明：家庭文化资本→儿童文化资本→儿童文化适应该路径标准化效应达到 60.2%；家庭文化资本→父亲文化适应→儿童文化适应该路径标准化效应达到 39.8%（见表 2.20）。因此该模型更好地解释了家庭文化资本影响儿童文化适应的内在机制，且模型图 2.11 与母亲文化资本对儿童文化适应模型和父亲文化资本对儿童文化适应模型的结果相一致，表示的含义相吻合，因此，图 2.11 为最终接受的模型。

表 2.20　　　　　家庭文化资本对儿童文化适应的路径效应分析

影响路径	标准化效应值	比例
家庭文化资本→父亲文化适应→儿童文化适应	0.082	39.8%
家庭文化资本→儿童文化资本→儿童文化适应	0.124	60.2%
总效应	0.206	——

第四节　讨论与结论

一　文化资本的现状分析——制度化、客观化文化资本对农民工及其子女文化资本的影响

对农民工及其子女文化资本的现状分析发现，除性别之外，儿童年级、父母受教育程度、家庭月收入对农民工子女文化资本的影响，和父亲受教育程度和家庭月收入对父亲文化资本的影响、母亲受教育程度和家庭月收入对母亲文化资本的影响。这些影响因素均可以归结成制度化、客观化文化资本对农民工及其子女文化资本的影响。根据文献中对文化资本概念及类型的界定，将农民工的受教育程度看作制度化文化资本；农民工子女还没有毕业，没有文凭等，将受教育的年级可以看作是他们制度化的文化资本；由于经济资本与文化资本可以相互转化，将家庭收入看作客观化文化资本，进一步总结制度化、客观化文化资本对农民工及其子女文化资本的影响。

首先分析制度化、客观化文化资本对农民工文化资本的影响。父亲、母亲制度化、客观化、具体化文化资本三个维度均受其父母自身教育程度的影响，且父亲、母亲自身的受教育程度越高，其三类文化资本水平也越高。由此表明，父母制度化文化资本（受教育程度）对他们的具体化、客观化文化资本影响显著，即制度化文化资本越高，具体化、客观化文化资本也越高。父亲、母亲制度化、客观化文化资本两个维度均受家庭月收入的影响，且家庭收入越高，父亲、母亲制度化、客观化文化资本水平越高。由此表明，父母客观化文化资本（家庭收入）对父母亲制度化、客观化文化资本的影响显著，即家庭的客观化文化资本越高，父母亲制度化、客观化文化资本也越高。而父亲、母亲具体化文化资本不受家庭月收

入的影响。

其次，我们分析制度化、客观化文化资本对农民工子女文化资本的影响。父亲受教育程度影响儿童制度化文化资本，且父亲的受教育程度越高，儿童的制度化文化资本越高。儿童制度化文化资本不仅受到父亲制度化文化资本（父亲受教育程度）的影响，也受年级（自身受教育程度）的影响；儿童制度化文化资本还受性别因素的影响，女生高于男生。但儿童制度化文化资本不受母亲受教育程度、家庭收入的影响。父母亲的受教育程度影响儿童客观化文化资本，且父母亲的受教育程度越高，儿童的客观化文化资本越高。儿童客观化文化资本不仅受父、母亲制度化文化资本（父、母亲受教育程度）的影响，也受年级（自身受教育程度）的影响；四、五、六年级的儿童客观化文化资本得分显著高于三年级的儿童客观化文化资本得分，五年级的儿童客观化文化资本得分显著高于四年级的儿童客观化文化资本得分。在三四五年级中呈现儿童随年级的升高，客观化文化资本也在提高。但儿童客观化文化资本不受性别、家庭收入的影响。儿童具体化文化资本不受年级、父亲受教育程度、母亲受教育程度、家庭收入的影响，而仅受性别因素的影响，即儿童具体化文化资本女生高于男生。

上述研究结果表明，父母的受教育程度不仅影响自身的具体化、客观化文化资本，而且影响子女的制度化文化资本。这与已有的研究相一致，与客观化文化资本相比，父母的制度化文化资本（可操作化为父母受教育水平）对子女获得高等教育机会的影响更高（Guo & Min，2006）。文化资本的制度化性质体现在，为了被认为是文化资本的指示器，它必须被公众，或者至少是一大群人广泛承认为是阶级地位的指示器。文化资本对那些拥有它的人来说是有价值的，不是因为它具有绝对的内在价值，而是由于社会承认它是有声望的——例如教育证书或"制度化的文化资本"。因此，拥有制度化文化资本的人被公认为具有较高社会地位的群体。而文化资本所服务的排他性目的体现在，由于制度化文化资本主要是通过家庭社会化来进行传递和获得的，它是一个人的习惯或性格的重要组成部分（Reay，2004）。因此，与低制度化文化资本家庭相比，高制度化文化资本的家庭通过文化资本的家庭社会化，让其子女获得了高文化资本，让其具有了排他性的目的，而且子女的文化资本会在日常互动中不知不觉地显露出来（Yeonsoo Choi，Sung won Kim & Won-Pyo Hong，2019）。由于上述因素，父母的制度化文化资本比家庭客观化文化资本对子女的影响更大。

　　由上面的分析可见，儿童制度化、具体化文化资本受性别因素影响，女生显著高于男生；父母受教育程度越高，儿童客观化文化资本越高；父亲受教育程度越高，儿童制度化文化资本越高。儿童自身的制度化文化资本（年级）也会影响儿童的制度化、客观化文化资本。儿童的制度化、客观化文化资本的主要影响因素是父母和自身的制度化文化资本，儿童的具体化文化资本不受父母和自身的制度化文化资本的影响。儿童的制度化、客观化、具体化文化资本均不受家庭客观化文化资本的影响。

　　从上面的分析我们发现，父母的具体化文化资本不受家庭客观化文化资本的影响，子女的具体化文化资本也不受父母制度化文化资本和家庭客观化文化资本的影响，这是由具体化文化资本的特点决定的。我们所指的具体化文化资本主要是通过家庭环境和学校教育获得并成为精神与身体一部分的知识、教养、审美、技能、语言解释能力、态度、行为等文化产物来衡量（朱伟珏，2016）。具体化文化资本的获得不能通过他人直接给予，必须通过行动者个人的亲力亲为、投入大量的时间和精力、通过个人内化的方式来获得。就好比父母无法直接将自己的品德、习性、价值观等直接传递给孩子一样，具体化的文化资本的积累不仅要靠个人的努力，还必须以雄厚的经济实力为后盾（Yeonsoo Choi, Sung won Kim & Won-Pyo Hong, 2019）。对于农民工家庭而言，由于父母忙于生计，对子女教育投入和陪伴时间相对有限，而且父母容易忽视对子女的长期性教育，也没有足够的知识储备和较高的经济收入为孩子提供更好的教育（常梅，2020）。因此出现了家庭客观化文化资本对父母具体化文化资本影响不显著、父母制度化文化资本和家庭客观化文化资本对子女具体化文化资本影响不显著的现象。

二　文化资本代际传递及其内在机制

（一）农民工父母对其子女文化资本的代际传递验证了文化再生产理论

　　文化资本的代际传递是指父母的文化资本作用于子代文化资本的过程，也就是子女的文化资本与父母拥有的文化资本相关（袁勇我，2019）。本研究中的相关分析表明，父亲、母亲文化资本与子女的文化资本相关显著。为了验证了农民工父亲、母亲文化资本各自对其子女文化资本产生影响，分别建构了结构方程如图 2.1、图 2.2 所示，由表 2.11、表 2.12 的各项拟合指数良好表明结构方程成立。父亲文化资本正向预测儿童文化资本（$\gamma = 0.37$，$p < 0.01$），表明预测效应显著，即农民工父亲文化资本对其子女文化资本存在代际传递效应。母亲文化资本正向预测儿童文化资本（$\gamma = 0.32$，$p < 0.01$），表明预测效应显著，即农民工母亲文化资本对其子女文化资本存在代际传递效应。因此，结构方程的结果证明了父亲、母亲文化资本对子女文化资本均具有代际传递效应。

"文化资本代际传递"是指父母文化资本作用于子代文化资本的过程（王中会，钟昕琰，张雪，2021）。家庭的文化资本是影响子女受教育程度的一个重要因素：这一点几乎被所有理论所认可。然而，对于文化资本的作用，它是作为社会上层的优势发挥文化再生产乃至社会再生产的作用？还是可以为社会下层提供向上流动的途径？人们对此有很多争论（Yu Xiulan & Han Yan，2019）。即文化再生产理论与文化流动理论的争议。

在布尔迪厄看来，文化资本与社会再生产的关联更为密切。他认为，文化资本经历了阶级分化，即不同阶级的家庭拥有不同的文化资本，而上层阶级的家庭拥有优越的文化资本；更重要的是，教育系统传播的文化与统治阶级的文化更为接近，统治阶级的惯习被转化为学校默许的文化资本，因此，已经拥有统治阶级文化资本的个人更容易取得学术成就。换句话说，教育通过构建有利于统治阶级的文化来实现文化再生产。此外，学术等级制度转化为地位等级制度，是实现从文化再生产到社会再生产的过程（Bourdieu，2018；Yu Xiulan & Han Yan，2019）。

支持文化再生产理论的研究主要关注家庭背景是如何影响儿童教育程度的社会和心理过程。其倡导者 William Sewell、Archibald Haller 和 Alejandro Portes 将一些社会和心理变量，如父母对子女教育的态度、鼓励和期望，作为影响教育成就的重要中介变量纳入其地位成就模型。他们的研究发现，教育期望和其他社会与心理变量是教育成就的重要解释变量，家庭背景通过教育期望的方式来影响教育成就（Sewell，Haller & Ohlendorf，1970）。这些社会和心理变量对儿童的影响是经过长期积累的，类似于 Bourdieu 所描述的获得具体化的文化资本或潜移默化培养惯习的过程。因此，从这个角度来看，Wisconsin 为"布尔迪厄的文化资本的具体化形式提供了相对较好的经验操作和验证"(Zhou et al.,2016)。Wisconsin 的理论与布尔迪厄相同的是,Wisconsin 模式承认文化资本对教育成就的影响,同时也承认文化资本的阶级差异,它证明了家庭背景对文化资本的影响,并在一定程度上验证了布尔迪厄的理论。

Paul DiMaggio 是一位知名的美国学者,他将文化资本定义为对地位文化(高级文化)的参与,类似于布尔迪厄提出的具体化的文化资本。他的研究发现,在控制了家庭背景、学生能力和其他因素后,学生对高雅文化的参与有助于他们的教育成就。他的研究结果部分支持了布尔迪厄的理论,即文化资本对教育成就有重大影响(Yu Xiulan & Han Yan,2019)。

然而,DiMaggio 和他的合作者也认为,文化资本对任何拥有文化资本的个人的学业成功都有帮助,并不局限于某个特定优势阶层的资源;他们还发现,文化资本对低阶层男学生学业成就的积极影响比对高阶层男学生更为显著(DiMaggio,1982;DiMaggio & Mohr,1985)。因此,有学者认为,DiMaggio 模型提出了一种与布尔迪厄的文化再生产理论相对立的文化流动模式,即文化资本并不总是通过代际传递获得的:低层、贫困的个人可以通过积极获取优势文化资本来弥补其家庭背景的不足,从而实现社会的向上流动(Yu Xiulan & Han Yan,2019)。

迄今为止,文化再生产和文化流动理论仍是一个有争议的话题(Milburn,2012;Rytina,2011)。本研究的结果支持了布尔迪厄的文化再生产理论,结构方程的结果证明了父亲、母亲文化资本对子女文化资本均具有代际传递效应。农民工及其子女的文化资本的代际传递表明,父母的文化资本越高,越有利于子女文化资本的积累。这与大多数学者的研究相一致,文化资本的不平等会通过代际传递的过程复制,从而加剧阶层固化(Haveman & Smeding,2006;Lucas,2001;Pfeffer,2008;Shavit & Blossfeld,1993;Kun Wang & Shenjing,2019)。

(二) 母亲文化资本与父亲文化资本对其子女文化资本影响的差异及成因

尽管在图 2.1、图 2.2 的分析中发现,父亲、母亲的文化资本分别对其子女的文化资本具有正向预测作用,即具有代际传递效应。为了进一步验证了农民工父亲、母亲文化资本一起对其子女文化资本的影响,建构了结构方程如图 2.3 所示,由表 2.13 的各项拟合指数良好,表明结构方程成立。由图 2.3 所示，父亲文化资本与母亲文化资本（$\gamma = 0.78$，$p < 0.001$）相关显著，证明农民工父亲文化资本与母亲文化资本之间有显著相关；父亲文化资本正向预测儿童文化资本（$\gamma = 0.20$，$p < 0.05$），表明预测效应显著，证明农民工父亲文化资本对其子女文化资本存在代际传递效应；母亲文化资本预测儿童文化资本（$\gamma = -0.02$，$p > 0.05$），表明预测效应不显著，证明农民工母亲文化资本对其子女文化资本不存在代际传递效应。在图 2.3 的分析中发现，仅有父亲文化资本对子女文化资本有正向预测作用，而母亲文化资本对子女文化资本的预测不显著。这可能是性别文化的差异对父母文化资本的影响差异造成的。在文化资本形成积累的过程中，由于农村传统文化的影响，男孩可能有更多的入学机会，这样男孩和女孩接受教育的起点会有差异；在进入学校教育的过程中，不平等的性别符号会导致父母对女孩的教育期望较低，女孩的低自我期望导致较低的学校文化资本积累；在进入职场的过程中，由于性别文化不平等的影响，在市场经济体制下"男权主义"可能还在延续；在家庭中，"以家庭为主"的传统观念会让女性对家庭投入更多，同时市场经济体制隐含的"男权主义"逻辑让女性进入市场会受到阻碍，在劳动力市场中女性更容易受到歧视，而不得不放弃向上流动的机会，更可能专心为家庭服务（王祥瑞，2018）。因此，在入学机会、学校教育、职场发展等各种因素的相互作用下，母亲的文化资本积累低于父亲的文化资本，因而出现了在图 2.3 中考察父母文化资本对子女文化资本的共同影响时，由于母亲文化资本积累弱于父亲的文化资本，导致与父亲文化资本相比，母亲文化资本对子女文化资本的影响作用就不显著了。

（三）家庭亲密适应在农民工父亲、母亲对子女文化资本代际传递中均起到中介作用

为了验证家庭亲密适应在农民工父亲、母亲文化资本对其子女文化资本代际传递中是否存在中介作用，建构了结构方程图 2.4、图 2.5 进行验证。由表 2.15、表 2.16 可见，各项拟合指数良好，表明结构方程均成立。由图 2.4 的分析表明，两条路径系数均显著，表明家庭亲密适应在农民工父亲文化资本对其子女文化资本代际传递中的中介效应显著。根据路径分析效应分解原理的分析表明，农民工父亲文化资本作用于其子女文化资本的代际传递中有 32% 是通过家庭亲密适应这一中介变量所起的作用。由图 2.5 的分析表明，母亲的文化资本正向预测儿童的文化资本（$\gamma =$

0.10，$p > 0.05$），表明预测效应不显著，证明农民工母亲文化资本对其子女的文化资本不存在直接代际传递效应。母亲的文化资本正向预测家庭亲密适应（$\gamma = 0.20$，$p < 0.05$），表明预测效应显著；家庭亲密适应正向预测儿童的文化资本（$\gamma = 0.52$，$p < 0.001$），表明预测效应显著；结合结构方程图2.2所示，母亲文化资本对其子女文化资本具有显著直接预测作用，但在加入家庭亲密适应的中介变量时，在结构方程图2.5中，母亲文化资本对其子女文化资本的直接预测作用变得不显著。上面结果表明，家庭亲密适应在农民工母亲文化资本对其子女文化资本代际传递中起完全中介作用。即农民工母亲文化资本作用于其子女文化资本的代际传递中100%是通过家庭亲密适应这一中介变量所起的作用。

上述结果表明，家庭亲密适应在农民工父亲、母亲对其子女文化资本的代际传递中均起到中介作用。此结果与已有的研究相一致，在流动儿童家庭亲密度、适应性与社会文化适应的关系研究中发现，父母通过创设良好的家庭环境，培养孩子的积极心理资本，会影响和提高流动儿童的社会适应能力和他们的文化资本（杨明，2018）。文化资本通常是通过家庭教养而培养产生的。在日常家庭生活中，孩子们会受到他们所见所闻的影响，并且随着时间的推移，他们会模仿父母的行为模式。在中上阶层的家庭，父母更有可能举止文雅。例如，使用文明或礼貌的语言和谈话风格，并在社交场合表现出与他人礼貌的互动（Bourdieu，1977a）。在家庭亲密度高的家庭，子女模仿父母的可能性更大，父母高文化资本，就可能通过创造良好的家庭氛围、子女积极的模仿，而促进了子女文化资本的积累。另外，高文化资本的父母会让子女更多接触委婉、精致、优雅、官方的活动，父母可能会在这些活动中辅导和训练孩子的社交策略或沟通技巧（Kun Wang & Shenjing He，2019）。进而提升自己子女的文化资本，这说明家庭的适应性越高，接触城市文化的机会越多，子女文化资本的积累越好。因此，家庭的亲密度和适应性，均有利于父母向子女传递文化资本。

在农民工家庭中，如果家庭的亲密度、适应性较高，父母更可能传递中国特有的传统家庭文化资本，如勤劳、坚韧的气质，以及在家庭发展过程中长期形成的约束家庭成员行为的规范，如家规、家教、家风、家训等家庭文化（Han，2016），或社会底层所拥有的独特的文化资本形式，如归属动机、道德化思维等，都成为弱势家庭学生在教育成就方面占得先机的法宝（Cheng & Kang，2016）。文化资本有助于教育成就，它对来自弱势家庭的学生具有特别重要的意义（Yu Xiulan & Han Yan，2019）。尽管农民工家庭中的文化资本可能相对较弱，但如果家庭的亲密度和适应性较高，他们也会传递勤劳、坚韧等积极的文化资本，促进子女教育成就的提升，进而提升子女的文化资本。

三 农民工父母文化资本对其子女文化适应的影响

为了探析母亲文化资本对儿童文化适应的影响，我们建构了结构方程模型，如图 2.6 所示。模型各拟合指数良好。在此模型中，母亲文化资本对儿童文化适应有直接正向预测作用，标准化路径系数（$\gamma = 0.11$，$p < 0.01$）。另外，母亲文化资本对儿童文化资本有正向预测作用，标准化路径系数（$\gamma = 0.25$，$p < 0.001$）；儿童文化资本对儿童文化适应有正向预测作用，标准化路径系数（$\gamma = 0.40$，$p < 0.001$）。由此可见，母亲文化资本影响儿童文化适应有两种方式，一种是直接影响，另一种是母亲文化资本通过儿童文化资本的中介作用进而影响儿童文化适应。对该模型两种路径的效应分解为：母亲文化资本对儿童文化适应的直接和间接两条影响路径的标准化效应值所占比例分别为 52.4% 和 47.6%，其中母亲文化资本对儿童文化适应的直接影响作用更为显著，占 52.4%（见表 2.18）。该模型很好地解释了母亲文化资本如何影响儿童文化适应的内在机制。但在模型中母亲文化适应对儿童文化适应影响不显著，即母亲对儿童文化适应的直接代际传递效应消失，同时母亲文化资本对母亲文化适应的影响显著。

为了探析父亲文化资本对儿童文化适应的影响，我们建构了结构方程模型，如图 2.8 所示。模型各拟合指数良好。由该模型可见，父亲文化资本通过两个中介变量（父亲文化适应和儿童文化资本）对儿童文化适应产生影响。具体表现为：父亲文化资本对儿童文化资本有直接正向预测作用，标准化路径系数（$\gamma = 0.30$，$p < 0.001$），儿童文化资本对儿童文化适应有直接正向预测作用，标准化路径系数（$\gamma = 0.40$，$p < 0.001$），进而证明父亲文化资本通过儿童文化资本的中介作用对儿童文化适应产生影响；父亲文化资本对父亲文化适应有直接正向预测作用，标准化路径系数（$\gamma = 0.59$，$p < 0.001$），父亲文化资本对儿童文化适应有直接正向预测作用，标准化路径系数（$\gamma = 0.13$，$p < 0.01$），进而证明父亲文化资本通过父亲文化适应的中介作用对儿童文化适应产生影响。因此，该模型证明了父亲文化资本通过两个中介变量（父亲文化适应和儿童文化资本）对儿

童文化适应产生影响。

为了探析家庭文化资本对儿童文化适应的影响，我们建构了结构方程模型，如图 2.11 所示。模型各拟合指数良好。家庭文化资本通过两个中介变量（父亲文化适应和儿童文化资本）对儿童文化适应产生影响。路径标准化效应分析表明：家庭文化资本→儿童文化资本→儿童文化适应该路径标准化效应达到 60.2%；家庭文化资本→父亲文化适应→儿童文化适应该路径标准化效应达到 39.8%（见表 2.20）。因此该模型更好地解释了家庭文化资本影响儿童文化适应的内在机制，且图 2.11 模型与母亲文化资本对儿童文化适应模型和父亲文化资本对儿童文化适应模型的结果相一致。

无论是父母文化资本对自身文化适应的影响，还是儿童文化资本对儿童文化适应的影响，均发现了文化资本对文化适应的显著影响。验证了在移民群体中，文化资本是促进移民文化适应和减少文化适应压力的重要因素（Dinesh Bhugra，Cameron Watson & Antonio Ventriglio，2020）。研究也发现了文化资本不仅存在代际传递效应，同时，父母文化资本和家庭文化资本均对农民工子女的文化适应产生显著影响。即文化资本的代际传递影响了文化适应的代际传递过程，有利于更深入地揭示文化资本在农民工父母对其子女文化适应代际传递中所起的作用，有利于探析文化资本代际传递对文化适应代际传递深层影响机制。

（一）父亲文化资本和家庭文化资本在农民工对其子女文化适应代际传递中的作用机制

从结构方程图 2.8 研究结果所示，该模型证明了父亲文化资本通过两个中介变量（父亲文化适应和儿童文化资本）对儿童文化适应产生影响。从结构方程图 2.11 研究结果可见，家庭文化资本通过两个中介变量（父亲文化适应和儿童文化资本）对儿童文化适应产生影响。

两个结构方程呈现了一致的影响路径，无论是父亲文化资本还是父母整合在一起的家庭文化资本，都是通过两个代际传递来影响其子女的文化适应。第一条路径是父亲文化资本和家庭文化资本通过父亲对其子女文化适应的代际传递，进而影响其子女的文化适应；第二条路径是父亲文化资本和家庭文化资本通过对子女文化资本的代际传递，进而影响其子女的文化适应。

第一条路径中父亲对其子女文化适应的代际传递，在第一章文化适应代际传递中已经详细地进行了讨论，在这里就不再赘述。第二条路径中，父亲文化资本和家庭文化资本对其子女文化资本的代际传递，我们在本章中也详细讨论了文化资本代际传递的内在机制，不再赘述。在第一条路径中，父亲文化资本和家庭文化资本如何影响父亲的文化适应；在第二条路径中，儿童的文化资本如何影响儿童的文化适应；可以用文化资本对文化适应的影响机制来解释。这两类结果都验证了文化资本是影响文化适应的重要因素。这与已有的研究发现相一致，对于移民来说，文化资本对于他们适应新的文化非常重要，它有利于转化为经济资本，经济资本又可以转化为社会和文化资本（Dinesh Bhugra，Cameron Watson & Antonio Ventriglio，2020）。Tutu 和 Busingye（2019）将文化资本与文化适应联系起来，他们发现文化资本影响语言习得、理解、饮食、服饰和价值观等文化适应的各个方面。Dinesh Bhugra，Cameron Watson 和 Antonio Ventriglio（2020）认为，这使得文化资本可能比社会资本有更强的作用，社会资本关注的是社会关系及其质量，而文化资本则不止于此，因为文化资本还包括具体化的和制度化文化资本两种类型，这两个方面比社会关系所包含的范围更广。这在一项研究中得到证实，Concha，Sanchez，De La Rosa 和 Villar（2013）对佛罗里达州的拉丁裔移民进行了研究，发现文化资本和朋友的支持积极促进了移民的文化适应。在移民群体中，文化资本在促进移民文化适应和减少文化适应压力方面可能会变得更加重要（Dinesh Bhugra，Cameron Watson & Antonio Ventriglio，2020）。有研究已经预测客观化、制度化和具体化三种文化资本都很重要，它们有助于移民积极的文化适应，从而创造和维持积极的心理健康水平（Dinesh Bhugra，Cameron Watson & Antonio Ventriglio，2020）。

（二）母亲文化资本与父亲文化资本对其子女文化适应作用机制的差异

母亲文化资本影响儿童文化适应有两种路径，一种是直接影响，另一种是母亲文化资本通过儿童文化资本的中介作用进而影响儿童文化适应。父亲文化资本影响儿童文化适应是通过两个中介变量（父亲文化适应和儿童文化资本）对儿童文化适应产生影响。可见，无论父亲和母亲的文化资本，都可以通过第二条路径父亲和母亲的文化资本对儿童文化资本的代际传递，进而影响儿童的文化适应，这条路径父母相同。但在第一条路径上，父母文化资本的影响路径不同，即父亲文化资本通过父亲对子女文化适应的代际传递，进而影响其子女的文化适应；而母亲的文化资本直接影响儿童的文化适应，而未通过母亲文化适应对其子女文化适应的代际传递，进而影响儿童的文化适应。

母亲与父亲文化资本影响儿童文化适应在第一条路径上的差异，一种原因可能是，母亲与子女照顾和相处的时间更多，由于文化资本对文化适应有影响，文化资本可以影响语言习得、理解、饮食、服饰和价值观等文化适应的各个方面（Tutu，Busingye，2019）。这样，母亲的文化资本越高，在与子女互动的过程中，母亲对子女文化适应的积极影响越大。文化资本通常是通过家庭教养产生影响的。在日常家庭生活中，孩子们会受到他们所见所闻的影响，并且随着时间的推移，他们会模仿父母的行为模式。在中上阶层的家庭，父母更有可能举止文雅。例如，使用文明或礼貌的语言和谈话风格，并在社交场合表现出与他人礼貌的互动（Bourdieu，1977a）。这样母亲的文化资本高，儿童会模仿她们高的教养，进而促进了子女的文化适应。另一种原因，为什么母亲文化资本，未通过母亲对子女文化适应的代际传递影响其子女的文化适应，而父亲的文化资本，可以通过父亲对子女文化适应的代际传递影响其子女的文化适应。原因可能在于，在第一章中，母亲的农村文化适应对子女的农村文化适应产生了代际传递效应，而在第一章中，父亲的城市文化适应对子女的文化适应产生了代际传递效应。这种父母在城市和农村文化适应方面代际传递的差异，可能也是为什么父亲的文化资本可以通过父亲的文化适应代际传递影响其子女的文化适应，对于父亲而言，他们在城市中工作养家，更好地适应了城市文化，他们的文化资本越高，适应水平越好，越有可能将这种适应传递给子女，促进子女的城市文化适应。但母亲的文化资本积累可能比父亲文化资本积累低（在本章中已经进行了详细讨论），相比父亲的文化资本而言，起的作用相对较弱，另外，从母亲农村文化适应对子女文化适应代际传递机制来看，母亲对农村文化的适应程度更高，而对城市文化的适应程度相对较低，当本研究考察母亲的文化资本是否通过母亲城市文化适应对子女城市文化适应的代际传递，进而影响子女的文化适应时，效应就不显著了。

四 研究结论

(一) 文化资本的现状

父母制度化文化资本（受教育程度）对其具体化、客观化文化资本的影响显著，即制度化文化资本越高，具体化、客观化文化资本也越高；

父母客观化文化资本（家庭收入）对父母亲制度化、客观化文化资本的影响显著，即家庭的客观化文化资本越高，父母亲制度化、客观化文化资本也越高。而父亲、母亲具体化文化资本不受家庭月收入的影响。

除儿童制度化、具体化文化资本受性别因素影响，女生显著高于男生外，父母受教育程度越高，儿童客观化文化资本越高；父亲受教育程度越高，儿童制度化文化资本越高。儿童自身的制度化文化资本（年级）也会影响儿童的制度化、客观化文化资本。儿童的制度化、客观化文化资本的主要影响因素是父母和自身的制度化文化资本，儿童的具体化文化资本不受父母和自身的制度化文化资本的影响。儿童的制度化、客观化、具体化文化资本均不受家庭客观化文化资本的影响。

（二）文化资本代际传递及其内在机制

农民工父母对其子女文化资本的代际传递验证了文化再生产理论。在整合父、母文化资本为家庭文化资本对其子女文化资本的代际传递模型中，母亲文化资本对其子女文化资本影响不显著，表明母亲文化资本与父亲文化资本对其子女文化资本影响的存在差异，这主要是由于性别文化的影响，导致在入学机会、学校教育、职场发展等各种因素的相互作用下，母亲的文化资本积累低于父亲的文化资本，进而导致母亲文化资本对其子女文化资本的影响作用较弱。

家庭亲密适应在农民工父亲文化资本对其子女文化资本代际传递中的中介效应显著，农民工父亲文化资本作用于其子女文化资本的代际传递中有32%是通过家庭亲密适应这一中介变量所起的作用。家庭亲密适应在农民工母亲文化资本对其子女文化资本代际传递中起完全中介作用，农民工母亲文化资本作用于其子女文化资本的代际传递中100%是通过家庭亲密适应这一中介变量所起的作用。

（三）农民工父母文化资本对其子女文化适应的影响

父亲文化资本还是父母整合在一起的家庭文化资本，都是通过两个代际传递来影响其子女的文化适应。一条路径是父亲文化资本和家庭文化资本通过父亲对其子女文化适应的代际传递，进而影响其子女的文化适应；另一条路径是父亲文化资本和家庭文化资本通过对子女文化资本的代际传递，进而影响其子女的文化适应。

母亲文化资本影响儿童文化适应有两种方式，一种是直接影响，另一种是母亲文化资本通过儿童文化资本的中介作用进而影响儿童文化适应。

第三章

农民工及其子女城乡价值观现状
及代际传递机制研究

第一节　文献综述与问题提出

价值观的代际传递是文化延续和文化变迁的核心问题，因此引起了越来越多学者的研究兴趣。价值观为行为提供标准，从而规范日常行为以及做出重要和关键的生活决定（Garling，1999）。文化适应是指人们接触新文化时，价值观、信仰和行为发生改变的过程（Berry，2006；Farver，Narang & Badha，2002）。由文化适应的定义可见，价值观是文化适应的重要因素，它对行为产生重要影响，我们在第一章中发现文化适应的代际传递，其中价值观是否存在代际传递？价值观的代际传递与文化适应的代际传递有何内在关联？对此我们将深入探究。

一　价值观的定义

一般来说，价值观可以被定义为一种显性或隐性的概念，它可以影响个人的行为计划和方向，以及行动目的和手段的合理性（Marini，2000；Kuhnke，1997）。价值观是"情感和认知元素的综合，以引导人们适应他们生活世界的一种信念"。价值观是广泛的、理想的目标，可以作为人们生活的指导原则（Rokeach，1973；Schwartz，1992）。它会影响个人的态度（对特定对象的情感），而态度反过来又会对行为产生更深远的影响。价值观被视为跨情境适用的理想目标，被用来描述个人和社会的特征，解释其态度和行为的动机基础，并随着时间的推移和社会的变化而变化（Schwartz，2005）。

根据 Kohn（1983）所说，价值观的传播主要涉及政治取向、宗教信仰和生活方式。价值观传播的全球性过程被认为是社会化和文化濡化。社会化即为有意识地塑造人让其适应社会环境。社会化传播的共同手段是通过父母和其他教育工作者或导师等具体的育儿或儿童培训方式进行传播。它们或多或少是显性教学策略或内隐学习机制，如观察学习。社会化的目标是教育下一代成为社会中功能健全和适应能力强的成员。

文化适应的目的是将人发展成有文化能力的成员，包括身份、语言、仪式和价值观的适应。它可以采用外显的、有意的学习形式，也可以采用内隐的、无意的学习形式。价值观主要通过社会化进入家庭、团体和社会而获得的。价值观是内化的社会表现或道德信仰，并将它作为解释人们行为的最终理由（Oyserman，2002）。价值观包含认知和情感因素，并作为个人行为的指导原则，类似在社会和个人所属文化中形成的其他个人偏好（Cieciuch et al.，2015）。

二　价值观是否存在代际传递

现有研究已经证明了父母与孩子之间价值观的相似性（Schönpflug，2001）。例如，Rohan 和 Zanna（1996）发现父母和孩子之间的价值观存在着中度相关。另一项研究表明，父母的社会化价值观（他们希望孩子认可的价值观）与他们的个人价值观密切相关（Whitbeck & Gecas，1988），这种相关性超过了 0.70（Knafo & Schwartz，2001）。显然，父母希望孩子获得他们个人认可的价值观，他们的孩子在某种程度上也内化了这些价值观。上述价值观代际传递的观点可以被描述为"传真模式"，因为它暗示父母希望将自己的价值观像复本一样完整地传递给孩子，这些价值观可能是他们自己社会化历史的产物。然而，父母并不总认为孩子完全接受自己的价值观是必要的。有时，父母甚至想把自己的价值观与社会化价值观区分开来，以帮助他们的孩子适应社会。总之，单单是父母的个人价值观不能完全解释价值观是如何代际传递的（Knafo & Schwartz，2001）。

青春期是价值观和文化取向形成的阶段（Erikson，1968；Rohan & Zanna，1996）。青少年对某些价值观的重视可以用传递过程来解释，这是个人社会化的一部分（Grusec & Goodnow，1994），其中父母被视为主要的社会化中介或"前线部队"（Smith，1983）。研究青少年的价值观也很重要，因为他们往往是充当认知和行为之间的中介（McGillicuddy-DeLisi

& Sigel，1995），表明个人价值观在青少年的积极发展中发挥着核心作用。与此同时，现在人们普遍认为，价值观在儿童的社会化过程中也发挥着积极的作用，而这种积极的作用在青春期可能比在早期发展阶段更为强烈。迄今为止，大多数关注价值观代际传递的心理学研究都集中在西方社会。这就意味着存在一些缺陷，因为价值传播发生在一定的社会文化背景中，在西方社会文化背景中，父母很看重价值观的代际传递；但在其他社会文化中可能父母并不重视这些价值观的代际传递（Trommsdorff，2009）。

三　价值观代际传递存在选择性

（一）价值观代际传递的主体间模式（传递主流价值观）

根据显著性假说，父母向子女传递对他们来说是显著的价值观（Pinquart & Silbereisen，2004）。有学者提出了价值观代际传递的主体间模型（传递主流价值观），模型的基本前提是，父母不仅希望传递他们个人的价值观，而且希望传递他们认为在社会规范中重要的价值观。这一模型有两个理论基础，第一个理论基础是关于社会化的意义。社会化是一个过程，通过这个过程，个人被灌输一个社会的价值观，从而成为它的适应成员（Grolnick，Deci & Ryan，1997）。父母明白，他们需要让孩子为现在和未来的社会生活做好准备（Alwin，1988），父母必须考虑他们希望传递给孩子的是孩子最终在社会文化适应中相关的、被广泛认为重要的价值观（Youniss，1994）。第二个理论基础涉及规范在人们行为中的作用。社会心理学已经证明，规范是行为的主要驱动力（Asch，1951；Ajzen，1991）。正如 Rokeach（1973）所指出的，价值观的意义不仅在于人们的个人信仰，也在于他们对其他社会成员的归属。人们的感知规范可能与实际规范不同（Prentice & Miller，1993；Wan，C.，2007），个体的私人态度和感知规范对行为有可靠的、独立的影响（Ajzen，1991）。

（二）价值观代际传递的内容选择性（集体主义价值观的代际传递）

从价值传播的社会进化角度来看，个人主义、集体主义和成就价值似乎不太可能以同样的强度传播。关于价值观选择性传播的一个强有力的论证可以追溯到 Campbell（1975）。根据 Campbell 的观点，利他主义被更多地传播是因为它对群体生存有适应性价值，因此具有普遍利他性的道德信仰在社会中才被继承。将这些观点推演到价值观的领域，可以提出这样的假设：跨文化背景下，集体主义的价值观最容易被传播，因为它们对于群体的繁荣具有普遍的适应价值。具体来说，集体主义会通过使个人需求和目标服从于社会义务，使社会凝聚力和跨代合作成为可能。事实上，Öztoprak（1996）和 Schönpflug（2001）对德国和伊斯坦布尔两个地区的土耳其家庭进行纵向研究，与个人主义价值观相比，Schwartz（1994）也证明从父亲到儿子集体主义价值观被选择性传递。

四　价值观代际传递的传输带理论

（一）价值观传输机制——传输带

一般来说，所谓的"传输带"是指价值观代际传递的传输手段（Schönpflug，1999），即价值观从父母到孩子传递过程中调解和加强的设备，主要包括性别、父母的教养方式、父母的教育目标、积极的家庭关系。

（二）价值观代际传递传输带——性别

我们只找到一项纵向研究关注性别对父母和子女之间价值观传递的影响（Vollebergh，Iedema & Raaijmaker，1999）。Vollebergh，Iedema 和 Raaijmaker（1999）使用荷兰一个追踪三年的样本，发现同性别的父母与子女在文化保守主义方面存在传递，而在经济保守主义方面，同性别的父母和子女并不存在代际传递。相关的横断面研究发现了混合结果，一些研究报告说，与异性亲子关系相比，同性的价值观相似性更大（Boehnke，Ittel & Baier，2002），而其他研究则发现性别没有影响（Boehnke，2001；Whitbeck & Geca，1988）或只发现父子之间价值观的相似性（Kulik，2002）。以上研究结果所存在的分歧表明，原因在于可能有调节因素，正如 Vollebergh，Iedema 和 Raaijmaker（1999）所指出的，被调查价值观的内容可能起作用，在理解价值观是否被发送、接收，以及最重要的是否成功传递方面，价值观的内容可能是需要考虑的重要因素。

一些研究者调查了价值观选择性传递的问题，Troll 和 Bengtson（1979）研究表明父母和孩子可能在宗教和政治价值观上特别相似，之后 Kohn（1983）研究发现父母和孩子在责任、良好举止和自控等核心价值观上缺乏相似性。在一个荷兰的样本中，Roest 等人（2010）发现父母没有向孩子传递享乐主义价值观（被认为是个人主义价值观），而父母双方将他们的工作价值观作为责任传递给孩子。从社会进化的角度来看，Schönpflug（2001）揭示了集体主义的价值观比个人主义的传播更多，这些价值观服务于群体并使合作成为可能。显著性假设表明，父母将那些对他们来说重要的价值观传递给他们的孩子（Pinquart & Silbereisen，2004）。

Knafo 和 Schwartz（2009）认为，青少年在道德领域，如传统和亲社会价值观方面比在个人领域（个人导向的享乐主义）更能接受父母的影响。这些来自道德、传统领域的价值观可以服务于群体，有更多的利他内容，因此可以促进合作（Schönpflug，2001）。另外，享乐主义、刺激、自我导向和成就价值观主要是个人主义价值观（Schwartz，1992），它们不太可能被青少年接受。在整体模型中，父母对孩子的享乐主义没有影响。享乐主义价值观比工作价值观更具有后现代特征，可能在年轻人中比在中年父母中更占主导地位（Felling，Peters & Scheepers，2000）。因此，父母可能比他们的孩子更不擅长享乐主义取向。作为一个例外，只有在凝聚力较高的家庭中才发现享乐主义的母婴传播。更亲密、更温暖的家庭氛围似乎会促使青少年和正在成长的成年人接受母亲的价值观。这种传播效应不发生在低凝聚力的家庭中。这一发现也支持 White（1996，2000）的结论，即在联系更紧密的家庭中，家庭是孩子价值观的重要来源。与更疏离的家庭相比，联系更紧密的家庭中发生更多的亲子传播；与更灵活的家庭相比，更有组织的家庭中发生更多的亲子传播。

（三）价值观代际传递传输带——性别模式理论

根据性别模式理论（Bem，1985），人们在幼年时期学习并内化了社会对男性和女性的文化定义。当父母和孩子的性别都被考虑到时，性别的影响常常表达出来（Maccoby，1990；McHale，Crouter & Whiteman，2003）。关于性别对父母和孩子之间价值观传递中的影响，最主要的理论是社会化的性别角色模式，它强调父亲将他们的价值主要传递给儿子，母亲则主要传递给女儿（Acock & BengtSon，1978；Vollebergh，Iedema & Raaijmaker，1999）。因此，与跨性别组合相比，父母对子女的价值传递更多会在同性组合中发生。与此相一致，青春期的男孩和女孩似乎比他们的异性父母更认同他们的同性父母（Starrel，1994）。父母和子女之间的价值观传递已经在多个领域进行了研究，相关性变化很大。例如，Kohn、Slomczynski 和 Schoenbach（1986）发现，在自我导向/遵从外部权威方面，存在中度到强烈的亲子传递。Garnier 和 Stein（1998）报道了母亲—青少年在成就方面的相关性较低。Schönpflug（2001）发现父亲和儿子的集体主义价值观之间存在正相关，在更小的程度上，他们的个人主义价值观之间也存在正相关。在一项涉及土耳其和摩洛哥移民家庭的研究中，Phalet 和 Schönpflug（2001）发现父母的集体主义价值观与其子女的集体主义价值观之间存在积极的联系，但与个人主义价值观之间没有显著联系。最后，Looker 和 Pineo（1983）发现青少年和他们父母的价值观之间没有显著联系（特别是自我导向和从众）。母亲和父亲不一定平等地传递所有基本的人类价值观，他们的传递具有选择性，倾向传递自己的价值偏好，同时也倾向传递那些在文化中被认为与自己性别相关的价值观（Boehnke et al.，2007）。例如，Boehnke 等人（2007）提出，权力和成就的价值观将在父亲和儿子之间更紧密地联系在一起，而照顾家庭的价值观将在母亲和女儿之间更紧密地联系在一起。我们发现，父亲将他们对工作职责的评价传递给下一代。这一发现与德国样本中关于工作重要性的父亲—青少年传播是一致的（Pinquart & Silbereisen，2004）。父亲在工作上的"专业知识"可能是这些发现的基础（Pinquart & Silbereisen，2004）。无论在分离的家庭还是灵活的和有组织的家庭中，父亲都影响孩子工作职责方面的价值观。因此，不管家庭环境如何，父亲似乎是青少年晚期和刚成年的人在工作意见方面的榜样。这一发现强调了父亲在家庭中发挥的工具性作用。此外，鉴于父亲（91%）比母亲（57%）有偿工作更多，且只有四分之一的母亲每周工作超过 20 小时，父亲在工作问题上可能具有特别的影响力。

研究人员提出了另一个重要问题：父母对孩子的价值观传递可能发生在同性或异性之间。在更传统的情况下，这种差异可能特别重要，因为特定领域的性别隔离很常见。关于这个问题，现有文献尚无定论（Friedlmeier & Tromsdorff，2011）。Farre 和 Vella（2013）引用了母亲对女性劳动力参与的态度对其子女的态度具有显著影响，包括儿子和女儿。而 Glass 等人（1986）研究表明，只有母亲的态度对其青春期孩子的政治、性别和宗教意识形态有显著影响，但随着孩子进入成年，这种影响会减弱。此外，Roest et al（2010）发现，在荷兰的一个样本中，是父亲而不是母亲将他们的工作价值观传递给下一代。

（四）价值观代际传递传输带——父母教养方式

根据对德国和土耳其青少年的研究，Schönpflug（2001）认为父母教养方式是一种形式的"传输带"，可以加强父母向子女传递价值观。他们认为，孩子成长所处的家庭环境可能会影响家庭内部的沟通，并在积极情况下促进价值观代际传递。当父母支持子女、家庭内部的互动温暖和深情时，亲子更有可能分享共同的价值观（Friedlmeier & Trommsdorff，2011；Schönpflug，2001）。有些类型的教养方式是有效的传送带，而另一些则会阻止价值观的代际传递（Van Ijzendoorn，1992）。在父母和孩子之间创造积极情感互动的教养方式最有可能促进价值观的传递，即移情式的教育方式。严格的专制式教育方式可能会疏远父母和孩子，从而减少价值观传递的机会。

（五）价值观代际传递传输带——父母教育的目标

父母的教育目标被认为可能是传播手段，或被称为——"传输带"（Schönpflug，2001），它会调解和加强价值观的有效传递，通过鼓励与目标一致的行为和阻止其他行为来影响儿童的发展（Goodnow，1988）。有研究考察了父母向子女传递价值的程度是通过目标导向的社会化进行的。在不同文化背景下，父母的教育目标与文化价值紧密相连。在以集体主义为主的国家（如土耳其或新加坡），父母倾向于强调服从或尊重的教育目标；而在个人主义国家（如德国和美国），父母强调自主或独立思考的教育目标。同样在集体主义国家，随着社会形态的现代化，孩子的社会化成就变得更加重要。因此，更多的集体主义和有抱负的父母会强调孩子的顺从和成就目标，此外，父母的教育目标作为传输带会加强集体主义和成就价值观对孩子的有效传递（Schönpflug，2001）。

（六）价值观代际传递传输带——积极的家庭关系

一个积极的婚姻关系意味着双方积极的情感质量和伴侣之间的态度和取向基本一致。早在1981年，Cavalli-Sforza 和 Feldman 就发现，父母态度和价值观的同质性会导致这种态度在代际环境中更强烈地传递。家庭的情感基调可能会影响孩子对父母价值观的接受度（Taylor et al.，2004）。在促进联系的文化（如亚洲文化）中反映了父母向子女传递的价值观更多（Asakawa & Csikszentmihalyi，2000）。众所周知，情感基调是很难衡量的，这里包括了一种"感知家庭支持"的测量方法，用来研究情感基调在价值观代际传递中的重要性。

家庭适应性是指家庭在应对情境压力时，权力结构、角色关系和规则发生变化的趋势。家庭凝聚力是指家庭内部的情感纽带，是指家庭成员之间离不开彼此、共同做出决定的程度。除了 White（1996，2000）的发现，还有其他证据表明，家庭适应性和凝聚力一致时，父母对孩子的价值观传递程度更高（Grusec & Goodnow，1994；Knafo & Schwartz，2003）。此外，在父母亲看来，更高水平的权威育儿似乎有助于青少年和父母之间的价值传递（Pinquart & Silbereisen，2004）。在自由的家庭氛围中，父母可能更容易接受青少年的影响。研究发现父母与孩子之间的价值观传递在适应性较低的家庭（结构性较高）中会更高，因为这些家庭中父母的价值信息可能更一致（Pinquart & Silbereisen，2004）。关于父亲和母亲之间的价值观传递，对伴侣价值观的改变保持持久的开放态度可能是一个重要因素。这种情况在灵活的家庭中可能比在有结构的家庭中存在的程度更高。因此，我们假设，在更灵活的家庭中，可能会比在更有结构的家庭中发生更多的父亲—母亲价值观传递（Pinquart & Silbereisen，2004）。

五 价值观代际传递机制——过滤器理论模型

尽管人们一致认为价值观代际相似性经常发生，但对其代际相似性背后的机制和过程却知之甚少（Roich & Meck，1987）。这取决于传输过程中固有的三个主要组成部分：传递者、传递内容和接收者（Phalet & Schönpflug，2001b）。

就传递者而言，迄今为止尚未解决的一个基本问题是：是否所有的父母都有动力进行价值观传递。大多数研究人员会毫不犹豫地说，父母自动开启了传递过程，除非父母与后代关系发生了某些语境或路径上的中断，抑或传递者或接收者的个性发生了变化（Tomasello，Kruger & Ratner，1993）。考虑到所有人类父母都可能传递，那么父母传递的动机是否不同呢？在社会突变的情况下，例如政治政权的倒台，父母可能会避免传递某些内容，因为他们预见到自己的社会取向、技能和知识在后代的未来生活中将不起作用。另一个类似的情境是移民期间文化环境的变化。新的研究方法解决了这个动机问题，即动机强度在传递特定内容时所起的作用产生父母与子女在价值观上的相似性。父母传递动机的强度被纳入价值观在家庭内部的传递中。此外，传递的内容可能具有感染力、可能是接收者渴望接收的或内容是频繁的或普遍的（即社会中所有人或多或少传播的模型特征）。最后的分析还包括对传递者和接收者在其社会环境中传播内容（即价值观）的评估。孩子或多或少接受了父母的传播影响。研究发现，在寻求自主和身份认同的青少年时期，与年龄较小和较大的孩子相比，父母和子女之间相似性价值观的传递结果更少（Phalet & Schönpflug，2001b）。

　　修正的过滤器模型（如图 3.1 所示）对价值观代际传递的基本假设：修正的过滤器模型中第一个重要变量是发射者，价值观和其他社会取向从父亲或母亲直接传递给子女。然而，许多变量可能会影响传递的过程和强度。模型假设存在着调节价值观代际传递的各种过滤器：对于传递强度来说，最重要的似乎是父母传递特定价值观或社会取向的动机。传递的动机越高，越有可能将价值观成功地从父母传递给后代（Phalet & Schönpflug，2001b）。

　　构成修正的过滤器模型的第二个重要变量是孩子对父母影响的接受程度。父母有强烈动机传递特定价值观的家庭，以及孩子高度接受父母对既定价值观的影响，这一类型应该有最高的传递速率。此外，如果父母的传递动机与子女对父母影响的接受程度存在差异，则可以认为父母的传递动机是传递的主导中介，即起更主要的作用。在传递动机高、儿童接受度低的情况下，我们预计传递率会高于父母传递动机低而子女接受度高的情况（Phalet & Schönpflug，2001b）。

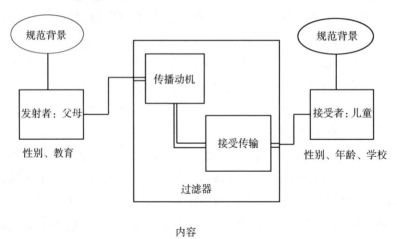

图 3.1　修正的过滤器模型

六　问题提出

　　在改革开放不断深入与社会主义市场经济体制逐渐建立健全的大背景下，我国由封闭社会转变为开放社会，在这种社会转型下，社会流动的规模也就越来越大。2010 年流动人口总量达到 2.21 亿，2014 年增长到 2.53 亿。据 2020 年第七次人口普查主要数据报告显示，人户分离人口为 49276 万人，与 2010 年相比，人户分离人口增加 88.52%（国家统计局，

2021），人口流动趋势更加明显，流动人口规模进一步扩大。农民工向城市的流入往往是家庭式流动，这就使得流动儿童不再像留守儿童那样隔绝了父辈的教育，流动儿童在家庭环境中会受到父母教养的影响，父母价值观也将对子女产生较大影响（周森森，李紫玫，梁婉莹，2019）。

（一）农民工价值观的变迁与现状

老一代农民工具有更为传统的乡村价值观念，夹杂的乡土意识更浓，更遵循传统，更重视家庭，更关注集体，更注重勤劳、奉献、节俭等传统价值观（辛自强，2013）。农民工在传统农村长期生活实践中逐步养成了中国农民以"义"为基础、以"礼"为秩序、以传统道德为要求的朴素的价值观念。在此价值观念的引领下，他们重视亲缘关系，重情重义成为他们的取向选择，并且顺从性也较强（张红霞，江立华，2015）。沈费伟（2020）认为传统乡村文化主张"重义轻利""义以为上"的价值准则，主张知足常乐，强调仁义道德。申端锋、苑素梅（2009）对农民工价值观探讨中也提到其婚恋观、生活观、发展观，指出偏向传统的观念会更加安贫乐道，顺其自然，注重稳定。简单的农业生产方式必然形成自给自足、平安稳定、安居乐业的小富即安观念。一方面，小富即安是一种知足常乐的心态；另一方面，小富即安是一种自我保全、不愿改变现状、不愿冒风险、不思进取的小农民意识（杨俊，2011）。

但随着时代变迁，农民工群体也在发生变化，出现与最初取向不同的"新生代农民"，他们是1980年以后出生、户籍在农村、进入城市务工以及在当地或异地从事非农产业劳动6个月及以上的劳动者。与老一代农民工相比，他们受教育程度更高、发展意愿较强、女性比例较高、更具现代性和开放性（李洁，2018）。赵灯峰、檀竹茂（2015）将新生代农民工界定为"80、90后"，约有1亿人，具有"三高一低"（受教育程度高、职业期望值高、物质和精神享受要求高、工作耐受力低）特征的农民工人群。这类农民工有着与老一代农民工完全不同的价值取向，他们的这些价值观念是否会传递给子辈，是重点研究问题之一。

在社会历史、生活环境、教育状况以及文化等因素的影响下，新生代农民工与老一代农民工在价值观念方面存在着明显的区别（长子中，2009）。他们的价值观发展状态显示出个人意识与独立意识增强，功利性增强，崇尚能力，重视个人成就，渴望发展的意识提高，同时也更加开放自由（何瑞鑫，傅慧芳，2006）。他们学习文化、技能的愿望十分迫切，进取心强，大多数人还具有比较崇高的人生目标（梁宇，2007）。黄丽云（2011）综述了新生代农民工价值观的变迁，指出其发展取向和个人取向不断增强，独立性进一步强化。同时在工作方面，他们不仅看重工作的"钱途"，更看中工作的"前途"，也就是希望工作可以有利于自身的发展（黄丽云，2011），其职业规划也更加明确，看重职业发展空间，能不能学到技术、增长见识、增进才干是更重要的标准（梁美凤，2018），在就业选择、健康方面都考虑得更加全面，思虑意识逐步提升。

许多新生代农民工逐渐改掉一些不良行为陋习，诸如闯红灯、在公共场所大声喧哗等，礼貌素养逐步提升（侯西安，孙伟，2008）。长子中（2009）也指出由于新生代农民工素质相对较高，思想道德与文明礼仪水准都有所提高，遵守交通、爱护环境等市民意识也在增强（侯西安，孙伟，2008）。

（二）农民工子女价值观的现状

梁美凤（2010）研究指出，流动儿童在人生目标取向上归属感迷茫、自我评价矛盾，在社会理想的取向上职业理想多元化、学习目的个人化，在实现人生价值的行为取向上大多数表示不甚清楚。这与杨凤枝、谢明荣（2016）的研究如出一辙，他们表示流动儿童人生目标的价值取向上具有归属感困惑与自我矛盾评价冲突，在社会理想的价值取向上表现出功利化。同时，流动儿童还存在价值观冲突昭彰、价值观偏颇、价值观趋向现实与功利等问题（王珂，2019）。

多位学者提到的功利性，换个角度看，可以用进取、发展来解释，流动儿童受限于当前环境与条件，其改变命运的心理也更加强烈，思虑意识也相应加强。正如曾坚朋（2002）的数据表明10%的外来工子女积极向上，勤奋学习，具有较强的进取心理。同时，数位学者将流动儿童的行为取向认定为纪律习惯差、礼貌素养低还是有些偏颇，但李玉英（2005）力图纠正世人对流动儿童的误解，指出在纪律习惯等养成教育方面一开始比城市儿童略差一些，但随着他们在城市生活时间的延长，这些问题会逐步得到解决，他们的礼貌素养也会逐步提升。

再者，流动儿童的自信心并不比城市儿童更消极，社交焦虑所涉及的情感、认知和行为方面也并不比城市儿童更消极（曾守锤，2009），在公立学校就读的流动儿童的孤独感要弱于城市儿童（周皓，2006），可见流动儿童的开放性与社交能力还是较为明显的。类似地，杨文娟（2003）研究认为流动儿童比本地同龄人更具明显的独立、灵活、合作的人格特征，且自豪感强于自卑感。

（三）文献述评及问题提出

李洁（2018）指出，在传统农村价值观与现代城市价值观的双重冲击下，农民工的价值观在发展意识增强与城市融入感失落、维权意识增强与法治意识薄弱、传统的义利观与市场功利观以及乡土婚姻、消费观念坚守与变迁四个方面存在冲突。农民工的价值观现状如何？他们保留农村传统价值观更多还是学习城市现代价值观更多？其子女在保留农村传统价值观或学习城市现代价值观的现状如何？据此我们提出研究问题1。

问题1：农民工及其子女城市现代、农村传统价值观的现状？

从上述文献综述可见，国外关于价值观代际传递的研究较为丰富，国内关于这方面的研究较少，仅见黄丽丽（2008）父辈与子辈的价值观念存在显著性的代际传递，国内尚无关于农民工对其子女价值观代际传递的实证研究。因此，本章将详细探究农民工对其子女在城、乡价值观代际传递上是否存在差异。根据价值观代际传递内容选择性的特点，农民工对子女更倾向传递城市现代价值观，还是传递农村传统价值观？是否能够传递成功以及传递内在机制如何？另外，根据传输带理论，性别、父母教养方式均会影响价值观的代际传递，而且过滤器理论也解释了价值观代际传递的影响因素，这些因素如何影响农民工对其子女城乡价值观的代际传递？目前国内尚无农民工对其子女价值观代际传递内在机制的实证研究，为了深入探析以上疑问，我们提出研究问题2。

问题2：农民工对其子女城、乡价值观是否存在代际传递及其内在机制？

已有研究表明，家庭的情感基调可能会影响孩子对父母价值观的接受度（Taylor et al.，2004）。在促进联系的文化（如亚洲文化）中反映出父母向子女传递的价值观更多（Asakawa & Csikszentmihalyi，2000）。家庭适应性是指家庭在应对情境压力时，权力结构、角色关系和规则发生变化的趋势。家庭凝聚力是指家庭内部的情感纽带，是指家庭成员之间离不开彼此、共同做出决定的程度。除了 White（1996，2000）的发现，还有其他证据表明，家庭适应性和凝聚力更一致时，父母对孩子的价值观传递程度更高（Grusec & Goodnow，1994；Knafo & Schwartz，2003）。上述研究均表明，良好的家庭关系和家庭氛围，有利于价值观的代际传递。家庭关系是否会影响农民工及其子女城乡价值观的代际传递？国内尚无此类研究，因此我们提出研究问题 3。

问题 3：家庭亲密适应是否在农民工对其子女城乡价值观代际传递中起到中介作用？

在第二章中发现，文化资本对文化适应的代际传递产生了重要影响，文化资本是否会影响农民工及其子女城乡文化价值观的代际传递？目前国内外尚无此类研究，因此我们提出研究问题 4。

问题 4：文化资本对农民工及其子女城乡价值观代际传递是否产生影响？

第二节　研究方法

一　研究工具

(一) 农民工及其子女城乡价值观量表

城乡价值观采用的是自编量表。根据已有对城乡价值观的研究，本量表也划分为农村传统价值观和城市现代价值观两个部分，并分别依据农村传统价值观和城市现代价值观编制相应的题目。在后面的因素分析时，也是分别对农村传统价值观和城市现代价值观进行因素分析。另外，本研究为了探析父母与孩子价值观的代际传递，在编制量表时父母价值观量表与子女价值观量表内容和题目数保持一致。根据前人的研究，父亲和母亲对于孩子价值观的影响存在一定的差异，因此，在进行因素分析时，分两次进行，一次针对两个城乡价值观量表（父亲版和子女版）得到最后保留题目一致的因素分析结果；另一次针对两个城乡价值观量表（母亲版和子女版）得到最后保留题目一致的因素分析结果。剔除一些负荷较小的题目后，得到了子女—父亲城市现代价值观、子女—父亲农村传统价值观和子女—母亲城市现代价值观、子女—母亲农村传统价值观四组因素分析的结果。

在因素分析之前使用 KMO 和 Bartlett 检验进行效度验证。子女—母亲农村传统价值观量表中，对子女和母亲的农村传统价值观量表使用 KMO 和 Bartlett 检验进行效度验证，子女的 KMO 值为 0.829；母亲的 KMO 值为 0.819。子女—母亲城市现代价值观量表中，对子女和母亲的城市现代价值观量表使用 KMO 和 Bartlett 检验进行效度验证，子女的 KMO 值为 0.803；母亲的 KMO 值为 0.804。子女—父亲农村传统价值观量表中，对子女和父亲的农村传统价值观量表使用 KMO 和 Bartlett 检验进行效度验证，子女的 KMO 值为 0.816；父亲的 KMO 值为 0.823。子女—父亲城市现代价值观量表中，对子女和父亲的城市现代价值观量表使用 KMO 和 Bartlett 检验进行效度验证，子女的 KMO 值为 0.827；父亲的 KMO 值为 0.819。以上结果均符合因素分析的要求。其中子女—父亲农村传统价值观包括三个维度：讲情义、观念滞后、权威凝聚；子女—父亲城市现代价值观包括两个维度：进取独立和开放发展。子女—母亲农村传统价值观包括三个维度：讲情义、观念滞后、传统顺从；子女—母亲城市现代价值观包括两个维度：进取独立和开放发展。剔除载荷低的题目后，子女—父亲城乡价值观量表最后剩余 58 道题目，其中农村传统价值观 26 道，城市现代价值观 32 道；子女—母亲城乡价值观量表最后剩余 60 道题目，其中农村传统价值观 22 道，城市现代价值观 38 道。子女—母亲价值观和子女—父亲价值观各分量表的 Cronbach's 系数和分半信度分别为：父亲的讲情义 0.81、0.83、观念滞后 0.79、0.80、权威凝聚 0.90、0.89、进取独立 0.83、0.81、开放发展 0.85、0.83；子女与父亲一致的讲情义 0.79、0.80、观念滞后 0.80、0.82、权威凝聚 0.86、0.88、进取独立 0.87、0.86、开放发展 0.84、0.85；母亲的讲情义 0.83、0.84、观念滞后 0.84、0.85、传统顺从 0.80、0.79、进取独立 0.86、0.83、开放发展 0.81、0.82；子女与母亲一致的讲情义 0.81、0.83、观念滞后 0.80、0.82、传统顺从 0.79、0.81、进取独立 0.88、0.87、开放发展 0.86、0.85。上述结果表明各分量表的信度达到了测量学的要求。本研究采用 AMOS19.0 对母亲城乡价值观中的农村传统价值观分量表进行验证性因子分析，模型拟合指数良好：$X^2/df = 3.12$，CFI = 0.93，NFI = 0.92，TLI = 0.94，RMSEA = 0.04，表明结构效度良好；对母亲城乡价值观中的城市现代价值观分量表进行验证性因子分析，模型拟合指数良好：$X^2/df = 2.97$，CFI = 0.94，NFI = 0.93，TLI = 0.95，RMSEA = 0.05，表明结构效度良好。对子女与母亲一致的城乡价值观中的农村传统价值观分量表进行验证性因子分析，模型拟合指数良好：$X^2/df = 2.86$，CFI = 0.92，NFI = 0.96，TLI = 0.92，RMSEA = 0.05，表明结构效度良好；对子女与母亲一致的城乡价值观中的城市现代价值观分量表进行验证性因子分析，模型拟合指数良好:X^2/df = 2.63，CFI = 0.93，NFI = 0.96，TLI = 0.91，RMSEA = 0.04，表明结构效度良好。对父亲城乡价值观中的农村传统价值观分量表进行验证性因子分析，模型拟合指数良好:X^2/df = 2.75，CFI = 0.94，NFI = 0.93，TLI = 0.91，RMSEA = 0.04，表明结构效度良好；对父亲城乡价值观中的城市现代价值观分量表进行验证性因子分析，模型拟合指数良好:X^2/df = 2.82，CFI = 0.95，NFI = 0.93，TLI = 0.92，RMSEA = 0.03，表明结构效度良好。对子女与父亲一致的城乡价值观中的农村传统价值观分量表进行验证性因子分析，模型拟合指数良好:X^2/df = 2.87，CFI = 0.91，NFI = 0.96，TLI = 0.90，RMSEA = 0.03，表明结构效度良好；对子女与父亲一致的城乡价值观中的城市现代价值观分量表进行验证性因子分析，模型拟合指数良好:X^2/df = 2.51，CFI = 0.92，NFI = 0.97，TLI = 0.91，RMSEA = 0.05，表明结构效度良好。上述结果表明各分量表均具有良好的结构效度。

(二) 农民工子女文化资本问卷

该量表与第二章相同 (详见第二章)。

(三) 农民工文化资本问卷

该量表与第二章相同 (详见第二章)。

(四) 家庭亲密度和适应性量表中文版 (FACESII-CV)

该量表与第一章相同 (详见第一章)。

二 数据分析

采用 SPSS19.0 和 AMOS19.0 对数据进行统计处理和分析，对变量进行独立样本 t 检验、配对样本 t 检验、方差分析、相关分析和结构方程模型检验等。

第三节 研究结果

一 农民工及其子女城乡价值观的现状分析

(一) 农民工子女城乡价值观的现状分析

为了分析农民工子女城乡价值观的现状，分别从探析农民工子女城乡价值观各维度在性别、年级、父亲受教育程度、母亲受教育程度、家庭月收入方面差异分析，具体分析结果如下。

表 3.1　儿童城乡价值观各维度在性别上的差异检验

性别	男 $M\pm SD$	女 $M\pm SD$	t
儿童城市价值观进取独立（与父同）	88.53±17.02	89.24±14.17	-0.351
儿童城市价值观开放发展（与父同）	20.73±4.64	20.97±4.69	-0.438
儿童城市价值观进取独立（与母同）	88.53±17.02	89.24±14.17	-0.351
儿童城市价值观开放发展（与母同）	10.24±2.58	10.24±3.03	-0.008
儿童农村价值观权威凝聚（与父同）	39.47±7.81	38.30±6.03	1.337
儿童农村价值观讲情义（与父同）	20.96±4.20	21.31±4.20	-0.707
儿童农村价值观观念滞后（与父同）	45.97±11.22	41.19±9.10	3.858
儿童农村价值观传统顺从（与母同）	32.75±6.56	31.79±5.24	1.338
儿童农村价值观讲情义（与母同）	39.74±7.89	39.85±7.10	-0.125
儿童农村价值观观念滞后（与母同）	48.95±11.68	44.11±9.62	3.728

通过对儿童城乡价值观各维度均值在性别上进行独立样本 t 检验，如表 3.1 得出结果：儿童农村价值观观念滞后（与父同）、儿童农村价值观观念滞后（与母同）两个维度在性别上的差异是显著的（ $t_1 = 3.858$ ， $p_1 < 0.05$ ； $t_1 = 3.728$ ， $p_1 < 0.05$ ），表明儿童农村价值观观念滞后（与父同）、儿童农村价值观观念滞后（与母同）受性别影响，男生显著高于女生。儿童价值观其余维度在性别上的差异不显著。表明儿童城市价值观进取独立（与父同）、儿童城市价值观开放发展（与父同）、儿童城市价值观进取独立（与母同）、儿童城市价值观开放发展（与母同）、儿童农村价值观权威凝聚（与父同）、儿童农村价值观讲情义（与父同）、儿童农村价值观传统顺从（与母同）、儿童农村价值观讲情义（与母同）均不受性别影响。

表 3.2　儿童城乡价值观各维度在年级上的差异检验

年级	三年级 $M\pm SD$	四年级 $M\pm SD$	五年级 $M\pm SD$	六年级 $M\pm SD$	F
儿童城市价值观进取独立（与父同）	89.13±17.48	87.24±16.69	86.47±15.17	92.86±13.80	2.222

年级	三年级 $M\pm SD$	四年级 $M\pm SD$	五年级 $M\pm SD$	六年级 $M\pm SD$	F
儿童城市价值观开放发展（与父同）	22.37±4.78	20.19±4.84	20.43±3.92	21.27±4.95	2.571
儿童城市价值观进取独立（与母同）	89.13±17.48	87.24±16.69	86.47±15.17	92.86±13.80	2.222
儿童城市价值观开放发展（与母同）	11.24±2.62	9.87±2.80	9.94±2.54	10.49±2.98	2.925
儿童农村价值观权威凝聚（与父同）	39.43±8.52	37.80±7.77	38.66±6.39	40.30±5.96	1.660
儿童农村价值观讲情义（与父同）	22.20±4.83	20.14±4.12	21.15±3.79	21.67±4.18	3.074
儿童农村价值观观念滞后（与父同）	48.38±8.85	42.92±10.06	43.99±10.65	42.44±11.51	3.170
儿童农村价值观传统顺从（与母同）	32.85±7.00	31.47±6.12	31.93±5.84	33.42±5.42	1.660
儿童农村价值观讲情义（与母同）	40.60±7.91	39.03±8.43	39.31±6.85	40.76±7.01	0.967
儿童农村价值观观念滞后（与母同）	51.65±9.29	45.87±10.80	46.70±10.88	45.51±11.96	3.173

通过对儿童城乡价值观各维度的均值在年级上进行 F 检验，如表 3.2 得出结果：儿童城市价值观开放发展（与母同）、儿童农村价值观讲情义（与父同）、儿童农村价值观观念滞后（与父同）、儿童农村价值观观念滞后（与母同）在年级上的差异均显著（$F_1 = 2.925$，$p_1 < 0.05$；$F_2 = 3.074$，$p_2 < 0.05$；$F_3 = 3.170$，$p_3 < 0.05$；$F_4 = 3.173$，$p_4 < 0.05$），而儿童价值观其余维度在年级上差异不显著。进一步的均值比较结果得出，三年级的儿童城市价值观开放发展（与母同）得分显著高于五年级的儿童；六年级的儿童农村价值观讲情义（与父同）得分显著高于四年级的儿童；三年级的儿童农村价值观观念滞后（与父同）得分显著高于四、五、六年级的儿童；三年级的儿童农村价值观观念滞后（与母同）得分显著高于四、五、六年级的儿童。表明儿童城市价值观开放发展（与母同）、儿童农村价值观讲情义（与父同）、儿童农村价值观观念滞后（与父同）、儿童农村价值观观念滞后（与母同）均受年级影响，而儿童城乡价值观其余维度不受年级影响。

表 3.3　　　　儿童城乡价值观各维度在父亲受教育程度上的差异检验

父亲受教育程度	1（小学及以下） M±SD	2（初中） M±SD	3（高中及以上） M±SD	F
儿童城市价值观进取独立（与父同）	87.85±16.93	88.71±14.42	89.85±17.06	0.198
儿童城市价值观开放发展（与父同）	20.12±4.98	20.86±4.45	20.95±4.77	0.346
儿童城市价值观进取独立（与母同）	87.85±16.93	88.71±14.42	89.85±17.06	0.198
儿童城市价值观开放发展（与母同）	9.54±2.75	10.25±2.64	10.37±2.80	1.001
儿童农村价值观权威凝聚（与父同）	40.79±5.20	38.98±7.44	39.00±6.52	0.741
儿童农村价值观讲情义（与父同）	20.64±4.76	20.95±4.17	21.29±3.78	0.351
儿童农村价值观观念滞后（与父同）	43.28±11.067	43.48±10.43	43.98±10.45	0.085
儿童农村价值观传统顺从（与母同）	33.84±4.05	32.27±6.20	32.48±5.75	0.751
儿童农村价值观讲情义（与母同）	40.46±8.96	39.29±7.27	40.28±7.40	0.599
儿童农村价值观观念滞后（与母同）	46.76±11.63	46.41±10.78	46.89±11.00	0.055

　　通过对儿童价值观各维度的均值在父亲受教育程度上进行 F 检验，如表 3.3 得出结果：儿童城市价值观进取独立（与父同）、儿童城市价值观开放发展（与父同）、儿童城市价值观进取独立（与母同）、儿童城市价值观开放发展（与母同）、儿童农村价值观权威凝聚（与父同）、儿童农村价值观讲情义（与父同）、儿童农村价值观观念滞后（与父同）、儿童农村价值观传统顺从（与母同）、儿童农村价值观讲情义（与母同）、儿童农村价值观观念滞后（与母同）均不受父亲教育程度的影响。

表 3.4　　　　儿童城乡价值观各维度在母亲受教育程度上的差异检验

母亲受教育程度	1（小学及以下） M±SD	2（初中） M±SD	3（高中及以上） M±SD	F
儿童城市价值观进取独立（与父同）	92.33±16.81	87.16±15.09	90.87±16.01	1.814
儿童城市价值观开放发展（与父同）	20.03±5.36	20.78±4.51	21.02±4.66	0.510

母亲受教育程度	1（小学及以下） M±SD	2（初中） M±SD	3（高中及以上） M±SD	F
儿童城市价值观进取独立 （与母同）	92.33±16.81	87.16±15.09	90.87±16.01	1.814
儿童城市价值观开放发展 （与母同）	9.76±3.12	10.23±2.67	10.31±2.70	0.466
儿童农村价值观权威凝聚 （与父同）	41.15±5.83	38.77±7.14	39.10±6.82	1.300
儿童农村价值观讲情义（与 父同）	20.66±4.32	20.94±4.03	21.33±4.05	0.435
儿童农村价值观观念滞后 （与父同）	44.11±11.87	43.98±9.61	43.32±10.91	0.134
儿童农村价值观传统顺从 （与母同）	33.44±4.72	32.04±5.84	32.83±6.11	0.891
儿童农村价值观讲情义（与 母同）	39.34±8.24	39.57±6.86	40.05±7.82	0.161
儿童农村价值观观念滞后 （与母同）	47.04±12.51	46.88±9.96	46.37±11.49	0.076

通过对儿童城乡价值观各维度的均值在母亲受教育程度上进行 F 检验，如表3.4得出结果：儿童城市价值观进取独立（与父同）、儿童城市价值观开放发展（与父同）、儿童城市价值观进取独立（与母同）、儿童城市价值观开放发展（与母同）、儿童农村价值观权威凝聚（与父同）、儿童农村价值观讲情义（与父同）、儿童农村价值观观念滞后（与父同）、儿童农村价值观传统顺从（与母同）、儿童农村价值观讲情义（与母同）、儿童农村价值观观念滞后（与母同）均不受母亲教育程度的影响。

表3.5　　　　儿童城乡价值观各维度在家庭月收入上的差异检验

家庭月收入（元）	1（6000元以下） M±SD	2（6000— 10000元）M±SD	3（10000元以上） M±SD	F
儿童城市价值观进取独立 （与父同）	90.45±15.43	89.41±15.77	86.35±16.24	1.059
儿童城市价值观开放发展 （与父同）	20.38±4.40	21.47±4.80	20.11±4.68	2.188
儿童城市价值观进取独立 （与母同）	90.45±15.43	89.41±15.77	86.35±16.24	1.059
儿童城市价值观开放发展 （与母同）	9.74±2.54	10.73±2.83	9.92±2.67	3.828

续表

家庭月收入（元）	1（6000元以下） $M\pm SD$	2（6000— 10000元）$M\pm SD$	3（10000元以上） $M\pm SD$	F
儿童农村价值观权威凝聚（与父同）	39.55±6.85	39.31±6.81	38.04±7.15	0.855
儿童农村价值观讲情义（与父同）	21.25±3.88	21.25±4.16	20.24±4.18	1.391
儿童农村价值观观念滞后（与父同）	43.98±10.11	43.99±10.57	42.36±10.36	0.528
儿童农村价值观传统顺从（与母同）	32.98±5.68	32.54±5.99	31.56±5.87	1.033
儿童农村价值观讲情义（与母同）	40.00±7.16	40.13±7.44	38.38±7.96	1.129
儿童农村价值观观念滞后（与母同）	47.03±10.48	47.01±11.20	45.18±10.65	0.621

通过对儿童城乡价值观各维度的均值在家庭月收入上进行 F 检验，如表 3.5 得出结果：儿童城市价值观开放发展（与母同）在家庭月收入上的差异显著（$F_1=3.828$，$p_1<0.05$）。进一步的均值结果比较得出：家庭月收入为 6000—10000 元的儿童城市价值观开放发展（与母同）得分高于家庭月收入为 6000 元以下的儿童城市价值观开放发展（与母同）得分。而儿童城乡价值观其余维度均不受家庭月收入的影响。

（二）农民工城乡价值观的现状分析

为了探析农民工城乡价值观的现状，分别分析了农民工父母城乡价值观各维度在父亲受教育程度、母亲受教育程度、家庭月收入上的差异，具体分析如下。

表 3.6　　父母城乡价值观各维度在父亲受教育程度上的差异检验

父亲受教育程度	1（小学及以下） $M\pm SD$	2（初中） $M\pm SD$	3（高中及以上） $M\pm SD$	F
父亲城市价值观进取独立	88.45±18.35	88.22±17.11	93.58±14.27	2.937
父亲城市价值观开放发展	20.22±5.26	19.90±4.27	21.07±3.83	2.231
父亲乡村价值观权威凝聚	40.27±7.05	39.48±7.07	41.36±6.55	2.045
父亲农村价值观讲情义	22.85±4.42	21.52±4.70	22.92±3.60	3.398
父亲农村价值观观念滞后	45.85±12.07	41.00±10.90	40.34±11.91	2.447
母亲城市价值观进取独立	89.62±22.04	92.70±17.02	96.51±14.90	2.170

续表

父亲受教育程度	1（小学及以下） M±SD	2（初中） M±SD	3（高中及以上） M±SD	F
母亲城市价值观开放发展	9.90±3.05	9.33±2.78	9.90±2.37	1.447
母亲农村价值观传统顺从	36.38±7.43	35.82±6.51	36.48±5.95	0.307
母亲农村价值观讲情义	40.86±10.50	41.60±7.49	42.64±7.47	0.739
母亲农村价值观观念滞后	45.71±9.64	41.48±10.07	41.54±10.70	1.589

通过对父母城乡价值观各维度的均值在父亲受教育程度上进行 F 检验，如表 3.6 得出结果：父亲农村价值观讲情义在父亲受教育程度上差异显著（$F_1 = 3.398$，$p_1 < 0.05$）。进一步的均值比较结果得出，父亲受教育程度为高中及以上的父亲农村价值观讲情义得分高于父亲受教育程度为初中的父亲农村价值观讲情义得分。父母城乡价值观其他维度均不受父亲教育程度影响。

表 3.7　　　父母城乡价值观各维度在母亲受教育程度上的差异检验

母亲受教育程度	1（小学及以下） M±SD	2（初中） M±SD	3（高中及以上） M±SD	F
父亲城市价值观进取独立	90.73±20.92	89.02±16.48	92.44±13.95	1.087
父亲城市价值观开放发展	18.81±4.98	20.07±4.21	21.30±3.74	4.758
父亲农村价值观权威凝聚	41.12±9.02	40.20±6.68	40.43±6.41	0.188
父亲农村价值观讲情义	22.00±4.83	21.74±4.69	22.90±3.59	2.077
父亲农村价值观观念滞后	41.19±11.55	41.20±10.96	40.84±12.01	0.029
母亲城市价值观进取独立	88.33±25.15	93.50±15.29	96.28±15.56	2.161
母亲城市价值观开放发展	8.14±3.21	9.50±2.67	10.09±2.35	5.217
母亲农村价值观传统顺从	35.76±8.62	36.10±6.17	36.27±6.06	0.059
母亲农村价值观讲情义	39.57±11.32	41.80±7.19	42.68±7.58	1.448
母亲农村价值观观念滞后	40.67±11.11	42.59±9.74	41.52±11.14	0.455

通过对父母价值观的均值在母亲受教育程度上进行 F 检验，如表 3.7 得出结果：父亲城市价值观开放发展、母亲城市价值观开放发展在母亲受教育程度上差异显著（$F_1 = 4.758$，$p_1 < 0.05$；$F_2 = 5.217$，$p_2 < 0.05$）。进一步的均值比较结果得出，母亲受教育程度为高中及以上的父亲城市价值观开放发展得分高于母亲受教育程度为初中及以下的父亲城市价值观开放

发展得分；母亲受教育程度为高中及以上的母亲城市价值观开放发展得分高于母亲受教育程度为小学及以下的母亲城市价值观开放发展得分。父母价值观其他维度均不受母亲教育程度影响。

表 3.8 父母城乡价值观各维度在家庭月收入上的差异检验

家庭月收入（元）	1（6000元以下）$M \pm SD$	2（6000—10000元）$M \pm SD$	3（10000元以上）$M \pm SD$	F
父亲城市价值观进取独立	90.73±17.55	90.72±16.32	89.14±13.48	0.160
父亲城市价值观开放发展	20.21±4.89	20.59±3.86	20.31±3.67	0.209
父亲农村价值观权威凝聚	41.10±7.16	39.71±6.81	40.37±6.36	0.970
父亲农村价值观讲情义	21.92±5.05	22.25±3.94	22.80±3.46	0.716
父亲农村价值观观念滞后	41.92±12.11	41.35±11.67	39.59±10.35	0.712
母亲城市价值观进取独立	94.46±16.69	92.75±18.21	95.79±13.99	0.575
母亲城市价值观开放发展	9.54±3.18	9.53±2.29	9.96±2.25	0.584
母亲农村价值观传统顺从	36.91±6.88	35.52±6.34	36.04±5.39	1.115
母亲农村价值观讲情义	42.14±7.97	41.33±8.10	42.75±6.85	0.630
母亲农村价值观观念滞后	43.54±11.30	41.27±9.48	40.56±10.56	1.676

通过对父母城乡价值观各维度的均值在家庭月收入上进行 F 检验，如表 3.8 得出结果：父亲城市价值观进取独立、父亲城市价值观开放发展、父亲农村价值观权威凝聚、父亲农村价值观讲情义、父亲农村价值观观念滞后、母亲城市价值观进取独立、母亲城市价值观开放发展、母亲农村价值观传统顺从、母亲农村价值观讲情义、母亲农村价值观观念滞后均不受家庭收入情况的影响。

二 农民工父母与子女城乡价值观的对比分析

为了更深入地了解农民工父母与子女之间城乡价值观的一致性和差异性，下一步分析农民工对其子女城乡价值观是否存在代际传递，我们先采用配对样本 t 检验，对父子和母子的城乡价值观进行对比分析，结果如下。

表 3.9 父子城乡价值观各维度的配样本 t 检验

价值观类型	子女	父亲	t	p
传统文化价值观	$M \pm SD$	$M \pm SD$		
讲情义	38.35±5.31	38.58±4.90	0.492	0.623

续表

价值观类型	子女	父亲	t	p
传统文化价值观	$M\pm SD$	$M\pm SD$		
观念滞后	27.57±5.83	27.94±5.65	0.674	0.501
权威凝聚	18.11±3.02	21.89±3.00	12.383 ***	0.001
现代文化价值观				
进取独立	96.85±10.29	98.11±13.37	-1.134	0.258
开放发展	20.87±3.98	21.12±4.39	-0.616	0.538

表 3.10　　　　　　　　母子城乡价值观各维度的配样本 t 检验

价值观类型	子女	母亲	t	p
传统文化价值观	$M\pm SD$	$M\pm SD$		
讲情义	13.71±3.11	13.69±2.14	-0.075	0.94
观念滞后	24.29±5.43	23.95±5.56	-0.66	0.51
传统顺从	33.87±4.37	35.27±4.07	3.788 ***	0.001
现代文化价值观				
进取独立	113.71±15.25	111.59±10.37	-1.801	0.073
开放发展	28.55±5.26	26.92±4.46	-3.562 ***	0.001

由表 3.9 父子配对样本 t 检验结果可见，共计有 5 组配对数据，其中仅 1 组配对数据差异显著。父亲传统价值观中的权威凝聚因子与孩子这一因子的得分之间呈现出显著性差异（$t_1 = 12.383$，$p_1 < 0.001$），父亲权威凝聚的平均值（21.90）显著高于子女权威凝聚的平均值（18.11），其余四组配对数据均无显著差异。由表 3.10 母子配对样本 t 检验分析结果可见，其中有 2 组配对数据差异显著，其余 3 组配对数据均无显著差异。母亲传统价值观中的传统顺从因子与孩子这一因子的得分之间差异显著（$t_1 = 3.788$，$p_1 < 0.001$），母亲传统顺从的平均值（35.27）显著高于子女传统顺从的平均值（33.87）；母亲现代价值观中的开放发展因子与孩子的这一因子的得分之间差异显著（$t_2 = -3.562$，$p_2 < 0.001$），母亲开放发展的平均值（26.92）显著低于子女开放发展的平均值（28.55）。

三　农民工父母对其子女农村传统和城市现代价值观是否存在代际传递的检验

为了检验农民工父母对其子女农村传统和城市现代价值观是否存在代际传递效应，我们首先进行相关分析，具体结果如下。

（一）农民工父母和其子女城乡价值观各维度的相关分析

将儿童城乡价值观、父亲城乡价值观、母亲城乡价值观三个变量各维度间进行 Pearson 相关分析。如表 3.11 结果显示，儿童进取独立价值观（与父同）与儿童开放发展价值观（与父同）、儿童进取独立价值观（与母同）、儿童开放发展价值观（与母同）、儿童权威凝聚价值观（与父同）、儿童讲情义价值观（与父同）、儿童传统顺从价值观（与母同）、儿童讲情义价值观（与母同）、父亲进取独立价值观、父亲权威凝聚价值观之间相关显著（$p<0.05$），儿童开放发展价值观（与父同）与儿童进取独立价值观（与母同）、儿童开放发展价值观（与母同）、儿童权威凝聚价值观（与父同）、儿童讲情义价值观（与父同）、儿童传统顺从价值观（与母同）、儿童讲情义价值观（与母同）、父亲进取独立价值观、母亲进取独立价值观、母亲讲情义价值观之间相关显著（$p<0.05$），儿童进取独立价值观（与母同）与儿童开放发展价值观（与母同）、儿童权威凝聚价值观（与父同）、儿童讲情义价值观（与父同）、儿童传统顺从价值观（与母同）、儿童讲情义价值观（与母同）、父亲进取独立价值观、父亲权威凝聚价值观之间相关显著（$p<0.05$），儿童开放发展价值观（与母同）与儿童权威凝聚价值观（与父同）、儿童讲情义价值观（与父同）、儿童传统顺从价值观（与母同）、儿童讲情义价值观（与母同）、母亲观念滞后价值观之间相关显著（$p<0.05$），儿童权威凝聚价值观（与父同）与儿童讲情义价值观（与父同）、儿童观念滞后价值观（与父同）、儿童传统顺从价值观（与母同）、儿童讲情义价值观（与母同）、儿童观念滞后价值观（与母同）、父亲进取独立价值观、父亲开放发展价值观、父亲权威凝聚价值观之间相关显著（$p<0.05$），儿童讲情义价值观（与父同）与儿童观念滞后价值观（与父同）、儿童传统顺从价值观（与母同）、儿童讲情义价值观（与母同）、儿童观念滞后价值观（与母同）、父亲进取独立价值观、父亲开放发展价值观、父亲权威凝聚价值观、母亲进取独立价值观、母亲传统顺从价值观、母亲讲情义价值观之间相关显著

表 3.11 儿童、父亲、母亲城乡价值观各维度的相关分析结果

	M±SD	1	2	3	4	5	6	7	8	9	10	11	12	13	14	15	16	17	18	19	20
1 儿童进取独立与父同	(88.84±15.80)	1																			
2 儿童开放发展与父同	(20.84±4.65)	0.546**	1																		
3 儿童进取独立与母同	(88.84±15.80)	1.000**	0.546**	1																	
4 儿童开放发展与母同	(10.24±2.78)	0.366**	0.828**	0.366**	1																
5 儿童权威凝聚与父同	(38.95±7.10)	0.696**	0.455**	0.696**	0.323**	1															
6 儿童讲情义与父同	(21.12±4.19)	0.666**	0.583**	0.666**	0.454**	0.549**	1														
7 儿童观念滞后与父同	(43.87±10.60)	-0.060	0.047	-0.060	0.081	0.172**	0.148**	1													
8 儿童传统顺从与母同	(32.32±6.02)	0.664**	0.425**	0.664**	0.295**	0.936**	0.499**	0.172**	1												
9 儿童讲情义与母同	(39.79±7.55)	0.784**	0.568**	0.784**	0.379**	0.598**	0.826**	0.025	0.556**	1											
10 儿童观念滞后与母同	(46.83±11.08)	-0.047	0.051	-0.047	0.083	0.190**	0.159**	0.993**	0.193**	0.038	1										
11 父亲进取独立	(90.34±16.32)	0.219**	0.153**	0.219**	0.096	0.190**	0.183**	-0.039	-0.091	0.146*	-0.039	1									

续表

M±SD	1	2	3	4	5	6	7	8	9	10	11	12	13	14	15	16	17	18	19	20
12 父亲开放发展（20.41±4.23）	0.068	0.104	0.068	0.123	0.022	0.131*	-0.001	-0.011	0.127	-0.010	0.544**	1								
13 父亲权威凝聚（40.33±6.89）	0.171**	0.087	0.171*	0.043	0.164*	0.203**	0.061	0.094	0.185**	0.060	0.810**	0.506**	1							
14 父亲讲情义（22.24±4.29）	0.111	0.066	0.111	0.062	0.102	0.108	-0.002	0.027	0.060	-0.003	0.739**	0.561**	0.605**	1						
15 父亲观念滞后（41.24±11.51）	-0.047	0.084	-0.047	0.087	-0.006	0.062	0.125	0.027	0.060	0.130	-0.052	0.258**	0.117	0.061	1					
16 母亲进取独立（94.15±16.73）	0.094	0.199**	0.094	0.122	0.117	0.163*	-0.043	0.053	0.100	-0.050	0.793**	0.390**	0.650**	0.597**	-0.095	1				
17 母亲开放发展（9.66±2.65）	-0.052	0.018	-0.052	0.046	-0.079	0.046	0.020	-0.063	0.017	0.020	0.255**	0.541**	0.229**	0.336**	0.107	0.318**	1			
18 母亲传统顺从（36.18±6.36）	0.020	0.137*	0.020	0.076	0.049	0.180**	0.079	0.025	0.143*	0.076	0.596**	0.337**	0.682**	0.475**	0.097	0.709**	0.361**	1		
19 母亲讲情义（41.98±7.77）	0.084	0.167*	0.084	0.099	0.124	0.133*	-0.064	0.081	0.100	-0.069	0.719**	0.393**	0.603**	0.641**	-0.117	0.860**	0.357**	0.666**	1	
20 母亲观念滞后（42.14±10.67）	-0.102	0.126	-0.102	0.138*	-0.102	0.128	0.105	-0.057	0.065	0.102	-0.066	0.155	0.080	0.027	0.724**	-0.085	0.176**	0.175**	-0.063	1

（$p<0.05$），儿童观念滞后价值观（与父同）与儿童传统顺从价值观（与母同）、儿童观念滞后价值观（与母同）之间相关显著（$p<0.05$），儿童传统顺从价值观（与母同）与儿童讲情义价值观（与母同）、儿童观念滞后价值观（与母同）之间相关显著（$p<0.05$），父亲进取独立价值观与父亲开放发展价值观、父亲权威凝聚价值观、父亲讲情义价值观、母亲进取独立价值观、母亲开放发展价值观、母亲传统顺从价值观、母亲讲情义价值观之间相关显著（$p<0.05$），父亲开放发展价值观与父亲权威凝聚价值观、父亲讲情义价值观、父亲观念滞后价值观、母亲进取独立价值观、母亲开放发展价值观、母亲传统顺从价值观、母亲讲情义价值观、母亲观念滞后价值观之间相关显著（$p<0.05$），父亲权威凝聚价值观与父亲讲情义价值观、母亲进取独立价值观、母亲开放发展价值观、母亲传统顺从价值观、母亲讲情义价值观之间相关显著（$p<0.05$），父亲讲情义价值观与母亲进取独立价值观、母亲开放发展价值观、母亲传统顺从价值观、母亲讲情义价值观之间相关显著（$p<0.05$），父亲观念滞后价值观与母亲观念滞后价值观之间相关显著（$p<0.05$），母亲进取独立价值观与母亲开放发展价值观、母亲传统顺从价值观、母亲讲情义价值观之间相关显著（$p<0.05$），母亲开放发展价值观与母亲传统顺从价值观、母亲讲情义价值观、母亲观念滞后价值观之间相关显著（$p<0.05$），母亲传统顺从价值观与母亲讲情义价值观、母亲观念滞后价值观之间相关显著（$p<0.05$）。

（二）农民工父母对其子女农村传统和城市现代价值观是否存在代际传递的结构方程检验

上述相关分析结果表明儿童城乡价值观各维度与父亲或母亲城乡价值观部分维度具有显著相关。因此进一步检验父母对子女农村传统和城市现代价值观是否存在代际传递效应，采用AMOS19.0建构了四个结构方程模型分别是：父亲对子女农村传统价值观代际传递模型、父亲对子女城市现代价值观代际传递模型、母亲对子女农村传统价值观代际传递模型、母亲对子女城市现代价值观代际传递模型，数据结果表明：仅有父亲对子女城市现代价值观代际传递模型成立，父亲的城市现代价值观对其子女的城市现代价值观具有显著预测作用，如图3.2所示。由表3.12的各拟合指数可知，模型的各拟合指数良好，证明该模型成立。由图3.2所示，父亲的城市现代价值观正向预测儿童的城市现代价值观（$\gamma=0.19$，$p<0.01$），表明预测效应显著，证明父亲的城市现代价值观正向预测儿童的城市现代

价值观，并存在代际传递效应。但其余三个模型均无显著的预测效应，即父亲对子女的农村传统价值观无代际传递效应、母亲对子女的农村传统价值观无代际传递效应、母亲对子女的城市现代价值观无代际传递效应。

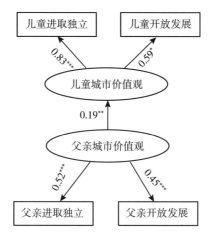

图 3.2　父亲城市价值观对儿童城市价值观的代际传递模型

表 3.12　父亲城市价值观对儿童城市价值观代际传递模型的拟合指数

拟合指数	χ^2	df	χ^2/df	GFI	AGFI	NFI	IFI	TLI	CFI	RMSEA
	1.317	1	1.317	0.998	0.979	0.993	0.998	0.990	0.998	0.032

四　农民工及其子女城乡价值观代际传递的机制研究

在城乡价值观的代际传递研究中发现，只有父亲城市现代价值观对子女的城市现代价值观起到代际传递效应，而农村的价值观没有发现代际传递效应。母亲的城乡价值观对子女均未出现代际传递效应。为了进一步深入探析农民工及其子女城乡价值观代际传递的机制，我们分别对价值观代际传递的过滤器理论、传输带理论进行检验，进而揭示农民工及其子女城乡价值观代际传递的内在机制。

（一）农民工及其子女城乡价值观代际传递机制研究——过滤器理论的检验

为了进一步探析价值观代际传递的内在机制，根据价值观代际传递的过滤器理论，包括两个重要因素，即价值观的传递者父母、价值观的接受者子女。父母对各种价值观的传递动机与子女对价值观的接受性，同时影响着价值观是否代际传递。下面分别从父母在城市—乡村价值观重要性评分的对比分析来看，父母在城乡价值观上对子女的传递动机的强弱；从子女在城市—乡村价值观接受性评分的对比分析来看子女的接受水平。

表 3.13　父亲城市现代—农村传统价值观重要性评分的配对样本 t 检验

	父亲城市价值观	父亲农村价值观	t	p
	M±SD	M±SD		
进取独立与权威凝聚	3.71±0.76	3.63±0.75	2.612 **	0.010
进取独立与讲情义	3.71±0.76	3.59±0.85	4.282 ***	0.001
进取独立与观念滞后	3.71±0.76	2.98±0.83	12.247 ***	0.001
开放发展与权威凝聚	3.43±0.81	3.63±0.75	−4.530 ***	0.001
开放发展与讲情义	3.43±0.81	3.59±0.85	−4.348 ***	0.001
开放发展与观念滞后	3.43±0.81	2.98±0.83	9.810 ***	0.001

父亲对城市—农村价值观重要性评分的配对样本 t 检验的结果如表 3.13 所示，6 对城乡价值观重要性评分均差异显著。父亲城市价值观重要性评分显著高于农村价值观重要性评分的有 4 对，进取独立与权威凝聚（$t_1 = 2.612$，$p_1 < 0.01$）、进取独立与讲情义（$t_2 = 4.282$，$p_2 < 0.001$）、进取独立与观念滞后（$t_3 = 12.247$，$p_3 < 0.001$）、开放发展与观念滞后（$t_6 = 9.810$，$p_6 < 0.001$）；父亲城市价值观重要性评分显著低于农村价值观重要性评分的有 2 对，开放发展与权威凝聚（$t_4 = -4.530$，$p_4 < 0.001$）、开放发展与讲情义（$t_5 = -4.348$，$p_5 < 0.001$）。总体而言，父亲更看重城市价值观，对进取独立的重要性评分最好，其次是农村价值观中的权威凝聚和讲情义，再次是城市价值观中的开放发展，重要性最低的是乡村价值观中的观念滞后。

表 3.14　母亲城市现代—农村传统价值观重要性评分的配对样本 t 检验

	母亲城市价值观	母亲农村价值观	t	p
	M±SD	M±SD		
进取独立与传统顺从	3.76±0.74	3.61±0.75	4.916 ***	0.001
进取独立与讲情义	3.76±0.74	3.74±0.79	0.921	0.358
进取独立与观念滞后	3.76±0.74	2.93±0.82	13.922 ***	0.001
开放发展与传统顺从	3.30±0.98	3.61±0.75	−4.898 ***	0.001

续表

	母亲城市价值观	母亲农村价值观	t	p
	M±SD	M±SD		
开放发展与讲情义	3.30±0.98	3.74±0.79	−6.854***	0.001
开放发展与观念滞后	3.30±0.98	2.93±0.82	6.359***	0.001

母亲对城市—农村价值观重要性评分的配对样本 t 检验的结果如表 3.14 所示，5 对城乡价值观重要性评分均差异显著。母亲城市价值观重要性评分显著高于农村价值观重要性评分的有 3 对，进取独立与传统顺从（t_1=4.916，p_1<0.001）、进取独立与观念滞后（t_3=13.922，p_3<0.001）、开放发展与观念滞后（t_6=6.539，p_6<0.001）；母亲城市价值观重要性评分显著低于农村价值观重要性评分的有 2 对，开放发展与传统顺从（t_4=−4.898，p_4<0.001）、开放发展与讲情义（t_5=−6.854，p_5<0.001）。其中 1 对母亲对城乡价值观重要性评分差异不显著，进取独立与讲情义（t_2=0.921，p_2>0.05）。总体而言，母亲更看重城市价值观的进取独立和乡村价值观中的讲情义的重要性评分最高，其次是乡村价值观中的传统顺从，再次是城市价值观中的开放发展，重要性最低的是乡村价值观中的观念滞后。

表 3.15 儿童价值观（与父亲相同）城市—农村接受性评分的配对样本 t 检验

	儿童城市价值观	儿童农村价值观	t	p
	M±SD	M±SD		
进取独立（父同）与权威凝聚（父同）	2.75±0.93	2.75±0.90	0.112	0.911
进取独立（父同）与讲情义（父同）	2.75±0.93	2.76±0.94	0.133	0.894
进取独立（父同）与观念滞后（父同）	2.75±0.93	2.57±0.78	3.859***	0.001
开放发展（父同）与权威凝聚（父同）	2.62±0.98	2.75±0.90	−2.435*	0.016
开放发展（父同）与讲情义（父同）	2.62±0.98	2.76±0.94	−2.593**	0.010
开放发展（父同）与观念滞后（父同）	2.62±0.98	2.57±0.78	0.599	0.550

儿童对城市—农村价值观（与父亲相同）接受性评分的配对样本 t 检验的结果如表 3.15 所示，3 对城乡价值观接受性评分均差异显著。儿童城市价值观接受性评分显著高于农村价值观接受性评分的有 1 对，进取独立与观念滞后（t_3=3.859，p_3<0.001）；儿童城市价值观接受性评分显著

低于农村价值观接受性评分的有 2 对，开放发展与权威凝聚（$t_4 = -2.435$，$p_4 < 0.05$）、开放发展与讲情义（$t_5 = -2.593$，$p_5 < 0.01$）。其中 3 对儿童对城乡价值观接受性评分差异不显著，进取独立与权威凝聚（$t_1 = 0.112$，$p_1 > 0.05$）、进取独立与讲情义（$t_2 = 0.133$，$p_2 > 0.05$）、开放发展与观念滞后（$t_6 = 0.599$，$p_6 > 0.05$）。总体而言，儿童对城市价值观中的进取独立和农村价值观中的讲情义和权威凝聚接受性评分最高，其次是城市价值观中的开放发展和农村价值观中的观念滞后。

表3.16 儿童价值观（与母亲相同）城市—农村接受性评分的配对样本 t 检验

	儿童城市价值观	儿童农村价值观	t	p
	$M \pm SD$	$M \pm SD$		
进取独立（母同）与传统顺从（母同）	2.76±0.91	2.80±0.95	-0.742	0.459
进取独立（母同）与讲情义（母同）	2.76±0.91	2.75±0.91	-0.207	0.836
进取独立（母同）与观念滞后（母同）	2.76±0.91	2.57±0.76	3.872***	0.001
开放发展（母同）与传统顺从（母同）	2.58±1.05	2.80±0.95	-3.332***	0.001
开放发展（母同）与讲情义（母同）	2.58±1.05	2.75±0.91	-3.473***	0.001
开放发展（母同）与观念滞后（母同）	2.58±1.05	2.57±0.76	-0.280	0.779

儿童对城市—农村价值观（与母亲相同）接受性评分的配对样本 t 检验的结果如表3.16所示，3 对城乡价值观接受性评分均差异显著。儿童城市价值观接受性评分显著高于农村价值观接受性评分的有 1 对，进取独立与观念滞后（$t_3 = 3.872$，$p_3 < 0.001$）；儿童城市价值观接受性评分显著低于农村价值观接受性评分的有 2 对，开放发展与传统顺从（$t_4 = -3.332$，$p_4 < 0.001$）、开放发展与讲情义（$t_5 = -3.473$，$p_5 < 0.001$）。其中 3 对儿童对城乡价值观接受评分差异不显著，进取独立与传统顺从（$t_1 = -0.742$，$p_1 > 0.05$）、进取独立与讲情义（$t_2 = -0.207$，$p_2 > 0.05$）、开放发展与观念滞后（$t_6 = -0.280$，$p_6 > 0.05$）。总体而言，儿童对城市价值观中的进取独立和农村价值观中的讲情义和传统顺从接受性最高，其次是城市价值观中的开放发展和乡村价值观中的观念滞后。

由上述分析可见，尽管父亲对讲情义、权威凝聚的传递动机较高，儿童的接受性也较高；母亲对讲情义和传统顺从的传递动机较高，儿童的接受性也较高，但并没有发现农村传统价值观的代际传递。此发现在讨论中详细分析。

（二）农民工及其子女城乡价值观代际传递机制研究——传输带理论中性别因素的检验

为了检验传输带理论中的性别因素对农民工及其子女城乡价值观代际传递的影响，我们采用AMOS19.0建构结构方程进行进一步的检验。分别建构了母亲对男孩农村传统价值观代际传递、母亲对女孩农村传统价值观代际传递、母亲对男孩城市现代价值观代际传递、母亲对女孩城市现代价值观代际传递、父亲对男孩农村传统价值观代际传递、父亲对女孩农村传统价值观代际传递的结构方程模型，上述模型均拟合指数不良，即模型不成立。但父亲对男孩城市现代价值观代际传递、父亲对女孩城市现代价值观代际传递的结构方程模型拟合指数良好。具体结果如下：

父亲对男孩城市现代价值观代际传递模型成立，父亲的城市现代价值观对男孩的城市现代价值观具有显著预测作用，如图3.3所示。由表3.17的各拟合指数可知，模型的各拟合指数良好，证明该模型成立。由图3.3所示，父亲的城市现代价值观正向预测男孩的城市现代价值观（$\gamma=0.24$，$p<0.05$），表明预测效应显著，证明父亲的城市现代价值观正向预测男孩的城市现代价值观，并存在代际传递效应。

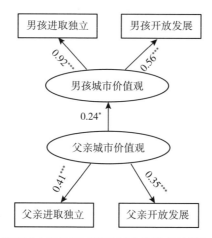

图3.3　父亲城市价值观对男孩城市价值观的代际传递模型

表3.17　父亲城市价值观对男孩城市价值观代际传递模型的拟合指数

拟合指数	χ^2	df	χ^2/df	GFI	AGFI	NFI	IFI	TLI	CFI	RMSEA
	0.179	1	0.179	0.998	0.995	0.998	0.975	0.947	0.933	0.02

父亲对女孩城市现代价值观代际传递模型成立，父亲的城市现代价值观对女孩的城市现代价值观具有显著预测作用，如图 3.4 所示。由表 3.18 的各拟合指数可知，模型的各拟合指数良好，证明该模型成立。由图 3.4 所示，父亲的城市现代价值观正向预测女孩的城市现代价值观（$\gamma=0.19$，$p<0.05$），表明预测效应显著，证明父亲的城市现代价值观正向预测女孩的城市现代价值观，并存在代际传递效应。

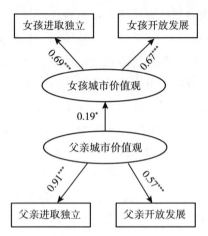

图 3.4　父亲城市价值观对女孩城市价值观的代际传递模型

表 3.18　父亲城市价值观对女孩城市价值观代际传递模型的拟合指数

拟合指数	χ^2	df	χ^2/df	GFI	AGFI	NFI	IFI	TLI	CFI	RMSEA
	1.183	1	1.183	0.996	0.957	0.985	0.998	0.985	0.998	0.037

（三）农民工及其子女城乡价值观代际传递机制研究——传输带理论中情感温暖教养方式的检验

为了检验传输带理论中情感温暖的教养方式对农民工及其子女城乡价值观代际传递的影响，我们采用 AMOS19.0 建构结构方程进行进一步的检验。分别建构了母亲对子女农村传统价值观代际传递（母亲高情感温暖）、母亲对子女农村传统价值观代际传递（母亲低情感温暖）、母亲对子女城市现代价值观代际传递（母亲高情感温暖）、母亲对子女城市现代价值观代际传递（母亲低情感温暖）、父亲对子女农村传统价值观代际传递（父亲高情感温暖）、父亲对子女农村传统价值观代际传递（父亲低情感温暖）的结构方程模型，上述模型均拟合指数不良，即模型不成立。

但父亲对子女城市现代价值观代际传递（父亲高情感温暖）、父亲对子女城市现代价值观代际传递（父亲低情感温暖）的结构方程模型拟合指数良好。具体结果如下：

父亲对子女城市现代价值观代际传递（父亲低情感温暖）模型成立，在父亲以低情感温暖的教养方式教育子女时，父亲的城市现代价值观对子女的城市现代价值观具有显著预测作用，如图3.5所示。由表3.19的各拟合指数可知，模型的各拟合指数良好，证明该模型成立。由图3.5所示，在父亲以低情感温暖的教养方式教育子女时，父亲的城市现代价值观正向预测子女的城市现代价值观（γ=0.16，p<0.05），表明预测效应显著，在父亲以低情感温暖的教养方式教育子女时，证明父亲的城市现代价值观正向预测子女的城市现代价值观，并存在代际传递效应。

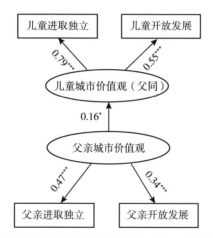

图3.5　在低情感温暖下父亲城市价值观对儿童城市价值观的代际传递模型

表3.19　　　　在低情感温暖下父亲城市价值观对儿童城市价值观
代际传递模型的拟合指数

拟合指数	χ^2	df	χ^2/df	GFI	AGFI	NFI	IFI	TLI	CFI	RMSEA
	0.214	1	0.214	0.999	0.994	0.998	0.962	0.953	0.920	0.067

父亲对子女城市现代价值观代际传递（父亲高情感温暖）模型成立，在父亲以高情感温暖的教养方式教育子女时，父亲的城市现代价值观对子女的城市现代价值观具有显著预测作用，如图3.6所示。由表3.20的各拟合指数可知，模型的各拟合指数良好，证明该模型成立。由图3.6所示

示，在父亲以高情感温暖的教养方式教育子女时，父亲的城市现代价值观正向预测子女的城市现代价值观（$\gamma = 0.25$，$p < 0.05$），表明预测效应显著，在父亲以高情感温暖的教养方式教育子女时，证明父亲的城市现代价值观正向预测子女的城市现代价值观，并存在代际传递效应。为了验证情感温暖的调节效应，将父亲情感温暖×父亲价值观进入模型（$\gamma = 0.19$，$p < 0.05$），证明了父亲情感温暖具有调节效应。

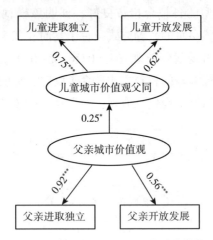

图 3.6　在高情感温暖下父亲城市价值观对儿童城市价值观的代际传递模型

表 3.20　　　　在高情感温暖下父亲城市价值观对儿童城市价值观
代际传递模型的拟合指数

拟合指数	χ^2	df	χ^2/df	GFI	AGFI	NFI	IFI	TLI	CFI	RMSEA
	1.051	1	1.051	0.996	0.962	0.987	0.999	0.996	0.999	0.019

（四）农民工及其子女城乡价值观代际传递机制研究——传输带理论中家庭亲密适应的检验

　　根据传输带理论，良好的家庭亲密适应有利于价值观的代际传递，为了验证家庭亲密适应对价值观代际传递的影响，采用 AMOS19.0 建构结构方程。在价值观代际传递的分析的基础上，如图 3.2 所示父亲对子女城市现代价值观的代际传递模型成立。在图 3.2 基础上，建构父亲对子女城市价值观代际传递中家庭亲密适应为中介变量的模型如图 3.7 所示，由表 3.21 的各拟合指数可知，模型的各拟合指数良好，证明该模型成立。由图 3.7 所示，父亲的城市价值观正向预测儿童的城市价值观（$\gamma = 0.13$，

$p<0.05$），表明预测效应显著，证明父亲的城市价值观对儿童的城市价值
观存在代际传递效应。父亲的城市价值观正向预测家庭亲密适应（$\gamma=0.16$，$p<0.05$），表明预测效应显著；同时家庭亲密适应正向预测儿童的
城市价值观（$\gamma=0.58$，$p<0.001$），表明预测效应显著，上述结果表明家
庭亲密适应在父亲的城市价值观对儿童的城市价值观的代际传递中的中介
作用成立。父亲的城市价值观对儿童的城市价值观的直接效应即父亲的城
市价值观对儿童的城市价值观的路径系数为 0.13，总的效应等于直接效
应加间接效应之和为 0.13+0.16×0.58＝0.2228。间接效应与总效应的比
例为 0.16×0.58/0.2228＝0.417，即父亲的城市价值观对儿童的城市价值
观代际传递的效应有 41.7%是通过家庭亲密适应这一中介变量所起的
作用。

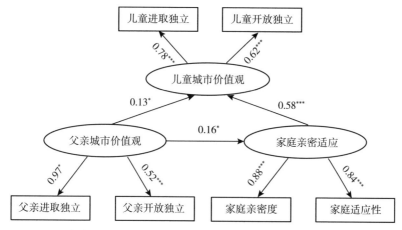

图 3.7　家庭亲密适应在父亲对儿童城市价值观代际传递中的中介作用模型

表 3.21　　　家庭亲密适应在父亲对儿童城市价值观代际传递中的
中介作用模型的拟合指数

拟合指数	χ^2	df	χ^2/df	GFI	AGFI	NFI	IFI	TLI	CFI	RMSEA
	12.931	6	2.155	0.987	0.954	0.975	0.987	0.966	0.986	0.04

五　文化资本对农民工父母及子女城乡价值观的影响

为了检验文化资本对农民工和子女城乡价值的影响，我们采用 A-
MOS19.0 建构结构方程进行检验。分别建构了母亲文化资本对母亲农

村传统价值观影响、儿童文化资本对子女—母亲农村传统价值观影响、
父亲文化资本对父亲农村传统价值观影响、儿童文化资本对子女—父亲
农村传统价值观影响、母亲文化资本对母亲城市现代价值观影响、儿童
文化资本对子女—母亲城市现代价值观影响、父亲文化资本对父亲城市
现代价值观影响、儿童文化资本对子女—父亲城市现代价值观影响的结
构方程模型。除母亲文化资本对母亲农村传统价值观影响模型均拟合指
数不良，即模型不成立外，其余的结构方程模型拟合指数良好，具体结
果如下：

儿童文化资本对子女—母亲农村传统价值观影响模型成立，儿童文化
资本对子女—母亲农村传统价值观影响具有显著预测作用，如图3.8所
示。由表3.22的各拟合指数可知，模型的各拟合指数良好，证明该模型
成立。由图3.8所示，儿童文化资本正向预测子女—母亲农村传统价值观
（γ=0.37，p<0.001），表明预测效应显著，证明儿童文化资本显著正向
预测子女—母亲农村传统价值观。

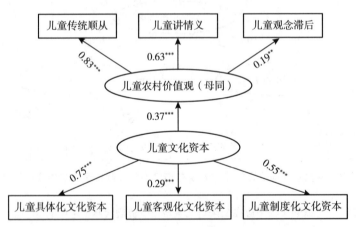

图3.8 儿童文化资本对儿童农村价值观（母同）影响的模型

表3.22 儿童文化资本对儿童农村价值观（母同）影响模型的拟合指数

拟合指数	χ^2	df	χ^2/df	GFI	AGFI	NFI	IFI	TLI	CFI	RMSEA
	16.562	7	2.760	0.982	0.938	0.935	0.958	0.890	0.956	0.035

儿童文化资本对子女—父亲农村传统价值观影响模型成立，儿童文化
资本对子女—父亲农村传统价值观影响具有显著预测作用，如图3.9所

示。由表 3.23 的各拟合指数可知，模型的各拟合指数良好，证明该模型成立。由图 3.9 所示，儿童文化资本正向预测子女—父亲农村传统价值观（γ=0.39，p<0.001），表明预测效应显著，证明儿童文化资本显著正向预测子女—父亲农村传统价值观。

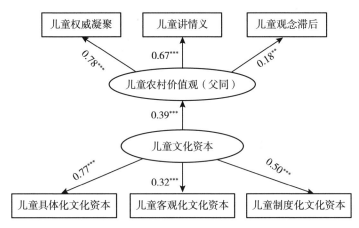

图 3.9　儿童文化资本对儿童农村价值观（父同）影响的模型

表 3.23　　儿童文化资本对儿童农村价值观（父同）影响模型的拟合指数

拟合指数	χ^2	df	χ^2/df	GFI	AGFI	NFI	IFI	TLI	CFI	RMSEA
	25.227	7	3.604	0.975	0.924	0.900	0.926	0.895	0.923	0.041

儿童文化资本对子女—母亲城市现代价值观影响模型成立，儿童文化资本对子女—母亲城市现代价值观影响具有显著预测作用，如图 3.10 所示。由表 3.24 的各拟合指数可知，模型的各拟合指数良好，证明该模型成立。由图 3.10 所示，儿童文化资本正向预测子女—母亲城市现代价值观（γ=0.44，p<0.001），表明预测效应显著，证明儿童文化资本显著正向预测子女—母亲城市现代价值观。

表 3.24　　儿童文化资本对儿童城市价值观（母同）影响模型的拟合指数

拟合指数	χ^2	df	χ^2/df	GFI	AGFI	NFI	IFI	TLI	CFI	RMSEA
	7.277	4	1.819	0.991	0.967	0.953	0.978	0.943	0.977	0.041

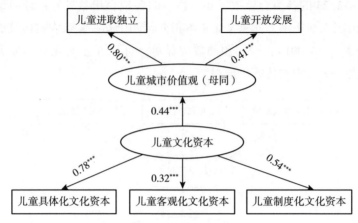

图 3.10　儿童文化资本对儿童城市价值观（母同）影响的模型

　　儿童文化资本对子女—父亲城市现代价值观影响模型成立，儿童文化资本对子女—父亲城市现代价值观影响具有显著预测作用，如图 3.11 所示。由表 3.25 的各拟合指数可知，模型的各拟合指数良好，证明该模型成立。由图 3.11 所示，儿童文化资本正向预测子女—父亲城市现代价值观（$\gamma = 0.43$，$p < 0.001$），表明预测效应显著，证明儿童文化资本显著正向预测子女—父亲城市现代价值观。

表 3.25　儿童文化资本对儿童城市价值观（父同）影响模型的拟合指数

拟合指数	χ^2	df	χ^2/df	GFI	AGFI	NFI	IFI	TLI	CFI	RMSEA
	4.606	4	1.152	0.994	0.978	0.977	0.997	0.992	0.997	0.022

　　父亲文化资本对父亲农村传统价值观影响模型成立，父亲文化资本对父亲农村传统价值观影响具有显著预测作用，如图 3.12 所示。由表 3.26 的各拟合指数可知，模型的各拟合指数良好，证明该模型成立。由图 3.12 所示，父亲文化资本正向预测父亲农村传统价值观（$\gamma = 0.44$，$p < 0.001$），表明预测效应显著，证明父亲文化资本显著正向预测父亲农村传统价值观。

表 3.26　父亲文化资本对父亲农村价值观影响模型的拟合指数

拟合指数	χ^2	df	χ^2/df	GFI	AGFI	NFI	IFI	TLI	CFI	RMSEA
	32.814	8	4.102	0.968	0.917	0.925	0.911	0.899	0.908	0.039

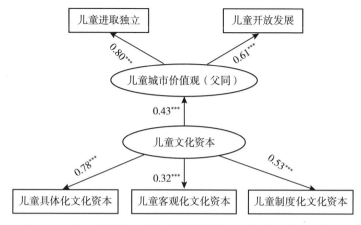

图 3.11　儿童文化资本对儿童城市价值观（父同）影响的模型

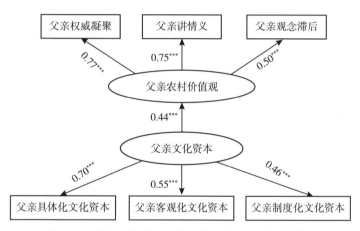

图 3.12　父亲文化资本对父亲农村价值观影响的模型

母亲文化资本对母亲城市现代价值观影响模型成立，母亲文化资本对母亲城市现代价值观影响具有显著预测作用，如图 3.13 所示。由表 3.27 的各拟合指数可知，模型的各拟合指数良好，证明该模型成立。由图 3.13 所示，母亲文化资本正向预测母亲城市现代价值观（$\gamma = 0.42$，$p < 0.001$），表明预测效应显著，证明母亲文化资本显著正向预测母亲城市现代价值观。

表 3.27　母亲文化资本对母亲城市价值观影响模型的拟合指数

拟合指数	χ^2	df	χ^2/df	GFI	AGFI	NFI	IFI	TLI	CFI	RMSEA
	3.556	3	1.185	0.995	0.977	0.980	0.997	0.989	0.997	0.024

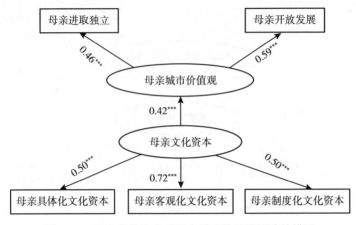

图 3.13 母亲文化资本对母亲城市价值观影响的模型

父亲文化资本对父亲城市现代价值观影响模型成立,父亲文化资本对父亲城市现代价值观影响具有显著预测作用,如图 3.14 所示。由表 3.28 的各拟合指数可知,模型的各拟合指数良好,证明该模型成立。由图 3.14 所示,父亲文化资本正向预测父亲城市现代价值观($\gamma = 0.59$, $p < 0.001$),表明预测效应显著,证明父亲文化资本显著正向预测父亲城市现代价值观。

表 3.28 父亲文化资本对父亲城市价值观影响模型的拟合指数

拟合指数	χ^2	df	χ^2/df	GFI	AGFI	NFI	IFI	TLI	CFI	RMSEA
	25.736	4	6.434	0.968	0.902	0.901	0.915	0.882	0.913	0.031

六 文化资本对农民工父亲及其子女城市价值观代际传递的影响

在上述分析中,我们发现图 3.2 验证了农民工父亲对其子女的城市价值观存在代际传递效应,再从文化资本对农民工及其子女城乡价值观的影响中发现,如图 3.14 表明,父亲文化资本对父亲的城市价值观有显著影响,如图 3.11 表明,儿童文化资本对儿童城市价值观(与父同)有显著影响。为了进一步检验父亲、儿童文化资本在农民工父亲对其子女城市价值观代际传递中的作用,我们采用 AMOS19.0 建构结构方程进行检验。具体分析结果如下:

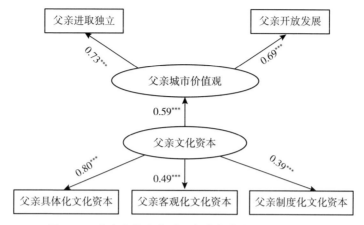

图 3.14 父亲文化资本对父亲城市价值观影响的模型

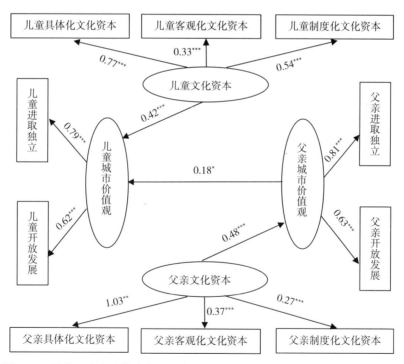

图 3.15 父亲、儿童文化资本对父亲及其子女城市价值观代际传递影响的模型

父亲、儿童文化资本在农民工父亲对其子女城市价值观代际传递中的影响模型成立,如图 3.15 所示。由表 3.29 的各拟合指数可知,模型的各拟合指数良好,证明该模型成立。由图 3.15 所示,父亲文化资本正向预测父亲城市现代价值观($\gamma=0.48$,$p<0.001$),表明预测效应显著,证明

父亲文化资本显著正向预测父亲城市现代价值观；儿童文化资本正向预测儿童城市现代价值观（与父同）（$\gamma = 0.42$，$p < 0.001$），表明预测效应显著，证明儿童文化资本显著正向预测儿童城市现代价值观（与父同）；父亲城市价值观正向预测儿童城市现代价值观（与父同）（$\gamma = 0.18$，$p < 0.05$），表明预测效应显著，证明父亲城市价值观显著正向预测儿童城市现代价值观（与父同），父亲城市价值观对其子女城市价值观（与父同）具有代际传递效应，而且父亲对子女城市价值观的代际传递受文化资本的影响。

表3.29　父亲、儿童文化资本对父亲及其子女城市价值观代际传递影响模型的拟合指数

拟合指数	χ^2	df	χ^2/df	GFI	AGFI	NFI	IFI	TLI	CFI	RMSEA
	51.698	31	1.668	0.968	0.943	0.898	0.957	0.935	0.955	0.046

第四节　讨论与结论

一　农民工及其子女城乡价值观的现状分析

首先分析儿童城乡价值观是否受到性别、年级、父母受教育程度、家庭收入的影响。通过独立样本 t 检验或 F 方差分析检验的统计分析发现，儿童农村价值观观念滞后（与父同）、儿童农村价值观观念滞后（与母同）受性别影响，男生显著高于女生。儿童城乡价值观其余维度在性别上的差异不显著。从性别差异来看，儿童城乡价值观除观念滞后一个维度上出现性别差异外，其他维度均无性别差异，说明儿童城乡价值观总体上性别差异较小。男性的观念滞后显著高于女生，根据性别模式理论（Bem，1985），人们在幼年时期学习并内化了社会对男性和女性的文化定义。当父母和孩子的性别都被考虑到时，性别的影响常常被表达出来（Maccoby，1990；McHale，Crouter & Whiteman，2003）。关于性别对孩子的价值观产生影响，最主要的理论是社会化的性别角色模式（Acock & BengtSon，1978；vollebergh，Iedema & Raaijmaker，1999）。由于性别社会化的因素，农民工子女中的男孩更多地习得了观念滞后的传统观念，这些观念对保持男性的优势地位有积极作用，但随父母来到城市生活的女孩并不愿意认同这些观念，因此男孩在观念滞后上显著高于女孩。

与第二章一样，我们将年级作为儿童自身的制度化文化资本，家庭收入作为客观化家庭文化资本，分析这两个因素对农民工子女城乡价值观的影响，具体结果如下：年级差异的分析发现，三年级的儿童城市价值观开放发展（与母同）得分显著高于五年级的儿童城市价值观开放发展（与母同）得分；六年级的儿童农村价值观讲情义（与父同）得分显著高于四年级的儿童农村价值观讲情义（与父同）得分；三年级的儿童农村价值观观念滞后（与父同）得分显著高于四、五、六年级的儿童农村价值观观念滞后（与父同）得分；三年级的儿童农村价值观观念滞后（与母同）得分显著高于四、五、六年级的儿童农村价值观观念滞后（与母同）得分。而儿童城乡价值观其余维度均不受年级的影响。家庭收入的差异分析发现，家庭月收入为 6000—10000 元的儿童城市价值观开放发展（与母同）得分高于家庭月收入为 6000 元以下的儿童城市价值观开放发展（与母同）得分。而儿童城乡价值观其余维度均不受家庭月收入的影响。儿童城乡价值观各维度均不受父亲、母亲受教育程度的影响。从上面的结果可以发现，儿童农村传统价值观中的观念滞后随着儿童制度文化资本的积累而降低，因此出现了三年级显著高于其他年级。儿童讲情义的价值观随着儿童制度化文化资本的积累而提升，因此出现了六年级显著高于四年级。家庭收入这一客观化家庭文化资本对儿童城市价值观中的开放发展（与母同）产生显著影响，高家庭客观化文化资本的儿童城市开放发展（与母同）的价值观也较高。

与第二章一样，将父母的受教育程度作为父母的制度化文化资本，分析农民工的城乡价值观是否受到自身制度化文化资本的影响，具体结果如下：父亲受教育程度为高中及以上的父亲农村价值观讲情义得分高于父亲受教育程度为初中的父亲农村价值观讲情义得分。父母城乡价值观其他维度均不受父亲受教育程度影响。母亲受教育程度为高中及以上的父亲城市价值观开放发展得分高于母亲受教育程度为初中及以下的父亲城市价值观开放发展得分；母亲受教育程度为初中及以上的母亲城市价值观开放发展得分高于母亲受教育程度为小学及以下的母亲城市价值观开放发展得分。父母价值观其他维度均不受母亲受教育程度影响。父母城乡价值观不受家庭收入情况的影响。由上面的分析发现，父亲农村价值观中的讲情义受到自身制度化文化资本的影响，父母的城市价值观开放发展受到母亲制度化文化资本的影响，且总体趋势是文化资本越高，两项价值观的水平越高。因此，制度化文化资本对父母的城乡价值观产生了影响。在后面讨论的六、七中，再深入全面地探析文化资本对农民工及其子女城乡价值观的影响。

二 农民工父母与其子女城乡价值观的对比分析

为了探析农民工父母与其子女城乡价值观的一致性和差异性，我们采用父子配对样本 t 检验，结果发现共计有 5 组配对数据，其中仅 1 组配对数据差异显著。即父亲传统价值观中的父亲权威凝聚的平均值显著高于子女权威凝聚的平均值，父亲与子女其余价值观各维度均无显著差异。母子配对样本 t 检验结果发现，共计有 5 组配对数据，其中仅 2 组配对数据差异显著。即母亲传统顺从的平均值显著高于子女传统顺从的平均值；母亲开放发展的平均值显著低于子女开放发展的平均值，母亲与子女其余价值观各维度均无显著差异。

从上面的分析中发现，父母城乡价值观与子女城乡价值观的一致性高于差异性，在 10 项检验中，仅有 3 项差异显著，7 项表现出一致性，这支持了已经研究证明的父母与孩子之间价值观的相似性（Schönpflug，2001）。在亲子价值观差异性上，主要体现在父母农村传统价值观与子女传统价值观上，而且是父亲与母亲独特的农村传统价值观上，即父亲的权威凝聚和母亲的传统顺从均高于子女的相应的价值观。这一特点可能的原因在于，父母的社会化过程主要在农村，他们深受农村性别文化价值观的影响，父亲更多地被认为在家庭中具有权威，而女性在家庭中更多地要遵从传统和丈夫的权威，从而导致了父母在农村传统价值观上的差异和独特性。但其子女社会化的主要环境在城市，农村传统的性别观念影响力变弱，而性别平等观念的影响增强，从而表现出父母在此两项农村传统价值观上高于其子女相应的价值观。以上分析表明农民工与子女城乡价值观的一致性更高，为了进一步验证农民工对其子女城乡价值观代际传递的情况，进行如下检验。

三 农民工对其子女城乡价值观的代际传递

为了检验父母对其子女农村传统和城市现代价值观是否存在代际传递

效应，采用 AMOS19.0 建构了四个结构方程模型分别是：父亲对子女农村传统价值观代际传递模型、父亲对子女城市现代价值观代际传递模型、母亲对子女农村传统价值观代际传递模型、母亲对子女城市现代价值观代际传递模型，数据结果表明：仅有父亲对子女城市现代价值观代际传递模型成立，表 3.12 的各拟合指数良好。父亲的城市现代价值观对其子女的城市现代价值观具有显著预测作用（$\gamma = 0.19$，$p < 0.01$），如图 3.2 所示，表明父亲的城市现代价值观对其子女的城市现代价值观存在代际传递效应。其余三个模型均无显著的预测效应，且拟合指数不良。

在价值观代际传递中有一种"传真模式"的说法，父母的社会化价值观（他们希望孩子认可的价值观）与他们的个人价值观密切相关（Whitbeck & Gecas，1988）。在一项研究，这种相关性超过了 0.70（Knafo & Schwartz，2001）。显然，父母希望孩子获得他们个人认可的价值观，他们的孩子在某种程度上也内化了这些价值观。上述价值观代际传递的观点可以被描述为"传真模式"，因为它暗示父母希望将自己的价值观像副本一样完整地传递给孩子，这些价值观可能是他们自己社会化历史的产物。但结果并未支持"传真模式"。

原因可能在于父母并不总是认为孩子完全接受自己的价值观是必要的。有时，父母甚至想把自己的价值观与社会化价值观区分开来，以帮助他们的孩子适应社会。总而言之，单单是父母的个人价值观不能完全解释价值观是如何代际传递的（Knafo & Schwartz，2001）。由此推测，父母虽然更认可某些农村价值观（如表 3.9、表 3.10 中父亲的权威凝聚和母亲的传统顺从均高于其子女），但均未出现代际传递现象，这正说明他们自己认可的价值观并一定希望传递给孩子。哪些机制会影响农民工及其子女城乡价值观的代际传递？下面的讨论中将继续探析。

四　农民工对其子女城乡价值观的代际传递——过滤器理论的检验

在城乡价值观代际传递的研究发现，只有父亲城市现代价值观对子女的城市现代价值观起到代际传递效应，而农村的价值观没有发现代际传递效应。母亲的城乡价值观对子女均未出现代际传递效应。为了进一步探析价值观代际传递的内在机制，根据价值观代际传递的过滤器理论，这一机制取决于传输过程中固有的三个主要组成部分：传递者、传输内容和接收者（Phalet & Schönpflug，2001b）。传递者父母对各种价值观的传递动机如何，接收者子女对价值观的接受性如何，同时影响着价值观是否代际传递。下面分别从父母在城市—乡村价值观重要性评分的对比分析来看，父母在城乡价值观上对子女的传递动机的强弱；从子女在城市—乡村价值观接受性评分的对比分析来看子女的接受水平。

父亲对城市—农村价值观重要性评分的配对样本 t 检验的结果表明，6 对城乡价值观重要性评分均差异显著。总体而言，父亲更看重城市价值观，对进取独立的重要性评分最好，其次是农村价值观中的权威凝聚和讲情义，再次是城市价值观中的开放发展，重要性最低的是乡村价值观中的观念滞后。母亲对城市—农村价值观重要性评分的配对样本 t 检验的结果表明，5 对城乡价值观重要性评分均差异显著。总体而言，母亲更看重城市价值观的进取独立和乡村价值观中讲情义的重要性评分最高，其次是乡村价值观中的传统顺从，再次是城市价值观中的开放发展，重要性最低的是乡村价值观中的观念滞后。

儿童对城市—农村价值观（与父亲相同）接受性评分的配对样本 t 检验的结果表明，3 对城乡价值观接受性评分均差异显著。总体而言，儿童对城市价值观中的进取独立和农村价值观中的讲情义和权威凝聚接受性评分最高，其次是城市价值观中的开放发展和农村价值观中的观念滞后。儿童对城市—农村价值观（与母亲相同）接受性评分的配对样本 t 检验的结果表明，3 对城乡价值观接受性评分均差异显著。总体而言，儿童对城市价值观中的进取独立和农村价值观中的讲情义和传统顺从接受性最高，其次是城市价值观中的开放发展和乡村价值观中的观念滞后。

根据过滤器理论，就传递者而言，大多数研究人员会毫不犹豫地说，父母自动启动了传递过程，除非父母后代关系发生了某些语境上或路径上的中断，或者传递者或接收者的个性发生了变化（Tomasello，Kruger & Ratner，1993）。本研究发现，无论是父亲还是母亲，虽然他们对城市价值观中的进取独立都评价最高，但父亲对权威凝聚、讲情义和母亲对讲情义和传统顺从的评价也较高。而代际传递的结果证明，仅有父亲对子女的城市现代价值观得到代际传递，而父母的农村价值观都未得到传递。原因是从传递者的角度，父母传递的动机可能不同，在移民的情境下，他们可能认为自己原有的价值观和社会经验不利于子女适应新的文化环境，因此传递动机的强度可能减弱（Phalet & Schönpflug，2001b）。即农民工父母虽然自己认为讲情义、权威凝聚或传统顺从比较重要，但觉得子女在城市生活中，如果习得这些价值观，不利于适应城市文化，进而降低了他们传递农村传统价值观的动机。

构成修正的过滤器模型的第二个重要变量是孩子对父母影响的接受程度。从子女的接受度来看，评分最高的是城市价值观进取独立，但对农村价值观讲情义、父亲的权威凝聚和母亲的传统顺从评分也较高。而代际传递的结果证明，仅有父亲对子女的城市现代价值观得到代际传递，而父母的农村价值观都未得到传递。这也可以从传递者和接收者的匹配来解释，父母有强烈动机传递特定价值观的家庭，以及孩子高度接受父母既定价值观的影响，这一类型应该有最高的传递速率（Phalet & Schönpflug，2001b）。由于父母为了子女更好地适应城市文化，对城市价值观传递的动力最大，子女的接受度也最高，因此，城市价值观得到了代际传递。

由此可见，在价值观代际传递中，起决定作用的是传递的内容，按照过滤器模型假设，对于传递强度来说，最重要的似乎是父母传递特定价值观或社会取向的动机。传递的动机越高，就越有可能将价值观成功地从父母传递给后代（Phalet & Schönpflug，2001b）。本章结果也验证了这一假设，尽管父母和子女对农村价值观均有较高的传递动机和接收意愿，但在从农村进入城市的特殊环境下，还是城市价值观得到了代际传递，价值观内容的影响大于父母传递动机和子女接受意愿的影响。

五　农民工对其子女城乡价值观的代际传递——传输带理论的检验

上述研究发现，父亲城市现代价值观对子女的城市现代价值观起到传递效应，根据过滤器理论的验证发现，传递者的传递动机和接收者的接受意愿的影响均低于传递内容的影响。但根据传输带理论，性别、父母教养方式、家庭关系均会影响价值观的代际传递，这些因素如何影响农民工对其子女城乡价值观的代际传递，国内尚无农民工对其子女价值观代际传递内在机制——传输带理论的验证研究，本章继续验证传输带理论。

一般来说，所谓的"传输带"是指价值观代际传递的传输手段（Schönpflug，1999），即价值观从父母到孩子传递过程中调解和加强的设备，主要包括性别、父母教养方式、父母的教育目标、积极的家庭关系。

（一）农民工对其子女城乡价值观的代际传递——传输带理论中性别因素的检验

为了检验传输带理论中的性别因素对农民工及其子女城乡价值观代际

传递的影响，我们采用 AMOS19.0 建构结构方程进行进一步的检验。分别建构了母亲对男孩农村传统价值观代际传递、母亲对女孩农村传统价值观代际传递、母亲对男孩城市现代价值观代际传递、母亲对女孩城市现代价值观代际传递、父亲对男孩农村传统价值观代际传递、父亲对女孩农村传统价值观代际传递的结构方程模型，上述模型均拟合指数不良，即模型不成立。但父亲对男孩城市现代价值观代际传递、父亲对女孩城市现代价值观代际传递的结构方程模型拟合指数良好。具体结果如下。

父亲对男孩城市现代价值观代际传递模型成立，父亲的城市现代价值观对男孩的城市现代价值观具有显著预测作用，如图 3.3 所示。由表 3.17 的各拟合指数可知，模型的各拟合指数良好，证明该模型成立。由图 3.3 所示，父亲的城市现代价值观正向预测男孩的城市现代价值观（$\gamma = 0.24$，$p < 0.05$），表明预测效应显著，证明父亲的城市现代价值观正向预测男孩的城市现代价值观，即父亲的城市现代价值观对男孩的城市现代价值观存在代际传递效应。

父亲对女孩城市现代价值观代际传递模型成立，父亲的城市现代价值观对女孩的城市现代价值观具有显著预测作用，如图 3.4 所示。由表 3.18 的各拟合指数可知，模型的各拟合指数良好，证明该模型成立。由图 3.4 所示，父亲的城市现代价值观正向预测女孩的城市现代价值观（$\gamma = 0.19$，$p < 0.05$），表明预测效应显著，证明父亲的城市现代价值观正向预测女孩的城市现代价值观，即父亲的城市现代价值观对女孩的城市现代价值观存在代际传递效应。

根据性别模式理论（Bem，1985），人们在幼年时期学习并内化了社会对男性和女性的文化定义。当父母和孩子的性别都被考虑到时，性别的影响常常被表达出来（Maccoby，1990；McHale，Crouter & Whiteman，2003）。关于性别对父母和孩子之间价值观传递中的影响，最主要的理论是社会化的性别角色模式，它强调父亲将他们的价值主要传递给儿子，而母亲则主要传递给女儿（Acock & BengtSon，1978；vollebergh，Iedema & Raaijmaker，1999）。因此，与跨性别组合相比，父母对子女的价值传递预计更多地会在同性组合中发生。与此相一致，青春期的男孩和女孩似乎比他们的异性父母更认同他们的同性父母（Starrel，1994）。Schönpflug（2001）发现父亲和儿子的集体主义价值观之间存在正相关。Boehnke 等人（2007）提出，权力和成就的价值观将在父亲和儿子之间更紧密地联系在一起，而照顾家庭的价值观将在母亲和女儿之间更紧密地联系在一起。研究发现，父亲将他们对工作职责的评价传递给下一代。这一发现与德国样本中关于工作重要性的父亲—青少年传播是一致的（Pinquart & Silbereisen，2004）。父亲在工作上的"专业知识"可能是这些发现的基础（Pinquart & Silbereisen，2004）。无论在分离的家庭还是有组织的和灵活的家庭中，父亲都影响孩子工作职责方面的价值观。因此，不管家庭环境如何，父亲似乎是青少年晚期和刚成年的人在工作意见方面的榜样。这一发现强调了父亲在家庭中发挥的工具性作用。

尽管有研究支持了性别角色模型理论，但在一项涉及土耳其和摩洛哥移民家庭的研究中，Phalet 和 Schönpflug（2001）发现父母的集体主义价值观与其子女的集体主义价值观之间存在积极的联系，但与个人主义价值观之间没有显著的联系。Looker 和 Pineo（1983）发现青少年和他们父母的价值观之间没有显著的联系（特别是自我导向和从众）。母亲和父亲不一定平等地传递所有基本的人类价值观，他们的传递具有选择性，倾向传递自己的价值偏好，同时也倾向传递那些在文化中被认为与自己的性别相关的价值观（Boehnke et al.，2007）。研究人员还提出另一个重要问题，即父母对孩子的价值观传递可能发生在同性或异性之间。在更传统的情况下，这种差异可能特别重要，因为在这些情况下，特定领域的性别隔离很常见。关于性别的影响，现有文献尚无定论（Friedlmeier & Tromsdorff，2011）。Farre 和 Vella（2013）引用了母亲对女性劳动力参与的态度对其子女态度的显著影响，包括儿子和女儿。

本研究结果并没有支持性别模式理论，而是发现父亲的城市现代价值观对男孩和女孩的城市现代价值观均存在代际传递效应。在农民工对其子女城乡价值观的代际传递上，反映了价值观内容的影响效应大于性别的影响效应。

（二）农民工对其子女城乡价值观的代际传递——传输带理论中情感温暖教养方式的检验

为了检验传输带理论中的情感温暖教养方式对农民工及其子女城乡价值观代际传递的影响，我们采用 AMOS19.0 建构结构方程进行进一步的检验。分别建构了母亲对子女农村传统价值观代际传递（母亲高情感温暖）、母亲对子女农村传统价值观代际传递（母亲低情感温暖）、母亲对子女城市现代价值观代际传递（母亲高情感温暖）、母亲对子女城市现代价值观代际传递（母亲低情感温暖）、父亲对子女农村传统价值观代际传递（父亲高情感温暖）、父亲对子女农村传统价值观代际传递（父亲低情感温暖）的结构方程模型，上述模型均拟合指数不良，即模型不成立。但父亲对子女城市现代价值观代际传递（父亲高情感温暖）、父亲对子女城市现代价值观代际传递（父亲低情感温暖）的结构方程模型拟合指数良好。具体结果如下：

父亲对子女城市现代价值观代际传递（父亲低情感温暖）模型成立，在父亲以低情感温暖的教养方式教育子女时，父亲的城市现代价值观对子女的城市现代价值观具有显著预测作用，如图 3.5 所示。由表 3.19 的各拟合指数可知，模型的各拟合指数良好，证明该模型成立。由图 3.5 所示，在父亲以低情感温暖的教养方式教育子女时，父亲的城市现代价值观正向预测子女的城市现代价值观（$\gamma = 0.16$，$p < 0.05$），表明预测效应显著，在父亲以低情感温暖的教养方式教育子女时，证明父亲的城市现代价值观对子女的城市现代价值观存在代际传递效应。

父亲对子女城市现代价值观代际传递（父亲高情感温暖）模型成立，在父亲以高情感温暖的教养方式教育子女时，父亲的城市现代价值观对子女的城市现代价值观具有显著预测作用，如图 3.6 所示。由表 3.20 的各拟合指数可知，模型的各拟合指数良好，证明该模型成立。由图 3.6 所示，在父亲以高情感温暖的教养方式教育子女时，父亲的城市现代价值观正向预测子女的城市现代价值观（$\gamma = 0.25$，$p < 0.05$），表明预测效应显著，在父亲以高情感温暖的教养方式教育子女时，证明父亲的城市现代价值观对子女的城市现代价值观存在代际传递效应。

根据对德国和土耳其青少年的研究结果，Schönpflug（2001）认为父母教养方式是一种形式的"传输带"，可以加强父母向子女传递价值观。他们认为，孩子成长所处的家庭环境可能会影响家庭内部的沟通，并在积极的情况下促进价值观代际传递。当父母支持子女、家庭内部的互动温暖而深情时，亲子更有可能分享共同的价值观（Friedlmeier & Trommsdorff，2011；Schönpflug，2001）。有些类型的教养方式是有效的传送带，而另一些则会阻止价值观的代际传递（Van Ijzendoorn，1992）。在父母和孩子之间创造积极的情感互动的教养方式最有可能促进价值观的传递，即移情式的教育方式。严格的专制式教育方式可能会疏远父母和孩子，从而减少价值观传递的机会。本研究结果也部分支持了情感温暖的教养方式增强了价值观的代际传递，尽管在父亲以高、低情感温暖的教养方式教育子女时，均证明父亲的城市现代价值观对子女的城市现代价值观存在代际传递效应。但在高情感温暖的教养方式下，如图3.6所示，父亲的城市现代价值观正向预测子女的城市现代价值观的路径系统为（$\gamma = 0.25$，$p < 0.05$）；在低情感温暖的教养方式下，如图3.5所示，父亲的城市现代价值观正向预测子女的城市现代价值观的路径系统为（$\gamma = 0.16$，$p < 0.05$）。由此说明，在高情感温暖的教养方式下，父亲的城市现代价值观对子女的城市现代价值观存在代际传递效应更强。

（三）农民工对其子女城乡价值观的代际传递——传输带理论中家庭亲密适应的检验

根据传输带理论，良好的家庭亲密适应有利于价值观的代际传递，为了验证家庭亲密适应对价值观代际传递的影响，采用AMOS19.0建构结构方程。在价值观代际传递分析的基础上，如图3.2所示父亲对子女城市现代价值观代际传递模型成立。在图3.2的基础上，建构父亲对子女现代价值观代际传递中家庭亲密适应为中介变量的模型如图3.7所示，由表3.21的各拟合指数可知，模型的各拟合指数良好，证明该模型成立。由图3.7所示，父亲的城市价值观正向预测儿童的城市价值观（$\gamma = 0.13$，$p < 0.05$），表明预测效应显著，证明父亲的城市价值观对儿童的城市价值观存在代际传递效应。父亲的城市价值观正向预测家庭亲密适应（$\gamma = 0.16$，$p < 0.05$），表明预测效应显著；同时家庭亲密适应正向预测儿童的城市价值观（$\gamma = 0.58$，$p < 0.001$），表明预测效应显著，上述结果表明家庭亲密适应在父亲的城市价值观对儿童的城市价值观的代际传递中的中介作用成立。父亲的城市价值观对儿童的城市价值观的直接效应即父亲的城市价值观对儿童的城市价值观的路径系数为0.13，总的效应等于直接效应加间接效应之和为 $0.13 + 0.16 \times 0.58 = 0.2228$。间接效应与总效应的比例为 $0.16 \times 0.58 / 0.2228 = 0.417$，即父亲的城市价值观对儿童的城市价值观代际传递的效应有41.7%是通过家庭亲密适应这一中介变量所起的作用。

已有研究表明，家庭的情感基调可能会影响孩子对父母价值观的接受度（Taylor et al., 2004）。在促进联系的文化（如亚洲文化）中反映出父母向子女传递的价值观更多（Asakawa & Csikszentmihalyi, 2000）。家庭适应性是指家庭在应对情境压力时，权力结构、角色关系和规则发生变化的趋势。家庭凝聚力是指家庭内部的情感纽带，是指家庭成员之间离不开彼此、共同做出决定的程度。除了 White（1996，2000）的发现，还有其他证据表明，家庭适应性和凝聚力更一致时，父母对孩子的价值观传递程度更高（Grusec & Goodnow，1994；Knafo & Schwartz，2003）。上述研究均表明，良好的家庭亲密适应和家庭氛围，有利于价值观的代际传递。由此证明了家庭亲密适应在农民工父亲对其子女城市价值观的代际传递中起到中介作用，父亲的城市价值观对儿童的城市价值观代际传递的效应中，直接效应为58.3%，通过家庭亲密适应这一中介变量进行代际传递的效应为41.7%。

六　文化资本对农民工父母及子女城乡价值观的影响

为了检验文化资本对农民工和子女城乡价值的影响，我们采用 A-MOS19.0 建构结构方程进行检验。分别建构了母亲文化资本对母亲农村传统价值观影响、儿童文化资本对子女—母亲农村传统价值观影响、父亲文化资本对父亲农村传统价值观影响、儿童文化资本对子女—父亲农村传统价值观影响、母亲文化资本对母亲城市现代价值观影响、儿童文化资本对子女—母亲城市现代价值观影响、父亲文化资本对父亲城市现代价值观影响、儿童文化资本对子女—父亲城市现代价值观影响的结构方程模型。除母亲文化资本对母亲农村传统价值观影响模型均拟合指数不良，即模型不成立外，其余的结构方程模型拟合指数良好，具体结果如下：

儿童文化资本对子女—母亲农村传统价值观影响模型成立，儿童文化资本对子女—母亲农村传统价值观影响具有显著预测作用，如图 3.8 所示。由表 3.22 的各拟合指数可知，模型的各拟合指数良好，证明该模型成立。由图 3.8 所示，儿童文化资本正向预测子女—母亲农村传统价值观（$\gamma = 0.37$，$p < 0.001$），表明预测效应显著，证明儿童文化资本显著正向预测子女—母亲农村传统价值观。

儿童文化资本对子女—父亲农村传统价值观影响模型成立，儿童文化资本对子女—父亲农村传统价值观影响具有显著预测作用，如图 3.9 所示。由表 3.23 的各拟合指数可知，模型的各拟合指数良好，证明该模型成立。由图 3.9 所示，儿童文化资本正向预测子女—父亲农村传统价值观（$\gamma = 0.39$，$p < 0.001$），表明预测效应显著，证明儿童文化资本显著正向预测子女—父亲农村传统价值观。

　　儿童文化资本对子女—母亲城市现代价值观影响模型成立，儿童文化资本对子女—母亲城市现代价值观影响具有显著预测作用，如图 3.10 所示。由表 3.24 的各拟合指数可知，模型的各拟合指数良好，证明该模型成立。由图 3.10 所示，儿童文化资本正向预测子女—母亲城市现代价值观（γ=0.44，p<0.001），表明预测效应显著，证明儿童文化资本显著正向预测子女—母亲城市现代价值观。

　　儿童文化资本对子女—父亲城市现代价值观影响模型成立，儿童文化资本对子女—父亲城市现代价值观影响具有显著预测作用，如图 3.11 所示。由表 3.25 的各拟合指数可知，模型的各拟合指数良好，证明该模型成立。由图 3.11 所示，儿童文化资本正向预测子女—父亲城市现代价值观（γ=0.43，p<0.001），表明预测效应显著，证明儿童文化资本显著正向预测子女—父亲城市现代价值观。

　　父亲文化资本对父亲农村传统价值观影响模型成立，父亲文化资本对父亲农村传统价值观影响具有显著预测作用，如图 3.12 所示。由表 3.26 的各拟合指数可知，模型的各拟合指数良好，证明该模型成立。由图 3.12 所示，父亲文化资本正向预测父亲农村传统价值观（γ=0.44，p<0.001），表明预测效应显著，证明父亲文化资本显著正向预测父亲农村传统价值观。

　　母亲文化资本对母亲城市现代价值观影响模型成立，母亲文化资本对母亲城市现代价值观影响具有显著预测作用，如图 3.13 所示。由表 3.27 的各拟合指数可知，模型的各拟合指数良好，证明该模型成立。由图 3.13 所示，母亲文化资本正向预测母亲城市现代价值观（γ=0.42，p<0.001），表明预测效应显著，证明母亲文化资本显著正向预测母亲城市现代价值观。

　　父亲文化资本对父亲城市现代价值观影响模型成立，父亲文化资本对父亲城市现代价值观影响具有显著预测作用，如图 3.14 所示。由表 3.28 的各拟合指数可知，模型的各拟合指数良好，证明该模型成立。由图 3.14 所示，父亲文化资本正向预测父亲城市现代价值观（γ=0.59，p<0.001），表明预测效应显著，证明父亲文化资本显著正向预测父亲城市现代价值观。

　　上述 7 个模型的结果表明，儿童文化资本对儿童城乡价值观（与父同和与母同）均有显著正向预测作用，父亲文化资本对父亲城乡价值观均有显著正向预测作用，母亲文化资本对母亲城市价值观均有显著正向预测作用。尽管我们的研究发现了文化资本对农民工及其子女的城乡价值观均有显著影响，但在国内外的文献梳理并没有发现文化资本如何影响价值观的直接研究，从社会分层对价值观的影响可以得到间接证明。由于文化资本与社会资本和经济资本可以相互转化，而且一般而言，高社会阶层的文化资本水平相对也高。已有的研究证明了社会分层对价值观会有显著影响，对父母价值观会产生显著影响（Dalton，1982；Rosenberg & Pearlin，1978）。研究表明，美国父亲（Kohn & Schoenbach，1983）、美国母亲（Kohn，1976）和波兰父亲（Slomezynsm et al.，1981）自身的社会分层地位影响着他们的价值观。而且，美国和波兰的研究结果基本相似：社会分层地位极大地影响青少年的价值观（Markowska，1975），社会分层不仅影响成年人自己的价值观，也影响他们孩子的价值观和他们孩子的教育自我导向的机会。因此，父母的社会分层地位影响孩子的价值观，不仅通过价值观从父母传递给孩子，也通过其影响孩子的教育自我导向来影响孩子的价值观（Kohn，Slomczynski，Schoenbach，1986）。上述文献可以解释儿童文化资本、父亲文化资本对其城乡价值观的显著影响，也可以解释母亲文化资本对其城市价值观的显著影响。

七　文化资本在农民工父亲对其子女城市价值观代际传递中的影响

父亲、儿童文化资本在农民工父亲对其子女城市价值观代际传递中的影响模型成立，如图 3.15 所示。由表 3.29 的各拟合指数可知，模型的各拟合指数良好，证明该模型成立。由图 3.15 所示，父亲文化资本正向预测父亲城市现代价值观（$\gamma=0.48$，$p<0.001$），表明预测效应显著，证明父亲文化资本显著正向预测父亲城市现代价值观；儿童文化资本正向预测儿童城市现代价值观（与父同）（$\gamma=0.42$，$p<0.001$），表明预测效应显著，证明儿童文化资本显著正向预测儿童城市现代价值观（与父同）；父亲城市价值观正向预测儿童城市现代价值观（与父同）（$\gamma=0.18$，$p<0.05$），表明预测效应显著，证明父亲城市价值观显著正向预测儿童城市现代价值观（与父同），父亲城市价值观对其子女城市价值观（与父同）具有代际传递效应，而且父亲对子女城市价值观的代际传递受文化资本的影响。

上述结果同样可以通过社会分层对亲子价值观共同的影响作用来解

释。社会分层对父母价值观产生显著影响（Dalton，1982；Rosenberg & Pearlin，1978）。研究表明，美国父亲（Kohn & Schoenbach，1983）、美国母亲（Kohn，1976）和波兰父亲（Slomezynsm et al.，1981）自身的社会分层地位影响着他们的价值观。而且，美国和波兰的研究结果基本相似：社会分层地位也极大地影响青少年的价值观（Markowska，1975），社会分层不仅影响成年人自己的价值观，也影响他们的孩子的价值观。因此，父母的社会分层地位影响孩子的价值观，不仅通过价值观从父母传递给孩子，也通过其影响孩子的教育自我导向进而影响孩子的价值观（Kohn，Slomczynski，Schoenbach，1986）。波兰和美国一样，社会分层对子女的价值观都有相当大的影响，这种影响在很大程度上是由于社会分层对父母价值观的影响造成的。美国模式显示，父亲的价值观在这一过程中具有相当重要的作用，而波兰模式则显示，母亲的价值观占主导地位。但是，对美国和波兰来说，社会分层的地位主要通过父母的价值观对青少年和年轻成年子女的价值观产生了深刻影响（Kohn，Slomczynski，Schoenbach，1986）。上述文献可以解释父母的文化资本对其自身的价值观会有显著影响，即在本研究中父亲的文化资本显著影响了父亲城市的价值观，而且也可以解释，父亲的高文化资本对其子女的价值观也会有积极影响。另外，由于文化资本具有极强的代际传递效应，父亲的高文化资本，其子女也会有较高的文化资本，子女自身的高文化资本也会显著影响其价值观，这已在前面的研究中证明了。因此，父亲对子女城市价值观的代际传递受父亲和儿童文化资本的共同影响。

八　研究结论

（一）农民工及其子女城乡价值观的现状

儿童农村价值观观念滞后（与父同）、儿童农村价值观观念滞后（与母同）受性别影响，男生显著高于女生。儿童农村传统价值观中的观念滞后随着儿童制度文化资本的积累而降低，因此出现了三年级显著高于其他年级。儿童讲情义的价值观随着儿童制度化文化资本的积累而提升，因此出现了六年级显著高于四年级。家庭收入这一客观化家庭文化资本对儿童城市价值观中的开放发展（与母同）产生显著影响，较高家庭客观化文化资本的儿童城市开放发展（与母同）的价值观也较高。

父亲农村价值观中的讲情义受到自身制度化文化资本的影响，父母的城市价值观开放发展受到母亲制度化文化资本的影响，且总体趋势是文化资本越高，两项价值观的水平越高。

(二) 农民工父母与其子女城乡价值观的对比分析

父亲权威凝聚的平均值显著高于子女权威凝聚的平均值，父亲与子女其余价值观各维度均无显著差异。母亲传统顺从的平均值显著高于子女传统顺从的平均值；母亲开放发展的平均值显著低于子女开放发展的平均值，母亲与子女其余价值观各维度均无显著差异。

(三) 农民工对其子女城乡价值观的代际传递及其机制

父亲的城市现代价值观对其子女的城市现代价值观存在代际传递效应。但其余父亲对子女农村传统价值观和母亲对子女城乡价值观三个模型均不成立。

1. 农民工对其子女城乡价值观的代际传递——过滤器理论的检验

父亲更看重城市价值观，对进取独立的重要性评分最好，其次是农村价值观中的权威凝聚和讲情义，再次是城市价值观中的开放发展，重要性最低的是乡村价值观中的观念滞后。母亲更看重城市价值观的进取独立和乡村价值观中的讲情义的重要性评分最高，其次是乡村价值观中的传统顺从，再次是城市价值观中的开放发展，重要性最低的是乡村价值观中的观念滞后。

儿童对城市价值观（与父同）中的进取独立和农村价值观（与父同）中的讲情义和权威凝聚接受性评分最高，其次是城市价值观中的开放发展（与父同）和农村价值观中的观念滞后（与父同）。儿童对城市价值观（与母同）中的进取独立和农村价值观（与母同）中的讲情义和传统顺从接受性最高，其次是城市价值观中的开放发展（与母同）和乡村价值观中的观念滞后（与母同）。

尽管父母和子女对农村价值观均有较高的传递动机和接受意愿，但在从农村进入城市的特殊环境下，还是城市价值观得到了代际传递，证明价值观内容的影响大于父母传递动机和子女接受意愿的影响。

2. 农民工对其子女城乡价值观的代际传递——传输带理论的检验

在传输带理论性别因素的检验中，本研究的结果并没有支持性别模式理论，而是发现父亲的城市现代价值观对男孩和女孩的城市现代价值观均存在代际传递效应。在农民工对其子女城市价值观的代际传递上，反映了价值观内容的影响效应大于性别的影响效应。

　　在传输带理论情感温暖教养方式的检验中，在父亲以高、低情感温暖的教养方式教育子女时，均证明父亲的城市现代价值观对子女的城市现代价值观存在代际传递效应。但部分支持了情感温暖的传输带理论，即在高情感温暖的教养方式下，父亲的城市现代价值观对子女的城市现代价值观存在代际传递效应更强。

　　在传输带理论家庭亲密适应的检验中，结果证明了家庭亲密适应在农民工父亲对其子女城市价值观的代际传递中起到中介作用，父亲的城市价值观对儿童的城市价值观代际传递的效应中，直接效应为58.3%，通过家庭亲密适应这一中介变量进行代际传递的效应为41.7%。

（四）文化资本对农民工及其子女城乡价值观的影响

　　儿童文化资本对儿童城乡价值观（与父同和与母同）均有显著正向预测作用，父亲文化资本对父亲城乡价值观均有显著正向预测作用，母亲文化资本对母亲城市价值观具有显著正向预测作用。

（五）父亲、儿童文化资本对父亲及子女城市价值观代际传递的影响

　　父亲城市价值观对其子女城市价值观（与父同）具有代际传递效应，而且父亲对子女城市价值观的代际传递受父亲和儿童文化资本的共同影响。

第四章

研究总讨论、总结论、理论融合与创新

第一节　研究总讨论

一　农民工及其子女城乡价值观代际传递及内在机制的总讨论

价值观的代际传递是文化延续和文化变迁的核心问题，价值观为行为提供标准，从而规范日常行为以及做出重要和关键的生活决定（Garling，1999）。

从文化变迁角度看，在第三章中农民工父母与其子女城乡价值观的对比分析中发现，农民工子女与其父母相比，农村传统价值观在减弱，而城市现代价值观在增强。具体表现为：父亲农村传统价值观中的权威凝聚平均值显著高于其子女；母亲农村传统价值观中的传统顺从平均值显著高于其子女；而子女城市现代价值观的开放发展平均值显著高于其父母。

再从文化延续角度看，第三章中发现父亲的城市现代价值观对其子女的城市现代价值观存在代际传递效应。但父亲对子女的农村传统价值观和母亲对子女的城乡价值观均不存在代际传递效应。这一研究结果表明，在农民工及其子女群体中，城市现代价值观才得以延续，农村传统价值观不仅变弱，而且无法得到代际传承。

在第三章农民工对其子女城乡价值观的代际传递——过滤器理论的检验中发现，尽管父母和子女对农村价值观讲情义、权威凝聚、传统顺从均有较高的传递动机和接受意愿，但在从农村进入城市的特殊环境下，还是城市价值观得到了代际传递，证明价值观内容的影响大于父母传递动机和子女接受意愿的影响。在第三章农民工对其子女城乡价值观的代际传递——传输带理论的检验中发现，父亲的城市现代价值观对男孩和女孩的城市现代价值观均存在代际传递效应。在农民工对其子女城市价值观的代际传递上，同样反映了价值观内容的影响效应大于性别的影响效应。在传输带理论情感温暖教养方式的检验中，无论在父亲以高、低情感温暖的教养方式教育子女时，均证明父亲的城市现代价值观对子女的城市现代价值观存在代际传递效应。在传输带理论家庭亲密适应的检验中，发现家庭亲密适应是父亲城市价值观对儿童城市价值观代际传递的中介变量，即良好的家庭亲密适应促进了父亲对子女城市价值观的代际传递。

因此，在农民工及其子女城乡价值观代际传递机制的各种理论和各种影响因素的检验中共同发现，价值观的内容选择性极为重要，而传递者的动机、接受者的意愿、性别因素、情感温暖的教养方式及积极的家庭亲密适应等，均未对农民工及其子女农村传统价值观的代际传递产生影响。情感温暖的教养方式和积极的家庭亲密适应均促进了农民工父亲对其子女城市现代价值观的代际传递。

上述研究结果支持了价值观代际传递的主体间模式（传递主流价值观）。根据显著性假说，父母向子女传递对他们来说是主流的价值观（Pinquart & Silbereisen，2004）。有学者提出了价值观代际传递的主体间模型（传递主流价值观），模型的基本前提是：父母不仅希望传递他们的个人价值观，而且希望传递他们认为在社会规范中重要的价值观。这一模型有两个理论基础。第一个理论基础是关于社会化的意义。社会化是一个过程，通过这个过程，个人被灌输一种社会的价值观，从而成为它的适应成员（Grolnick，Deci & Ryan，1997）。父母明白，他们需要让孩子为现在和未来的社会生活做好准备（Alwin，1988）。根据定义，父母必须考虑他们希望传递给孩子的是孩子最终在社会文化适应中相关的、被广泛认为重要的价值观（Youniss，1994）。第二个理论基础涉及规范在人们行为中的作用。社会心理学已经证明，规范是行为的主要驱动力（Asch，1951；Ajzen，1991）。正如 Rokeach（1973）所指出的，价值观的意义不仅在于人们的个人信仰，也在于他们对其他社会成员的归属（Prentice & Miller，1993；Wan，C.，2007），个人的私人态度和感知规范对行为有可靠的、独立的影响（Ajzen，1991）。

根据价值观代际传递的主体间模式，第三章的结果也验证了这一理论。尽管父亲对农村传统价值观中的权威凝聚和讲情义比较看重，但他们对子女传递的依然是城市现代价值观，这样出现了价值观内容的选择机制，原因在于，他们希望自己的子女以后能够适应城市的生活，习得城市现代价值观有利于子女适应城市文化，在城市中获得归属感。因此，无论其他任何因素的影响，均出现了父亲对其子女城市现代价值观的强传递。

在价值观代际传递的研究中，同样发现了农民工及其子女在面临城乡价值观的矛盾冲突。正如李洁（2018）指出的，在传统农村价值观与现代城市价值观的双重冲击下，农民工的价值观在发展意识增强与城市融入感失落、维权意识增强与法治意识薄弱、传统的义利观与市场功利观以及乡土婚姻、消费观念坚守与变迁四个方面存在冲突。研究也发现农民工子女同样面临城乡价值观的冲突。农民工在面对城乡价值观如何传递给子女时，尽管父亲也认同传统农村价值观中的权威凝聚和讲情义，但还是传递了城市价值观，可见他们在面对城乡价值观如何传递给子女时，一定是冲突的。母亲也认同传统农村价值观中的讲情义和传统顺从，但她们最认可的是城市现代价值观中的进取独立，因此母亲在面对城乡价值观时，也是冲突的。子女也比较能接受农村传统价值观讲情义、权威凝聚、传统顺从，但实际代际传递的依然是城市现代价值观，可见他们在面对城乡价值观时，也会出现冲突和矛盾。

农民工及其子女在农村传统和城市现代价值观上的矛盾冲突，是他们文化适应的一个侧面。文化适应是指人们接触新文化时，价值观、信仰和行为发生改变的过程（Berry，2006；Farver，Narang & Badha，2002）。由文化适应的定义可见，价值观是文化适应的重要因素，会对行为产生重要影响。由于价值观是文化适应的重要因素，农民工对其子女城乡价值观的代际传递机制，是农民工对其子女文化适应代际传递的核心机制之一。因此，我们继续讨论农民工对其子女文化适应代际传递及内在机制。

二 农民工及其子女文化适应代际差异及代际传递的总讨论

价值观的代际传递是文化延续和文化变迁的核心问题（Garling，1999）。文化适应的代际传递和代际差异同样也会反映文化延续和文化变迁。

（一）文化变迁的代际差异视角

我们先从文化变迁的代际差异视角看，根据双维的文化适应模型，文化适应过程的两个维度是：面向原籍文化（文化维护取向）和面向新文化（文化采纳取向）的态度和行为（Ryder，Alden & Paulhus，2000；Berry，2006）。在第一章中根据二维的文化适应模型，从农村文化维护的取向和城市文化的学习采纳取向，分别看农民工及其子女文化适应上的代际差异。结果发现，在农村文化的维护取向上，即在农村文化适应的四个维度上，儿童比父母适应得更慢，父母农村文化适应的四个维度均高于子女；在城市文化的学习和采纳上，在城市适应的不同维度出现了不同情况，在城市制度文化适应上，儿童比父母适应得更快；在城市行为文化适应上，儿童比父亲适应得更慢。

文化适应的代际差异同样也可以通过农民工及其子女城乡价值观代际传递来解释，在第三章中，我们发现仅有农民工父亲对其子女城市现代价值观存在代际传递效应，而农村价值观不存在代际传递效应。由于父母不倾向对子女传递农村价值观，因此导致儿童不熟悉农村文化，在农村文化适应的四个维度上，即儿童比父母适应得更慢。在城市文化适应上，由于子女更多地从父亲习得城市价值观，在城市制度文化适应上，儿童比父母适应得更快。但由于父亲在城市中工作打拼，更好地适应了城市文化，因此会出现在城市行为文化适应上，儿童比父亲适应的更慢。也正是因为父亲在行为文化上更好地适应了城市文化，也希望自己的子女也能更好地适应城市文化，才会积极地向子女传递城市的现代价值观，因此，父亲对子女城市现代价值观存在代际传递效应。由此可见，农民工对其子女城市价值观的代际传递，也是农民工及其子女文化适应代际差异的内在原因及机制。

从农村传统文化的传承来看，农民工父母显著高于其子女，从城市文化的学习和采纳来看，农民工子女在城市制度文化方面显著高于父母。

农民工及其子女面临和适应城乡两种文化时，不可避免地会出现冲突和融合的现象。无论是价值观的研究还是文化适应的研究均可见，农民工在自身的文化适应中，既有保留农村文化的一面，也有积极适应城市文化的一面。其子女在保持农村文化方面明显低于父母，在适应城市制度文化方面明显高于父母，可见，农民工及其子女在文化适应的过程中，面对农村和城市两类文化，也是不断冲突和融合的过程。

（二）文化延续的代际传递视角

根据双维的文化适应模型（Berry，2006），从农村文化适应和城市文化适应两个维度检验农民工及其子女文化适应的代际传递。结果发现，农民工母亲对其子女在农村文化适应上存在代际传递效应，而农民工父亲对其子女在城市文化适应上存在代际传递效应。农民工父亲对其子女城市文化适应存在代际传递效应，与农民工父亲对其子女城市现代价值观存在代际传递效应相一致，可以证明父亲积极向子女传递城市价值观，自身的城市文化适应也促进了子女的城市文化适应。但母亲对其子女农村文化适应存在代际传递效应，并没有得到农村价值观代际传递的支持。

农民工父母在农村文化适应和城市文化适应的代际传递上起着相反的作用。母亲在农村文化的传承上发挥着积极作用，而父亲在学习和适应城市文化上发挥着积极作用。根据文化传承与进化的理论，农民工母亲扮演着农村文化传承的角色，而父亲扮演着城市文化学习和使用的角色，其子女的文化适应是在文化传承和文化使用之间相互博弈进而实现有效平衡的过程，子女既从母亲那传承农村文化，保持农村文化的适应；又和父亲一起学习和适应城市文化，达到融入城市文化的目的。可见，农民工子女的文化适应采取了融合的适应策略，同时也是受母亲的农村文化和父亲的城市文化双重代际传递的结果。

（三）农民工及其子女文化适应代际传递——在文化适应一维模型与二维模型上的差异

上文我们讨论过，在二维文化适应模型下发现，农民工母亲对其子女在农村文化适应上存在代际传递效应，而农民工父亲对其子女在城市文化适应上存在代际传递效应。而在文化适应一维模型（对城市文化的适应）下发现，农民工父亲、母亲各自的文化适应对其子女文化适应存在直接代际传递效应，农民工父母共同的文化适应对其子女文化适应也存在直接代际传递效应。

父亲对子女文化适应的代际传递的结果在文化适应两种维度模型下是一致的。但母亲在两种维度下文化适应代际传递结果存在差异，在二维文化适应模型下，农民工母亲对其子女在农村文化适应上存在代际传递效应，而在一维文化适应的模型下，我们发现农民工母亲对其子女在城市文化适应上存在代际传递效应。

从两种视角可以理解上述差异，第一是文化适应融合的视角，Berry（2006）提出了一个文化适应的双维模型同时考虑了对移民国文化的采纳和对原籍传统文化的维护，从而得出了四种文化适应策略：融合，代表着同时对移民国主流文化和对原籍传统文化的高度认同；同化，代表着高度的同化，即对移民国主流文化的高度认同但对原籍传统文化的低认同；分离，代表对移民国主流文化的低认同但对原籍传统文化的高度认同；边缘化，代表着对移民国主流文化和原籍传统文化均低认同。农民工母亲和子女文化适应采用了融合的策略，均是既会保留和传承农村文化、适应农村文化，同时也会学习和采纳城市文化，实现城市文化的适应。上文讨论过此问题。因此，在单独考察母亲农村文化适应对其子女的代际传递中，发现了母亲对其子女农村文化适应的代际传递效应。当用一维的文化适应模型考察时，是将农村文化适应和城市文化适应合在一起进行考察，也出现了代际传递的效应，因此，可以从融合的视角解释母亲文化适应代际传递一维模型和二维模型的差异。

另一视角从价值观和文化适应的关系来看，文化适应是个体接触并适应一种新文化的发展过程（Ferguson, 2013），文化适应的内容包括文化价值、实践、偏好、语言、媒体使用、家庭义务和种族认同等（Berry, 2006; Farver, Narang & Badha, 2002）。文化适应的目的是将个体发展成为在一种文化中有能力的成员，包括在身份、语言、仪式和价值观方面的适应（Berry & Georgas, 2006）。由此可见，价值观仅是文化适应中的一个要素，在本研究中文化适应包括四个方面：物质文化适应、制度文化适应、行为文化适应、精神文化适应，价值观仅是精神文化适应中的一个要素。因此，仅从价值观是否代际传递，无法全面理解文化适应的代际传递。尽管母亲在城乡价值观上对子女均无代际传递效应，但母亲照顾孩子的日常起居，对孩子行为文化适应中的语言、行为习惯的养成、交通出行等一定发生影响，另外在物质文化适应中的饮食习惯、家中物品的使用、熟悉城市建筑和生活等均会对子女产生影响，这些影响也会对孩子的生活态度、适应的积极性等精神文化适应产生影响。因此，尽管母亲对子女城乡价值观均无代际传递效应，但在城乡文化适应上均出现了代际传递效应。另外，母亲自身既保留农村文化适应，又积极适应城市文化，因此这两种文化适应均对子女产生了代际传递效应。

三　农民工及其子女文化适应代际传递内在机制的总讨论

在本书中，可以从三个方面揭示农民工及其子女文化适应代际传递的内在机制，第一是价值观的代际传递机制；第二是农民工及其子女文化适应代际传递的家庭内在机制；第三是农民工及其子女文化适应代际传递中文化资本的社会影响机制。

首先，在上文的讨论中已经发现，由于价值观是文化适应的重要因素，农民工父亲对其子女城市现代价值观的代际传递机制，也是农民工父亲对其子女城市文化适应代际传递的核心机制之一。

其次，我们讨论农民工及其子女文化适应代际传递的家庭内在机制。在第一章中发现，亲子依恋和家庭亲密适应在农民工对其子女文化适应的代际传递中起到中介作用。这一研究结果证明，农民工及其子女文化适应的代际传递有两种形式，一种是直接的影响机制，即农民工父母的文化适应水平直接影响子女的文化适应水平，实现直接传递；另一种是通过亲子依恋和积极的家庭亲密适应两个中介变量，实现文化适应的代际传递。因此，积极的亲子依恋关系和积极的家庭亲密适应均会促进农民工及其子女文化适应的代际传递，即良好的家庭亲密适应和家庭氛围，更有利于农民工及其子女文化适应的代际传递。

最后，我们讨论农民工及其子女文化适应代际传递中文化资本的社会影响机制。在第二章中发现，无论父亲文化资本还是父母整合在一起的家庭文化资本，都是通过两个代际传递来影响其子女的文化适应。第一条路径是父亲文化资本和家庭文化资本通过父亲对其子女文化适应的代际传递，进而影响其子女的文化适应；第二条路径是父亲文化资本和家庭文化资本通过对子女文化资本的代际传递，进而影响其子女的文化适应。母亲文化资本影响儿童文化适应有两种方式，一种是直接影响，另一种是母亲文化资本通过儿童文化资本的中介作用进而影响儿童文化适应。

上述研究结果表明，父亲、母亲的文化资本影响其子女文化适应有三种路径，第一种是父亲、母亲和家庭文化资本均有的一种路径，即通过父、母亲或家庭文化资本对其子女文化资本的代际传递，进而影响子女的文化适应；第二种是父亲文化资本和家庭文化资本共有的，即父亲、家庭文化资本影响父亲的文化适应，再通过父亲对子女文化适应的代际传递，进而影响其子女的文化适应；第三种是母亲的文化资本直接影响其子女的文化适应，形成一种直接的影响路径。

上述三种路径均证明父母亲、家庭文化资本和子女文化资本均对子女的文化适应产生重要影响。第一条路径证明，父母、家庭文化资本对其子女文化资本的代际传递来影响子女的文化适应，这表明文化资本的代际传递是影响子女文化适应的重要机制。根据布尔迪厄的文化再生产理论，文化资本经历了阶级分化，即不同阶级的家庭拥有不同的文化资本，而上层阶级的家庭拥有优越的文化资本；更重要的是，教育系统传播的文化与统治阶级的文化更为接近，统治阶级的惯习被转化为学校默许的文化资本，因此，已经拥有统治阶级文化资本的个人更容易取得学术成就。换句话说，教育通过构建有利于统治阶级的文化来实现文化再生产。此外，学术等级制度转化为地位等级制度，是实现从文化再生产到社会再生产的过程（Bourdieu，2018；Yu Xiulan & Han Yan，2019）。在第二章中，我们也发现了农民工及其子女文化资本的显著代际传递效应。这种文化资本的代际传递不仅是农民工及其子女文化适应的一种重要路径，也可能是社会再生产的一种机制。因此，在农民工对其子女文化适应代际传递的三种机制中，文化资本的代际传递是重要的影响因素。在第二种路径中表明，父亲和家庭的文化资本，是父亲对其子女文化适应代际传递的基础。因此，父亲和家庭文化资本，在农民工对其子女文化适应代际传递的三种机制中是重要的基础因素。

文化资本影响农民工及其子女文化适应的代际传递，不仅通过上述两种路径实现，在第三章中发现文化资本还影响价值观代际传递。在第三章中发现，父亲城市价值观对其子女城市价值观（与父同）具有代际传递效应，而且父亲对子女城市价值观的代际传递受到父亲和儿童文化资本的共同影响。因此，第一种价值观代际传递是农民工及其子女文化适应代际传递的核心内在机制，也会受到文化资本的影响。

由此可见，父亲和家庭文化资本不仅是农民工及其子女文化适应代际传递的基础；同时，父母亲和家庭文化资本对其子女文化资本的代际传递直接影响子女的文化适应；而且，父亲和儿童的文化资本还共同影响着农民工及其子女城市价值观的代际传递，因此，父亲和儿童的文化资本还会通过价值观的代际传递进而影响文化适应的代际传递。文化资本这一影响机制，在农民工及其子女文化适应代际传递的三种内在机制中，是最重要的影响机制。

第二节　研究总结论

一　农民工及其子女城乡价值观代际传递及内在机制的总结论

价值观的代际传递是文化延续和文化变迁的核心问题，从文化的变迁角度看，农民工子女与其父母相比，农村传统价值观在减弱，而城市现代价值观在增强。具体表现为：父亲农村传统价值观中的权威凝聚显著高于其子女；母亲农村传统价值观中的传统顺从显著高于其子女；而子女城市现代价值观的开放发展显著高于其父母。再从文化的延续角度看，父亲的城市现代价值观对其子女的城市现代价值观存在代际传递效应。

在农民工及其子女城乡价值观代际传递机制的各种理论和各种影响因素的检验中共同发现，价值观的内容选择性极为重要，而传递者的动机、接收者的意愿、性别因素、情感温暖的教养方式及积极的家庭亲密适应等，均未对农民工及其子女农村传统价值观的代际传递产生影响。情感温暖的教养方式和积极的家庭亲密适应均促进了农民工父亲对其子女城市现代价值观的代际传递。上述研究结果支持了价值观代际传递的主体间模式（传递主流价值观）。即在农民工及其子女城乡价值观的代际传递中，城市价值观的内容选择性是最重要的影响机制。

二　农民工及其子女文化适应代际差异及代际传递的总结论

从文化变迁的代际差异视角看，在农村文化的维护取向上，在农村文化适应的四个维度上，即儿童比父母适应的更慢，父母农村文化适应的四个维度均高于子女；在城市文化的学习和采纳上，在城市制度文化适应上，儿童比父母适应得更快；在城市行为文化适应上，即儿童比父亲适应的更慢。

农民工及其子女面临城乡两种文化和适应两种文化时，不可避免地会出现冲突和融合的现象。无论是价值观的研究还是文化适应的研究均可见，农民工在自身的文化适应中，既有保留农村文化的一面，也有积极适应城市文化的一面。其子女在保持农村文化方面明显低于父母，在适应城市制度文化方面明显高于父母，可见，农民工及其子女在文化适应的过程中，面对农村和城市两类文化，也是冲突和融合的过程。

从文化延续的代际传递视角可见，农民工母亲对其子女在农村文化适应上存在代际传递效应，而农民工父亲对其子女在城市文化适应上存在代际传递效应。农民工父母在农村文化适应和城市文化适应的代际传递上起着相反的作用。母亲在农村文化的传承上发挥着积极的作用，而父亲在学习和适应城市文化上发挥着积极的作用。根据文化传承与进化理论，农民工母亲扮演着农村文化传承的角色，而父亲扮演着城市文化学习和使用的角色，其子女的文化适应是在文化传承和文化使用之间相互博弈进而实现有效平衡的过程，子女既从母亲那传承农村文化、保持农村文化的适应；又和父亲一起学习和适应城市文化、达到融入城市文化的目的。可见，农民工子女的文化适应采取了融合的适应策略，同时也是受母亲的农村文化和父亲的城市文化双重代际传递的结果。

农民工母亲及其子女文化适应代际传递——在文化适应一维模型与二维模型上出现差异。在二维文化适应模型下，农民工母亲对其子女在农村文化适应上存在代际传递效应，而在一维文化适应的模型下，我们发现了农民工母亲对其子女在城市文化适应上存在代际传递效应。从文化适应融合的视角来看，农民工母亲和子女文化适应均采用了融合的策略，均是既会保留和传承农村文化、适应农村文化，同时也会学习和采纳城市文化，实现城市文化的适应。因此，在单独考察母亲农民文化适应对其子女的代际传递中，发现了母亲对其子女农村文化适应的代际传递效应。当用一维的文化适应模型考察时，是将农村文化适应和城市文化适应合在一起进行考察，也出现了代际传递的效应，因此，可以从融合的视角来理解母亲文化适应代际传递一维模型和二维模型的差异。

三　农民工及其子女文化适应代际传递内在机制的总结论

在本研究中，可以从三个方面揭示农民工及其子女文化适应代际传递的内在机制，第一是价值观的代际传递机制；第二是农民工及其子女文化适应代际传递的家庭内在机制；第三是农民工及其子女文化适应代际传递中文化资本的社会影响机制。

首先，由于价值观是文化适应的重要因素，农民工父亲对其子女城市现代价值观的代际传递机制，是农民工父亲对其子女城市文化适应代际传递的核心机制之一。

其次，从家庭内部机制看，亲子依恋和家庭亲密适应在农民工对其子女文化适应的代际传递中起到中介作用。

最后，从文化资本的影响机制看，父亲和家庭文化资本不仅是农民工及其子女文化适应代际传递的基础；同时，父母亲和家庭文化资本对其子女文化资本的代际传递，直接影响子女的文化适应；而且，父亲和儿童的文化资本还共同影响着农民工及其子女城市价值观的代际传递，因此，父亲和儿童的文化资本还会通过价值观的代际传递进而影响文化适应的代际传递。文化资本这一影响机制，在农民工及其子女文化适应代际传递的三种内在机制中是最重要的影响机制。

第三节　理论融合与创新

一　价值观代际传递的理论融合与创新

有关价值观代际传递的理论模型较多，但理论模型之间缺乏融合创新，导致现有价值观代际传递的研究缺乏整体框架和系统性。根据本书研究的结果，试图将过滤器理论、传输带理论、性别角色模式、主体间（传递主流价值观）四个模型进行融合提炼，从个体、家庭、社会三个层面形成价值观代际传递的整体框架，是理论创新之一。

首先，再简要回顾一下四个理论模型：

过滤器理论模型

尽管人们一致认为价值观代际相似性经常发生，但对其代际相似性背后的机制和过程却知之甚少（Roich & Meck，1987）。这取决于传输过程中固有的三个主要组成部分：传递者、传输内容和接收者（Phalet & Schönpflug，2001b）。

传输带理论

一般来说，所谓的"传输带"是指价值观代际传递的传输手段（Schönpflug，1999），即价值观从父母到孩子传递过程中调解和加强的设备，主要包括性别、父母教养方式、父母的教育目标、积极的家庭关系。

性别角色模式理论

根据性别模式理论（Bem，1985），人们在幼年时期学习并内化了社会对男性和女性的文化定义。当父母和孩子的性别都被考虑到时，性别的影响常常表达出来（Maccoby，1990；McHale，Crouter & Whiteman，2003）。关于性别对父母和孩子之间价值观传递中的影响，最主要的理论是社会化的性别角色模式，它强调父亲将他们的价值主要传递给儿子，母亲则主要传递给女儿（Acock & BengtSon，1978；Vollebergh，Iedema & Raaijmaker，1999）。

主体间模式（传递主流价值观）

根据显著性假说，父母向子女传递对他们来说是显著的价值观（Pinquart & Silbereisen，2004）。有学者提出了价值观代际传递的主体间模型

(传递主流价值观)，模型的基本前提是，父母不仅希望传递他们个人的价值观，而且希望传递他们认为在社会规范中重要的价值观。这一模型有两个理论基础，第一个理论基础是关于社会化的意义。社会化是一个过程，通过这个过程，个人被灌输一个社会的价值观，从而成为它的适应成员（Grolnick，Deci & Ryan，1997）。第二个理论基础涉及规范在人们行为中的作用。社会心理学已经证明，规范是行为的主要驱动力（Asch，1951；Ajzen，1991）。正如 Rokeach（1973）所指出的，价值观的意义不仅在于人们的个人信仰，也在于他们对其他社会成员的归属。

依据上述四个理论模型，再结合本实证研究的结果，从个体、家庭、社会三个层面提炼价值观代际传递的整体框架。

1. 个体层面

上述理论模型中的个体因素主要包括：性别、传递者动机、接收者意愿和父母的教育目标。

我们首先讨论性别因素，按照性别角色模式和传输带理论，均可能会出现父亲向儿子和母亲向女儿有更强的价值观代际传递。但本研究却发现，父亲的城市价值观对儿子和女儿均出现了代际传递。这一结果启发我们思考，性别对价值观代际传递的促进作用，体现在与性别角色相关的价值观上，但对性别角色关联弱的价值观，其代际传递的促进效应也会弱化。

传递者动机与接收者意愿，按照过滤器理论，传递者的动机越强、接收者的接受意愿越高，越有利于价值观的代际传递。在本研究中却发现，对于重情义的农村价值观，传递者的动机和接收者的意愿均较高，但并未出现农村价值观的代际传递效应。这一结果启发我们思考，无论是传递者动机，还是接收者意愿均为个体自身的因素，价值观代际传递不仅受个体因素影响，同时也会受到家庭、社会因素的影响，仅从单因素的角度来预测价值观是否代际传递，就会出现预测偏差。

父母的教育目标，既与传递者的动机有关，也与传递内容有关。与父母教育目标相一致的价值观，其传递动机会强。另外父母的教育目标不仅是个人的教育期望的表达，同时也会受到社会环境的影响，因此教育目标也会与价值观传递的内容相关。尽管在本研究中未涉及父母教育目标对价值观代际传递的实证研究，但可以归结到传递动机和传递内容两个方面中。

2. 家庭层面

上述理论模型中的家庭因素主要包括：父母教养方式、积极的家庭亲密适应。这两个家庭因素均为传输带理论中的元素，即共情式的教养方式和积极的家庭亲密适应均会促进价值观的代际传递。研究中也证实了情感温暖的教养方式和积极的家庭亲密适应均促进了父亲对子女城市价值观的代际传递。

这种促进作用可以从过滤器理论中接收者的接受意愿来理解，共情式的教育方式和积极的家庭关系，均提高了接收者对传递者价值观的接受意愿，进而提升了价值观的代际传递。因此，在家庭层面，传输带理论与过滤器理论是一致的，只是关注的要素不同。

3. 社会层面

上述理论模型中的社会因素主要包括：主流价值观的影响。从主体间模型来看，主流价值观会得到代际传递。尽管过滤器理论提到价值观内容会影响到代际传递，但并未深入探析。本研究的实证结果表明，农民工及其子女在城市生活，因此城市价值观是其生活中的主流价值观，因此，城市价值观得到了代际传递。既可以验证主体间模型理论，也可以补充过滤器理论中价值观内容的影响作用。

综上所述，本研究将四个理论整合为：以过滤器理论为框架，从个体、家庭、社会三个层面丰富其理论的价值观代际传递模型。

个体层面，性别、传递者动机和接收者意愿均可能会影响价值观的代际传递，但个体因素仅是价值观代际传递中的一个因素，这一因素会受到家庭、社会因素的影响，其影响效应也会增强或减弱。

家庭层面，教养方式和积极的家庭关系会促进价值观的代际传递，这一影响是通过改变接收者的接受意愿实现的，共情式的教养方式和积极的家庭关系均会促进接收者对传递者价值观的接受意愿，进而增强了价值观的代际传递。

社会层面，社会主流的价值观会更有效地被代际传递。尽管原有的过滤器理论中提到价值观内容会影响代际传递，但对其内在机制阐述不够充分。依据主体间模型理论与本研究的实证结果可见，主流价值观这一社会因素，与个体和家庭因素相比，起到了更强的影响效应。这一影响效应可能从三个方面实现，第一，从个体层面，传递者不仅传递自己认可的价值观，也会传递有利于子女将来适应社会的价值观，因此，会提升传递者传递主流价值观的动机；从接收者的角度，为了自己更好地适应社会，也可能提升对主流价值观的接受意愿。第二，从家庭层面，当父母与子女均接受主流价值观时，家庭关系会更和谐，父母也会更多地运用积极的教养方式与子女互动，进而会促进主流价值观的代际传递。第三，从社会层面，主流价值观会体现在生活的方方面面，进而提升了代际传递的可能性。

因此，价值观的代际传递，是受传递者、接收者、价值观内容所影响，同时受到个体因素性别、家庭因素教养方式和积极的家庭关系、社会因素主流价值观的共同影响。而且，社会因素会通过个体、家庭因素的影响，起到代际传递效应增强的作用。

二　文化适应代际传递的理论融合与创新

上面我们讨论了价值观各理论模型的融合与创新，下面我们讨论文化适应代际传递的理论融合与创新。国内外文化适应的理论模型很多，但关于文化适应代际传递的理论尚未发现，本书以价值观的代际传递、文化资本代际传递对文化适应代际传递影响的实证研究为基础，将价值观代际传递、文化资本代际传递融入文化适应代际传递的理论框架中，系统地揭示文化适应代际传递的内在机制。并同样从个体、家庭、社会三个层面建构文化适应代际传递的理论框架。

国外对文化适应代际差异的研究较多，但对文化适应代际传递关注的很少，国内的相关研究更少，因此对文化适应代际传递理论的建构尚处于初级发展阶段，可以依据的理论框架仅为文化传承与进化理论，下面简要介绍一下该理论。

文化传承与进化理论

文化的发展过程是文化传承与文化进化交互作用的过程。文化传承与进化理论认为，传承与使用是文化发展过程中两种重要的选择机制，即忠诚传承传统文化和在使用中发展传统文化的相互博弈过程，这两种选择机制必然出现在文化进化中。文化传承是文化世代累积的基础，只有通过文化的代际传递，人类才有可能积累出当今繁荣的文化。但为了代代相传，一种文化特征面临两大挑战——它必须基本完整地传递给新的个体，实现文化的代际传递，而且要履行某些理想的功能；但同时也必须经受住使用的考验，即这种文化特征在个体使用的过程中可以帮助个体适应环境。当一种文化特征同时可以经受得起传承和使用的双重考验时，文化才能在传

承和使用（不断提升适应环境的能力）的相互作用下不断进化发展
（Monica Tamariz，2019）。

文化传承与进化理论认为，由于文化既要传承又要进化，因此文化传承会介于精确传递和完全失败传递之间。文化的持久性是文化通过代际传递才得以传承，但文化也正是在人和群体及其环境之间的持续互动中塑造和重塑（Cavalli-Sforza & Feldman，1981）。文化传递的过程不是文化在后代中复制；它介于精确的传递（父母和后代之间几乎没有任何区别）和完全失败的传递（世代之间几乎没有任何相似之处）之间。从功能上讲，任何一种极端都会给社会带来问题。完全传递意味着不允许有新颖性和变化，不允许对新情况做出新的有效反应，而传递失败则意味着代际一致认同的文化丧失其凝聚力，几代人之间无法在共同的文化中达成共识与和谐（Boyd & Richerson，1985）。

在本研究中，可以从三个方面揭示农民工及其子女文化适应代际传递的内在机制，第一是个体层面，价值观代际传递的影响机制；第二是家庭层面，农民工及其子女文化适应代际传递的家庭内在机制；第三是社会层面，农民工及其子女文化适应代际传递中文化资本的社会影响机制。

首先从个体层面，由于价值观是文化适应的重要因素，依据文化传承与进化的理论，传承与使用是文化发展过程中两种重要的选择机制，即忠诚传承传统文化和在使用中发展传统文化的相互博弈过程。在农民工及其子女的流动群体中，为了更好地适应城市文化，农民工更希望自己的子女习得现代城市价值观，子女为了自己的城市文化适应，也更认同城市现代价值观，因此出现了农民工父亲对其子女城市现代价值观的代际传递，这一传递机制，也促进了农民工父亲对其子女城市文化适应代际传递，因此，农民工父亲对其子女城市现代价值观的代际传递机制，是农民工父亲对其子女城市文化适应代际传递的核心机制之一。

其次从家庭层面，从家庭内部机制看，亲子依恋的理论认为，子女与父母建立良好的亲子依恋会给子女提供安全基地，促进子女积极地探索与适应（Luthar，2006；Nicole，Anne，2011）；良好的亲子依恋可以促进其子女的文化适应（Atzaba-Poria，Pike，2007）。再者，Schofield 等人（2008）研究了文化适应代际一致性取决于家庭关系的质量，当家庭关系的质量较高，亲子之间的文化适应一致性越高（Fuligni，1998；Kwak，2003）。可见，良好的家庭关系，会增大文化适应代际传递的可能性。

Costigan 和 Dokis（2006a）研究了父母温暖功能对文化适应代际传递具有积极影响。从研究的结果可见，亲子依恋和家庭亲密适应在农民工对其子女城市文化适应的代际传递中起到中介作用。

最后从社会层面，根据布尔迪厄的文化再生产理论，文化资本存在代际传递，研究的结果也验证了农民工及其子女文化资本具有代际传递效应。从社会层面看，文化再生产也会促进社会再生产，进而导致高文化资本者成为高社会阶层者。因此，文化资本的代际传递，会导致下一代具有高的文化资本，获得高的社会阶层。而且文化资本直接促进文化适应，Tutu 和 Busingye（2019）指出，文化资本影响健康和生活方式，而且文化资本也影响语言习得、理解、饮食、服饰和价值观等文化适应的各个方面。Concha，Sanchez，De La Rosa 和 Villar（2013）发现文化资本和朋友的支持积极促进了移民的文化适应。在移民群体中，文化资本在促进移民文化适应和减少文化适应压力方面可能会变得更加重要（Dinesh Bhugra，Cameron Watson & Antonio Ventriglio，2020）。

文化资本不仅直接影响文化适应，由于文化资本具有代际传递性，因此，文化资本的代际传递也是文化适应代际传递的基础。从文化资本对文化适应代际传递的影响机制看，本实证研究结果也证明了文化资本对文化适应代际传递的直接影响机制和文化资本代际传递的影响机制。首先看直接影响机制，父亲和家庭文化资本是农民工及其子女文化适应代际传递的基础，即父亲和家庭文化资本直接影响农民工及其子女文化适应代际传递；再者，文化资本代际传递对文化适应的影响机制，父母亲和家庭文化资本对其子女文化资本的代际传递，直接影响子女的文化适应。可见，实证研究的结果也验证了文化资本既可以直接影响文化适应的代际传递，也可以通过文化资本的代际传递影响文化适应。

而且，文化资本也是价值观代际传递的基础，我们讨论文化适应代际传递中，首先讨论了价值观代际传递是文化适应代际传递的核心机制。可见，文化资本还通过价值观的代际传递影响文化适应的代际传递，即父亲和儿童的文化资本还共同影响着农民工及其子女城市价值观的代际传递。可见父亲和儿童的文化资本还会通过价值观的代际传递进而影响文化适应的代际传递。文化资本这一影响机制，在农民工及其子女文化适应代际传递的三种内在机制中是最重要的影响机制。

总之，文化适应代际传递的三层次理论模型：个体层面，价值观的代际传递机制，是文化适应代际传递的核心机制之一；家庭层面，亲子依恋和家庭亲密适应在文化适应的代际传递中起到中介作用；社会层面，文化资本对文化适应代际传递的直接影响机制和文化资本代际传递影响子女文化适应的机制，而且，文化资本影响价值观的代际传递，进而影响文化适应的代际传递。

第五章

提升流动儿童文化适应的个案干预研究

在上述四章中我们探析了流动儿童（农民工随迁子女）文化适应的过程及父母对其文化适应的代际传递机制，也融合并创新了价值观和文化适应代际传递的理论模型。但如何有效提升流动儿童的文化适应，阻断不良的代际传递效应，是本章提升流动儿童文化适应个案干预研究的重点内容。希望通过个案干预研究，探索出提升流动儿童文化适应的有效策略和方法，进而对未来提升流动儿童文化适应的实践提出建设性方案。

第一节 研究背景与意义

一 研究背景

改革开放以后，随着家庭联产承包责任制的推行，农民解决了温饱问题，农村出现了大量剩余劳动力。而随着经济发展和城市化进程的加快，农村大量的剩余劳动力便由农村向城市涌入，掀起了农民进城务工高潮。农村流动人口介于农民与市民之间，他们既是"户籍"农民，又是"编外"市民（吴新慧，2004）。21世纪以来，由于经济状况的好转以及对孩子教育的日益重视，人口流动由"单打独斗"转变为"拖家带口"，越来越多的儿童跟随父母来到城市生活和学习，由此导致了流动儿童这个亚群体日益增多。第七次全国人口普查报告指出，中国流动人口已经达到3.76亿人，且流动人口规模还有进一步扩大的趋势（杨雨萱，2021）。

流动人口进入城市后面临着许多问题，诸如就业、教育、居住、社会保障、娱乐、与城市环境的文化融合等（谢晋宇，1999）。在融入城市的过程中，流动人口不仅可能面临来自城市市民的"歧视""排斥"，而且可能面临来自其他外来人口的"边缘化"，究其原因是由文化差异和文化冲突所导致的。所以，文化适应是流动人口融入城市生活的关键。尤其是对于流动儿童来说，身心发展尚不成熟，成长环境的改变势必会造成一定的文化适应问题。如若流动儿童的文化适应困境不能及时得到缓解，他们对于城市的认同感和归属感必然会降低，觉得自己既不属于城市也不属于农村，由此也会导致一系列的问题，不仅会对流动儿童自身的身心发展和健康成长造成影响，甚至关系到城市的发展和社会的稳定。

二 研究意义

儿童是未来国家建设的主力军，流动儿童的文化适应问题关系到社会的稳定和发展。流动儿童从农村进入城市后，面对全新的环境和人群，必然会经历心理和生理方面的不适应，生活环境等方面的适应相对来说较容易，文化价值观等方面会较难适应。所以流动儿童如何更好更快地融入城市生活，在文化适应过程中会遇到哪些问题，均是研究者需要关注的，无论是从理论层面还是实践层面都具有重要意义。

(一) 理论意义

通过对国内相关文献的查阅、梳理发现，对于流动儿童的研究大都集中于流动儿童的义务教育、社会融入、心理健康等方面。本章将主要研究流动儿童的文化适应，分析流动儿童文化适应中所面临的问题。并从社会工作专业出发，运用社会工作相关理论方法介入流动儿童文化适应，探析如何改善乃至解决流动儿童文化适应所面临的问题。本章将流动儿童文化适应问题与社会工作专业相结合，充分体现了社会工作介入的可行性，不仅是一次实践的尝试，而且是对学术理论的一次补充，也为今后有关流动儿童文化适应的研究提供参考。同时社会工作在我国的起步较晚，导致社会工作的专业价值不为大多数人所理解和认同。本研究对于社会工作具有一定的推广宣传作用，可将社会工作助人自助的理念传递给更多有需要的人，同时也是作为社会工作者对此次实践的反思和总结。

(二) 实践意义

探讨流动儿童文化适应现状及影响因素，并运用专业科学的社会工作方法帮助流动儿童尽快适应城市生活，对于流动儿童本身来说具有重要意义。儿童期在人的一生中占据重要地位，良好的童年经验有利于人格的完善和发展，所以帮助流动儿童更快更好地进行文化适应，有利于其健康成长，并为未来的生活打下坚实基础。同时从社会层面来说，流动人口是城市建设的主力军，流动儿童是城市未来的主人，面对流动儿童的文化不适应问题，不进行积极的引导和教育，如果放任不管，可能会对社会稳定和发展造成严重影响。所以本研究对于促进社会发展、构建和谐社会、实现中华民族伟大复兴的中国梦有着积极的意义。最后，对于社会工作专业来说，本研究是社会工作结合流动儿童文化适应问题在学校领域的一次实践，这不仅是社会工作实践在流动儿童领域的一次探索，而且对于学校社会工作的发展也具有重要意义，同时有助于推动社会工作专业化和职业化进程。

第二节　文献综述

一　流动儿童相关研究

在国外，并没有与"流动儿童"完全相同的概念，与其类似的是"移民儿童"。20世纪80年代，各国移民数量迅速增加，移民儿童数量也逐年增加。许多国家规定，在某地居住一定时间（一些国家规定3个月，一些国家规定1年）以上属于迁移（简华，2006）。Angela E. Arzubiaga和 Silvia C. Noguerón（2009）等人的研究发现，移民儿童大都来自发展中国家，但对移民儿童的待遇却差异颇大，中产阶级的移民家庭更受移民国家的欢迎，移民的阶级水平、文化程度和收入甚至种族歧视等因素都会影响移民儿童的流动状况。国外对于移民儿童的研究集中于教育学、社会学和心理学领域。移民儿童的受教育问题一直是各国关注的议题之一。大量研究表明，移民儿童普遍存在升学率低（Nawara，2018），辍学率高（Fowler-Finn，2001）等问题，究其原因，有学者认为迁移会导致移民儿童学业成绩下降，交友压力倍增，且迁移越频繁，对于移民儿童的负面影响越大。国外的许多研究表明，移民儿童在生活适应方面遇到诸多挑战（Aonghas S. H，2002），所以各国都越来越重视移民儿童的社会适应研究。在美国移民儿童在社会适应过程中面对的问题主要有：种族歧视、语言障碍、法律地位差异、家境贫穷、心理压力等。国外的移民大部分是跨国家迁移，而不同国家在文化层面差异较大，所以大部分学者尤为关注跨文化研究。在跨文化研究中，许多学者尤为关注文化适应与社会心理因素之间的关系，社会心理因素包括人格、社会支持、种族歧视、生活变化、评价与应对方式及语言能力等等（窦晓芳，2010）。研究表明，相比于本地儿童，移民儿童更多地经历一些被迫迁移、暴力、监护人的缺失等不幸事件（Derluyn I，Broekaert E，2007）。例如，比利时的移民儿童往往经历更多的创伤性事件，比其他同龄人表现出更高水平的同伴问题和回避症状。而且大量研究表明，移民儿童存在心理健康问题，具体表现为创伤后应激障碍（PTSD）、抑郁、易怒、不安、失眠、躯体症状和行为障碍等（Derluyn I，Broekaert E，Schuyten G，2008）。

20世纪90年代，大批农民工开始涌入城市，国内学者随之开始关注流动儿童。流动儿童进入城市后，首要面临的就是受教育问题。流动儿童的义务教育问题，不仅仅是个体自身在发展过程中面临的问题，甚至关系到整个国家未来的发展、全民素质的共同提高以及国家和社会的稳定和繁荣（柯兰君，李汉林，2001）。尽管流动儿童的受教育问题作为社会热点问题备受关注，但农民工随迁子女无论是在享受义务教育资源的公平性，还是就学的经济成本等方面都受到了流入地政府、公办学校不同程度的排斥和区别对待。流动儿童义务教育政策大致经历了两次演变："第一次以提供有条件的义务教育机会为核心，政策实现了由拒绝到有条件接收的转变；第二次以提供均等义务教育机会为核心，政策逐步由有条件接收向'同城待遇'转变，但义务教育仍然是'一城两策'"（朱家德，2014）。尽管我国的流动儿童义务教育政策在不断改革、深入和完善，但直至今天，流动儿童的受教育问题依然并未完全解决。我国流动儿童义务教育还存在诸多困扰和挑战，如流入地政府"事权"与"财权"不对称，教育资源供求失衡，流出地政府责任缺失，学籍挂钩户籍，城市教育融入的显性排斥（如分班教学）及隐性排斥（如交友圈的封闭性、文化差异、情感隔阂）等问题（方媛、姚佳胜，2020）。

随着研究的深入，学者的目光不仅停留在流动儿童的教育问题上，而是开始关注流动儿童进入城市后如何适应新环境以及适应过程中遇到哪些问题。总体来说，国内关于流动儿童的研究大致分为教育、社会融入、心理健康、卫生保健和权利维护五大方面（黄安然，2015）。流动儿童教育类研究主要关注由城乡二元户籍制度所导致的入学难、高收费、区别对待等问题，并呼吁当地政府健全相关政策法规，保障流动儿童的受教育权，促进教育公平；社会融入研究主要涉及社会学和心理学领域，社会学研究主要关注流动儿童在融入过程中所遭受的社会排斥，以及同伴关系、亲子关系的处理等，心理学研究主要关注流动儿童在融入过程中的心理状态变化，影响因素以及流动儿童与城市儿童的心理特征差异；心理健康类研究倾向于关注流动儿童在融入过程中可能产生的自卑、焦虑、社交障碍等心理问题；卫生保健类研究着眼于流动儿童的体质健康和疫苗接种，关注其身体状况和生存条件；权利维护类研究主要集中于流动儿童平等受教育权和人身安全权利保护的讨论，呼吁有关部门加强立法维权，保障流动儿童合法权益（黄安然，2015）。

二　流动儿童文化适应研究

我国存在城市文化和乡村文化两种截然不同的文化（姜永志、张海钟，2010）。流动儿童跟随父母从农村来到城市后，生活环境的迥异必然导致文化适应问题。

（一）文化适应相关理论

关于文化适应，站在不同的角度，所提出的文化适应理论也有其不同的侧重点。以下主要从文化适应内容、文化适应过程、文化适应层次三个方面来介绍相关理论。

1. 从文化适应内容划分

以文化适应的内容作为切入点，沃德将文化适应分为心理适应和社会文化适应两个方面，心理适应指心理或情感上的幸福感和满意度，社会文化适应指获得能够成功应对或融入特定社会文化或环境的与文化相契合的技能（Ward C，2001）。心理适应分为两个维度：个性、心境。社会文化适应可分为六个维度：人际关系、适应环境、语言、外显行为、内隐观念和学习（刘杨、方晓义、蔡蓉等，2008）。

根据文化洋葱理论，学者们将文化适应分为表层文化适应、中层文化适应和深层文化适应。表层文化适应具有符号意义，涵盖了衣食住行各个层面，包括饮食、服饰、语言等，是适应过程中最易改变的；中层文化适应主要指认知和行为方面的适应，包括学业成绩、生活习惯、人际关系以及体制制度等；深层文化适应主要指价值观方面的适应，具体包括信仰、态度和习俗，此外由价值观念差异导致的心理健康问题、身份焦虑以及城市认同也涵盖其中。

2. 从文化适应过程划分

从文化适应过程的研究来看，学者们提出了阶段理论和维度理论。阶段理论认为，随着时间的推移，文化适应过程中，迁移者最初对陌生环境感到兴奋和喜爱，进而热情消退，感到压力和困难，最终逐渐适应新环境。具体可分为四个阶段：蜜月阶段、沮丧阶段、调整阶段与适应阶段。初来乍到的移民对周围环境保持着强烈的新鲜感，此为"蜜月阶段"，持续1—2个月；随之新鲜感消失，开始对陌生生活环境感到不适和挫败，进入"沮丧阶段"，持续3—4个月；紧接着开始调整自己的心理和行为，逐渐克服种种不适；最后达到对异国生活的适应，又开始对周围的人和事保持新鲜和好奇。

3. 从文化适应层次划分

马林诺夫斯基的《文化论》中提出文化包含四个方面：一是物质设备，如器物、房屋等；二是精神方面的文化；三是语言，是一套发音的风俗和精神文化的一部分；四是社会组织，是集体行动的标准规矩（马林诺夫斯基，1987）。这一划分在当时的文化环境中具有很强的代表性，而针对当前所研究的流动儿童文化适应范畴而言，颇有框架过大的嫌疑，例如，语言这一点，21世纪的流动儿童，甚至留守儿童对普通话的使用已经非常普遍，如若套用这一分类，确为缺失说服力。由此，另一种"四分法"应运而生，即将文化分为物质文化、行为文化、精神文化、制度文化（王玉德，2006），此类分法，既传承于马林诺夫斯基与各位前人学者，又更具可测量性、可操作性。由此，文化适应也就相应地分为物质文化适应、行为文化适应、精神文化适应以及制度文化适应。

王玉德（2006）指出，人们的物质生产活动方式和产品的总和便是物质文化层，是人们自然创制的各种器物，物质文化是可触可知的具体实在且可感的事物，是可以凭人们的感觉而感知的物质实在（孙显元，2006），物态文化满足人类最基本的生存需要为目标，即穿衣服饰、饮食、住所、出行、经济水平等。流动儿童物质文化适应，就是在物质文化层面促进流动儿童适应城市环境。

行为文化层是人际交往中约定俗成的礼俗、民俗、习惯和风俗，它是一种社会的、集体的行为。行为文化作为大文化概念的其中一个类型，是由行为方式和行为环境等要素构成的（罗国权，2006）。流动儿童行为文化适应，即流动儿童可使用城市儿童共同使用的普通话进行交流，而非小众方言；学习进度跟得上城市速度、学习水平逐渐提高，同时拥有较为稳定的同伴关系，同辈交往顺畅；家庭教养随城市环境而变，非一味打击型教育使得流动儿童更难适应当前环境；最后在可顺利适应班级环境，主动在班级里占有"一席之地"，未觉自己是个"外人"。

精神文化层为属于精神、思想、观念范畴的文化。通常反映其理论思维水平的思维方式、价值取向、伦理观念、心理状态、理想人格、审美情趣等精神成果之总和（曾丽雅，2002）。具体来说，流动儿童精神文化适应体现在价值观、城市认同和自我认同、经验阅历、心理韧性与自尊等方面可达到较为良好的水平。

库利和泰勒一致认为文化是一种社会交往，通过特定的途径而被其社会成员所共同获取（曾小华，2001）。制度文化就是这种获得共同文化的特定途径，使文化得以交流和传递。流动儿童制度文化适应一般表现为在外来人口受教育、农民工子女入学等条例中，也会体现在更小维度的学校班级制度中。

（二）流动儿童文化适应现状

结合案主文化适应状况，以文化适应的层次为划分标准，选取文化适应四层次理论作为研究框架，将流动儿童文化适应现状按照行为文化适应、制度文化适应、精神文化适应和物质文化适应四个层次进行阐述。

1. 行为文化适应

冯帮通过对湖北省几所中学的流动儿童进行调查研究，发现流动儿童的城市文化适应问题主要集中在语言交流障碍和风俗习惯差异两大方面，风俗习惯又具体体现在卫生习惯、居住格局和节日差异三方面（冯帮，2011）。语言是沟通交往的工具，虽然国家大力普及普通话，但来自偏远地区的流动儿童，由于口音重，普通话不标准，还是对其文化适应产生了影响，产生交流障碍。此外，相比城市儿童，流动儿童说脏话的频率更高。

在流动儿童适应城市生活的过程中，研究指出，流动儿童存在人际交往不良、难以融入学校生活、亲子关系紧张以及课余生活单一等问题（李毅，2017）。王亚南（2020）整群抽取苏南某市区公办学校的初中流动儿童，发现初中流动儿童在学习自主、人际友好、社会活力等方面得分显著低于城市儿童，但在生活独立方面显著高于城市儿童（胡韬，2007）。研究指出，大部分流动儿童都渴望能交到朋友，建立同伴关系，但流动儿童进入城市后却存在人际交往能力不强的状况，经常感到孤独，容易焦虑（钟爱萍，2004）。在融入学校生活过程中，流动儿童因为生活和学习习惯的不一致会导致学习困难、人际交往困难等问题，具体来说如不适应学校环境、跟不上学习进度、融入不进班集体等（韩璐，2017）。肖家慧（2007）通过对重庆市 6 所学校流动儿童的调查，发现流动儿童很少参与校园集体活动，也不经常参与课堂互动发言。在适应城市文化生活的过程中，流动儿童和其父母都经历了再社会化的过程，所以由于流动儿童家长对城市生活经验的缺乏，他们对如何与孩子相处和教育也存在着无所适从的状态，同时流动儿童在与父母生活在一起后态度也发生了转变，所以最终造成了亲子关系紧张（刘伟，2009）。此外，流动儿童父母在进入城市后，面临经济紧张和适应困难的双重压力，会减少对孩子的关注，同时父母的压力还会传递到子女身上，使得情感支持减少，亲子关系进一步恶化（Desiree B. Qin，2013）。

2. 制度文化适应

由于城乡二元户籍制度衍生出的城乡人口在社会地位、经济地位和自我定位上的差异，流动儿童在适应过程中面临着来自消费、社会关系、文化、社会制度等各方面的排斥（任云霞，2006）。社会排斥是一种局部性的、非短暂性的现象，是一种被抛弃、被隔离和被边缘化的情感体验（潘泽泉，2004）。流动儿童在文化适应的过程中，由于外来人口的身份和教育上的不平等受到歧视和排挤导致很难融入城市生活，对城市生活和城市人口产生消极心理（雷有光，2004）。陆学艺在其著作《当代中国社会流动》中指出：由于城乡差异，大部分流动儿童虽长期生活在城市却对城市的认同感不高；同时由于流动人口资源分配不平等，其自尊心得不到满足，又无法释放内心的不满；又因为社会排斥，一定程度上受到城市居民的歧视和疏远；以上种种原因导致了流动儿童普遍存在不安全感和孤寂的情绪（陆学艺，2004）。郭良春等（2005）以北京市 JF 公立中学为例，研究发现 JF 中学的流动儿童少年城市适应性状况较好，但随着年龄的增长，对来自社会的排斥有强烈体验，一定程度上影响心理健康，具体表现为内心有较严重的自卑、敏感和对不公平制度的反抗倾向。

3. 精神文化适应

文化适应带来的压力会导致心理问题的出现，目前很多研究发现，流动儿童心理健康问题检出率明显高于流入地同龄城市儿童，流动儿童容易表现出抑郁、焦虑、敏感自卑等心理问题（林芝、翁艳燕，2004）。姚凯和杨圭芝（2016）对东莞市 1060 名流动农民工子女的心理健康状况进行调查，结果显示，农民工子女心理状态不佳及有心理问题的占 14.0%，主要表现为学习焦虑、自责倾向、过敏倾向、身体症状和恐怖倾向。王道阳、姚本先（2013）的研究也表明，流动青少年的心理健康状况整体水平偏低，将近 80% 的流动青少年对于所在城市没有归属感，生活满意度低，且心理层面的不适应导致了流动青少年犯罪率升高。流动儿童相较于城市儿童有更高的集体主义和更低的个人主义；更习惯于负性归因方式。总之，流动儿童的心理健康问题不容忽视，城乡差异导致的自卑感、缺乏父母关爱和亲密伙伴产生的孤独感以及频繁转学、无人辅导产生的学习挫败感都是流动儿童所面临的文化适应困境，需要对其进行心理健康干预（郭良春等，2005）。

流动儿童由于面对城乡迥异的文化环境，接受两种截然不同的价值观念，所以在价值观上呈现不同于其他同龄孩子的特点和问题。梁美凤（2010）将流动儿童的价值观概括为归属感迷茫、自我评价矛盾冲突的人生目标价值取向；精神、物质并重、职业动机多元化、学习目的个人化、功利化趋势显著的社会理想取向；在人生价值的实现方面，绝大部分流动儿童没有明确的方向，小部分表现出明显的偏差；以及较低的道德标准，如说谎、攀比、损坏公务等。杨凤枝和谢明荣（2016）的研究也指出流动儿童的价值观呈现矛盾的人生目标价值取向和功利化的社会理想价值取向的特点。

4. 物质文化适应

冯帮研究发现流动儿童的城市文化适应问题表现在风俗习惯差异方面，风俗习惯又具体体现在卫生习惯、居住格局等方面（冯帮，2011）。卫生习惯和居住格局的不适应，虽然可以归结为行为文化的不适应，但同时也是物质文化不适应的体现，由于城乡卫生条件、居住环境不同，进而引发了流动儿童对城乡物质文化差异而引发的适应问题。在融入学校生活过程中，流动儿童因为生活和学习习惯的不一致会导致学习困难、人际交往困难等问题，具体来说如不适应学校环境、跟不上学习进度、融入不进班集体等（韩璐，2017）。流动儿童在融入学校过程中出现的适应困难，可以归结为行为文化适应，但生活习惯和学习习惯的形成，也与城乡教育资源分配、师资状况、家庭的经济收入和支持等有关。可见城乡物质文化的差异，也是导致流动儿童出现行为文化适应困难的原因之一。

因此，从上述流动儿童文化适应的现状分析可见，行为文化适应的困难可能是由于城乡物质文化差异引起的，而行为文化适应的困难会进一步引发心理困扰甚至心理健康问题，心理健康问题归结为精神文化适应。而行为文化适应也可能是制度文化适应的一种反映，比如流动儿童由于受到社会排斥而表现出无法融入班集体的现象，进而出现孤独、焦虑等心理困扰。由此可见，流动儿童物质文化适应、行为文化适应、制度文化适应和精神文化适应是相互关联的整体，正如文化是相互关联的整体一样，流动儿童文化适应也具有整体性，无法完全割裂地进行分类。上述分类只是为了更清晰地呈现流动儿童文化适应中遇到的各种情况，但我们仍需用整体的视角来看这些文化适应不良的现象。

三　社会工作介入流动儿童文化适应

社会工作是秉持利他主义价值观，以科学知识为基础，运用科学的专业方法，帮助有需求的困难群体，解决其生活困境问题，协助个人及其社会环境更好地相互适应的职业活动。这一定义指出，社会工作本质上是一种职业化的助人活动，其特征是向有需要的人特别是困难群体提供科学有效的服务，社会工作以受助人的需要为中心，并以科学的助人技巧为手段，以达到助人的有效性。

社会工作作为一门在中国本土发展历程较短的专业，但社会上各类社会组织在流动儿童这一群体上的帮扶起到了一定作用，社会工作者始终秉持着专业的服务态度，利用专业的帮扶手段大力推动其文化适应，尽量缩短其文化适应周期，使其更好地融入城市文化，更快地实现自我认同，避免在学习、生活中走入困境。尚伟伟（2018）在研究流动儿童的教育融入中提出应建立包容的政策环境，发挥社会组织的教育力量，创造开放式社会空间。刘玉兰、彭华民（2014）以社会工作视角对流动儿童面临的困境做了相应的论述，指出应从文化视角出发，以社会工作的初心，评估其城市认知与文化适应，构建出流动儿童跨文化适应的良好生态。

社会工作者在介入流动儿童文化适应时，通常根据项目情况以及服务对象的特殊性采用小组工作或个案工作法，一般选取某一方面进行较小维度的干预，没有在文化适应这一大方面整体进行介入，例如，刘欣、苗春凤（2020）基于流动儿童家庭矛盾这一问题，开展家庭沟通教育小组，改善其亲子关系，无独有偶，吴亚丽（2020）在深圳市某社区也以社会工作小组介入、干预了流动儿童家庭亲子教育。

除家庭层面外，朱红玉、李婉秋、秦桂秀（2020）以流动儿童的社会融入为介入点，开展小组工作，使流动儿童面对面小规模活动、交流，利用成员间的相互学习与互助性促成流动儿童的社会化。刘洋（2020）在推动随迁儿童的社区融入方面依旧采用了小组工作的方法，并以优势视角和社会学习理论作为指导，整个活动充分注重发挥组员潜能及帮助组员学习来获得自我效能感，流动儿童的社区融入不仅关系到这部分流动儿童的个体发展，还直接影响社会的和谐稳定（张志满，2020）。类似地，在同辈交往能力提升（叶智强，2020）、自信心提升（张雨桐，2020）、情绪管理控制（谷爽，2020；姚捷，2020），诸如此类的研究中，研究者依然采用了小组工作的方法，而提升流动儿童自身抗逆性的研究则采用了个案工作的方法（范海军，2020）。

社会工作方法是多样的，包括小组工作、个案工作等直接干预的方法，也包括行政干预等间接方法。在面对流动儿童文化适应上，根据实际情况，一般在个案、小组两种方法中进行选择。根据过往文献回顾情况而言，多数学者采用较局部的问题进行干预，比如，同辈交往、家庭亲子关系、情绪管理等，而不涵盖文化适应的方方面面。由此，笔者将采用个案工作方法，对流动儿童的物质文化适应、行为文化适应、精神文化适应、制度文化适应进行整体干预，按照干预程序进行不同程度的介入，以促进流动儿童较为全面的文化适应。

四　文献述评

参考过往二十余年众多学者针对流动人口、流动儿童的研究报告可知，我国关于流动儿童文化适应的研究始终依托于国外移民儿童的文化适应，关于"流动儿童"一词也是作为舶来品渐渐被大家所熟知，而伴随我国的历史发展进程，以改革开放作为一个起点，流动儿童这一群体更多地出现在学者的视野中，并力图在城市化进程中，大力推动他们城市化，促进其城市融入，提升其文化适应能力，塑造更加优质的文化适应环境，以应对迁入地与迁出地的巨大鸿沟，为城市化发展与社会稳定添砖加瓦。

众学者关于流动儿童文化适应的研究中大多以生态系统理论作为支撑，通常以流动儿童本身、家庭、学校、社会环境作为研究划分标准，探讨其在文化适应过程中的困境、面临的难题，以及从这四方面提出建议和倡导。在关于流动儿童文化适应的标准上，则是大同小异，但其重要覆盖的内容几乎都是差不多的，Berry 理论包括文化层面的适应和心理层面的适应，成为后继者的重要研究方向，进而丰富了流动儿童城市适应、文化融合的研究，但关于真正的流动儿童文化适应而言，还是较少有学者将其单独提出，并将文化适应进行清晰划分，再进行实务研究。而对流动儿童文化适应的相关研究，主要探讨社会歧视与社会歧视知觉对流动儿童文化适应的影响，或更进一步，以其心理韧性作为中介变量，一般涉及社会支持、社会排斥、自我效能感等对文化适应的影响。总的来说，近年来的学者逐渐摒弃消极的因素探求，转而进行积极的影响因子分析，始终着力于扭转流动儿童不利的文化适应困境，实现自我身份认同与整合，减少认知冲突，实现城市文化的良好适应。

近年来，社会工作服务更多地介入流动儿童文化适应之中来。社会工作者，尤其是学校社会工作者、社区社会工作者，这两类社工能更多地接触到流动儿童，在政府的支持下，以某一项目的名义对流动儿童进行帮扶，除此之外，高校与社会上的志愿者同样在社会工作相关理论的指导下对流动儿童进行着不同程度的文化干预，力图提高其文化适应水平，使其在学习、生活中更多地感受到流入地的包容与文化氛围，降低其歧视知觉，获得更多的社会支持与自尊。社会工作服务在流动儿童文化适应的过程中扮演着越来越重要的角色，日渐成为提升流动儿童文化适应工作中不可或缺的一环。由此，以社会工作的视角而非心理学、教育学的角度对流动儿童文化适应进行实务研究，是一种趋势，也是一种新型促进方式。

第三节　研究方法与理论基础

一　资料收集方法

（一）问卷法
农民工子女文化适应问卷
（详见第一章）
根据第一章的数据结果，再结合访谈的现实情况，从中选取一名具有特殊性的流动儿童作为研究对象，并以此问卷对案主进行后测，作为干预效果评估的重要数据。

（二）访谈法

访谈法是指研究者根据研究目的，对研究对象进行结构式或半结构式访谈来收集和分析资料的研究方法。研究者对案主、案主家人、案主同伴、案主班主任老师分别使用半结构式访谈，了解案主在城市生活中的困境，分析其需求，以便帮助其了解城市文化，实现城市文化适应。

（三）参与式观察法

参与式观察法是指研究者根据研究目的对研究对象的日常生活进行观察，对研究对象及其家人的情绪和行为表现进行观察，并进行详细记录和分析。笔者对案主在学校的同伴交往、学习情况、与班主任老师的沟通情况、在家庭中的亲子沟通、生活习惯等方面进行细致观察，在把握其基本生活学习情况的基础上了解其心理和文化适应情况。

二　资料分析方法

本研究的资料主要来源于问卷与访谈，因此针对问卷数据，笔者采用SPSS软件进行案主物质文化适应、行为文化适应、精神文化适应和制度文化适应四个维度的前后测对比分析。而针对访谈资料，则根据研究目的对所获资料进行系统性的、有条理的及时整理分析，聚焦于重点问题的回答，对资料进行意义解释与编码，随后在分析时反复回顾访谈的录音资料，以便不缺漏任何关键字、关键词。最后提炼主题，将案主分散的语句归类于相应的主题，最终总结出流动儿童文化适应的需求，个案干预的进展和效果。

三　研究的理论基础

（一）生态系统理论

生态系统理论强调人在情境之中，强调个体嵌套与相互影响的一系列环境中，在这些系统之中，系统和个体相互作用并影响着个体的发展。具体来说，第一个环境层次是微观系统，指个体活动和交往的直接环境，这个环境是不断变化和发展的，是环境系统的最里层，对流动儿童来说，家庭是他们直接接触的微系统；第二个环境层次是中间系统，中间系统是指各微系统之间的联系或相互关系，可以将学校作为流动儿童的中间系统；第三个环境层次是外层系统，是指那些儿童并未直接参与但却对他们发展产生影响的系统，例如，父母的工作环境、社区环境等；第四个环境层次是宏观系统，指的是存在于以上三个系统中的文化、亚文化和社会环境，这些观念存在于微观系统、中间系统和外层系统中，直接或间接地影响儿童知识经验的获得；最后是时间维度，或称作历时系统，把时间作为研究个体成长中心理变化的参照体系，他强调了儿童的变化或者发展将时间和环境相结合来考察儿童发展的动态过程。

针对案主自身及其周围环境系统进行需求评估与干预设计，主要涉及案主本人、案主的家庭、学校、社区环境系统进行串联，构建案主的生活学习链条，针对其困境与不适给予帮助。

（二）社会学习理论

社会学习理论，即是班杜拉探讨个人的认知、行为与环境因素三者及其交互作用对人类行为的影响。按照班杜拉的观点，以往的学习理论家一般都忽视了社会变量对人类行为的制约作用。这对于研究生活于社会之中人的行为来说，似乎不具有科学的说服力。由于人总是生活在一定的社会条件下，所以班杜拉主张要在自然的社会情境中而不是在实验室里研究人的行为。他认为，人的行为，特别是人的复杂行为主要是后天习得的。行为的习得既受遗传因素和生理因素的制约，又受后天经验环境的影响。班杜拉的社会学习理论所强调的是观察学习或模仿学习。在观察学习的过程中，人们获得了示范活动的象征性表象，并引导适当的操作，最后，社会学习理论强调观察学习在人的行为获得中的作用，重视榜样的作用，强调自我调节的作用，以及主张建立较高的自信心。

流动儿童进入一个全新的城市文化环境之中，无论是家庭处境还是学校生活、社会生活都面临着学习的必要性，个人认知、行为与环境将产生交互作用，共同促使流动儿童适应当前环境，而流动儿童也必将以社会学习理论的阶段、方法完成适应任务。本章也将合理利用社会学习理论，以社工的行为榜样和引导促使案主更好地实现文化适应。

第四节　接案与制订干预计划

一　接案

根据第一章中文化适应的调查数据，从中选出文化适应四个维度均低于平均数一个标准差的学生，选出的三年级学生小 Z 的物质文化适应分数是 2.7、精神文化适应分数是 2.8、行为文化适应分数是 2.8、制度文化适应分数是 2.6。三年级学生四个维度的平均数和标准差分别为：物质文化适应（3.31±0.53）、精神文化适应（3.34±0.44）、行为文化适应（3.42±0.40）、制度文化适应（3.39±0.69），同时根据班主任和同学等的访谈结果，选出干预的案主小 Z。

本章的研究对象为北京市大兴区某民办学校的三年级小学男生小 Z，老家在山东潍坊的某山村，随父母到达北京一年左右，经历两次转学，从老家转学而来的也是北京一所民办学校，后因政策影响宣布拆迁解散，转学至当前的学校。

自身情况：案主性格较为温和，但也容易把事情憋在心里，缺少交流沟通的对象和渠道；学习成绩一般，平均能到 80 分左右，但学习压力太大，班主任老师透露其有作弊的现象，且数次不承认，对成绩非常看重；不是积极主动的类型，通常被动接受别人的示好，容易在同伴关系里被忽略。

家庭情况：据案主及其父母透露，案主在老家的学校是县里的公立学校，有学籍，建筑设施、教师质量都还不错，案主学习成绩也一直处于上游。老家的条件其实更适合案主的学习和生活，但为了案主的未来发展，父母还是决定将其带在身边。其父亲是一名卡车司机，母亲为家庭主妇，一家人居于城中村之中，为了节省房租，案主与父母住在一个房间，父母又是严肃权威的家长，案主时常感到很憋闷，姐姐在老家的封闭式学校上高中，案主只能一个月和姐姐打一次电话，所有心里话只能以这样的方式告诉姐姐。

学校情况：民办学校处于城市边缘，学校一般接纳流动儿童，案主的同学大多也是和他一样的情况，少有接触到当地的北京同学；教师上课速度较快，难以照料到每一位同学，案主天赋不高，学习上缺漏较多。

社区情况：案主一家居住的村子没有所谓的社区，都是当地居民自建房出租，没有管理人员，来往人员复杂，邻居是本地的孩子，在附近的公立学校上学，案主对社工表示，很羡慕他们有很大的篮球场和羽毛球场，还有很好看的校服，但他们的题目太难，自己都不会做。

二 需求评估

本章根据问卷数据和访谈记录提炼的基础上进行需求评估，依照问卷以"四层次"分类的物质文化适应、行为文化适应、精神文化适应、制度文化适应进行需求的评估，辅以访谈与参与式观察的结果进行修正。根据调查问卷的数据，案主4个维度文化适应得分均低于三年级同学平均分一个标准差。其中物质文化适应包括：穿衣服饰、饮食、住所、出行、经济水平等；行为文化适应包括：语言、学习、同辈交往、家庭教养、班级活动等；精神文化适应包括：价值观、城市认同和自我认同、经验阅历、心理韧性与自尊等；制度文化适应包括：户籍制度、学校制度等。将案主的需求划分为不同的层次，使需求评估更加清晰明了。

（一）物质文化适应层面的需求

通过对案主的日常访谈以及对案主在学校、家里的表现和周围环境的观察，了解到案主从山东某乡村来到北京，居住于就读学校周围的城中村之中，与父母居于一个房间，缺少自己的空间，父亲以货车司机为职，母亲无业，由于经济条件拮据，母亲也只会选择比较便宜的下午时间去购买蔬菜水果，案主的衣服也是在地摊上的各种"大牌"赝品，案主觉得在外面的时候自己总是格格不入，同时表示，上学总是母亲骑车接送，从来没有自己乘坐过公共交通工具，也不知道北京的公交需要刷两次卡，跟老家不同。

　　社工：在北京的生活感觉适应吗？
　　小Z：和父母住在一个房间，感觉不自由。
　　小Z：上学放学都是妈妈骑车接送，没有坐过地铁，也没有自己坐过公交车。
　　小Z：许多人都说我穿衣"土"，我的衣服都是妈妈在地摊上买来的，妈妈也会在下午比较便宜的时候再去买蔬菜水果，还有就是总是感觉自己的同学对我有意见。我好怀念以前在老家那种其乐融融的场面。

由此可见，案主在物质文化层面，出于老家环境与北京环境的差距，具体表现为"大牌"赝品的衣服和母亲的购物选择使其觉得自己格格不入；家庭经济条件差使其与父母居于一室，无自我空间可言；未尝试过自己乘坐公共交通，希望自己可以学会乘坐公交地铁。

（二）行为文化适应层面的需求

在行为文化层面，案主到达新环境之后必然面临全新的行为应对方式。在语言方面，案主认为老家的方言和普通话其实也有很多共通的地方，所以一直以来也没有觉得很不适应，但在家里父母总是和他以方言交流，但也可以接受。同时在社工与案主的交流过程中也并未发觉其语言表达方面存在与其他孩子不同的情况，语言表达逻辑上也不存在明显问题。因此不存在语言方面的困扰。

> 社工：小Z啊，你觉得你们家乡的话和普通话差别大吗？
> 小Z：我觉得，挺像的，而且我们老家也是用普通话上课的。
> 社工：嗯嗯，姐姐也觉得你普通话很标准，都没什么口音呢。

在学习方面，由于父母的期望过高导致案主不敢有任何理由的成绩失误，其班主任老师表示，案主存在抄作业和考试作弊的行为，并且每次都矢口否认，且其父母很少主动与老师沟通交流。案主自己表示，老家的教学速度要慢很多，北京的学校总是很快，母亲又给他买了很多习题，学习压力很大。在家庭教养方面，其父母是典型的中国传统家长，父亲主外，母亲主内，对案主的成绩分外看重，而不注重亲子之间的互相了解与情感的双向表达，并且会在案主鼓起勇气表达爱意的时候泼冷水，导致案主不再愿意与父母交流情感与心声，案主表示自己同学的父母会跟孩子说"爸爸爱你"这种话，他觉得这种事情不可能在他们家出现。除其父母的权威教育外，案主在学校接收到的环境氛围是平等自由、热烈表达的，这与其家庭完全不同，导致案主心理冲突，不知道自己应该变成什么样子才是正确的。

社工：黄老师，您之前说小 Z 有比较明显的作弊行为，能具体说说吗？

案主班主任老师：这个呀，你也知道，小孩儿嘛，自以为自己掩饰得很好，事实上，大人哪儿会看不出来呢？

社工：这倒是。（笑）

案主班主任老师：他就是，平时成绩一般，但老想考好一点，所以就总是抄别人的答案。过程都是错的，结果又对，每次都弄巧成拙。一眼就看出来了。

社工：您有提醒过他吗？

案主班主任老师：怎么会没提醒过呢，我明示暗示都用上了。每次都好声好气地跟他说，做错不要紧，不能装懂，这样以后啥也学不到。我还重复问他"这是你自己算出来的吗？"他每次都说是。（笑）

社工：小 Z，我刚才和你班主任老师聊了会儿。（案主神情紧张）

小 Z：姐姐，你们都说什么了呀？

社工：说到一个不太好的习惯，你是不是特别希望每次都考特别好？

小 Z：那肯定呀，我考不好，我爸会打我，我妈妈会骂我的。

社工：那你每次都是凭自己努力考到那个分数的吗？你有没有看过你同学的答案呀？（案主低头，不敢看社工）

小 Z：姐姐，你别告诉我妈妈。（沉默很久）

社工：你能跟姐姐说说你为什么要这么做吗？（温柔开导）

小 Z：我……我爸妈特别凶，我要是不考好的话，他们都会骂我的。我在老家的时候觉得学习挺轻松的，来这儿以后就觉得老师讲课好快，我都跟不上了。

社工：小 Z 妈妈，您在北京这边生活是不是不太方便。

案主母亲：那肯定是啊，你看我们住这边，又偏又窄。（案主家位于城中村）

社工：嗯嗯，我过来花了差不多两个半小时（微笑）

案主母亲：这不都是为了孩子嘛，他可得好好学习啊，不能再像我跟他爸似的，干这种体力活，还赚不了多少钱。

社工：那您肯定对小 Z 的成绩很看重吧？

案主母亲：哪能不看重呢？我们都盼着他呢，我还额外给他买了习题册，他们现在民办小学的教材和公办小学教材还不一样，我都给他买了一套公办学校的书，让他多学多看，你们学历高，你也知道学习才是改变命运的出路。

社工：这是当然，但是您知道小 Z 的学习压力很大吗？他们班主任老师和我聊天的时候还感觉到小 Z 有点力不从心了。

案主母亲：这我倒是不太清楚，他每次考试都挺好的呀。哎，其实心里盼望着他考好点，但是哪能真让他只学习啊，做父母的，不都是希望孩子平平安安、顺利地过。只是我们这种情况，读书是最有出路的。

社工：父母心，我们都懂，但是小 Z 还小，他可能觉得父母就只看成绩，别的也不敢跟您说。

在同辈交往方面，案主自转学以来交往最好的朋友却即将转学离开，案主感到非常落寞难过，且自身的性格不愿主动与人交往，不愿意主动参加班级活动，除了舍不得好朋友，还担心自己之后也不会交到好朋友。据其同班同学反映，小 Z 不是外向的性格，要同学主动叫他，才会参与一些集体活动，而且他的作弊行为导致同学们不太喜欢与他往来。而在家庭周围，案主邻居家的小孩都是在公立学校上学，其设施与师资都大大好于案主所在的小学，使得案主感到自卑，既向往又胆怯。

社工：小 Z，你最近是不是因为好朋友的转学特别难过？

小 Z：嗯，我挺不适应的，他要转学走了，我以后都不知道跟谁玩了。

社工：你们班上还有很多其他的同学呀，我觉得小赵（那个转学走的同学）和他们也玩得很好呀，那你也可以和他们玩呀。

小 Z：他人缘儿特别好，所以大家都喜欢和他玩。

社工：对呀，他有没有带你和他们一起玩过呢？

小 Z：有过两次吧，后来都没一起玩了。

社工：那你在家附近有没有一起玩的小伙伴呀。

小 Z：没有。

社工：家附近没有同龄的孩子吗？

小 Z：看见过几个。

社工：他们是不是不在这边上学呀？

小 Z：嗯，他们读的学校和我不一样，他们学校很好，好像什么都有，什么都特别好，我们学校就没有。

社工：你们说过话吗？

小 Z：刚来的时候说过，后来就没了。

社工：你们觉得小 Z 是个什么样的同学呢？

案主同学 1：他挺内向的，不爱和我们一起玩。

案主同学 2：对，他好像只和小赵一起玩，不过小赵要转学了。

案主同学 3：不知道他喜欢什么，我们一般都一起打篮球，他好像之前打球摔了一下，就不怎么打球了。

案主同学 4：我觉得…（犹豫）

社工：没关系，你随便说说，我也随便听听哈哈哈。

案主同学 4：我不太喜欢他，之前考试他老是抄我的答案，我不喜欢这样。

总的来说，案主在行为文化层面的不适表现为：因父母学习期望过高而表现出不诚实的行为；学习压力大；好友离开的悲伤与焦虑；家庭权威教育下的情感表达不畅、性格冲突挣扎；班级主动性差。

（三）精神文化适应层面的需求

在精神文化层面，一方面可从物质文化和行为文化的不适应中提炼出，另一方面需要在日常观察中了解到。在价值观方面，其在消费、自我表露、社交等不同方面的表现都较偏传统的趋向，与北京城市的环境稍显不够融合；在城市认同和自我认同方面，父母也曾带领其去参观了故宫，但就是走了一圈，对其建筑特色和意义毫不知情，参观后的唯一好处就是可以告诉别人自己去过了。案主表示，觉得北京很大，自己却很渺小，缺乏自我效能感和自我认同，同时大家都觉得北京很好，所以自己也觉得北京很好，但不知道究竟有什么魅力使得父母非要让他在北京学习、生活；在经验阅历方面，案主从未去过北京与山东老家之外的任何地方，除课本知识外没有接触过其他的见闻，学校的志愿者来分享的东西他觉得很惊奇，但只能在大学生志愿者来的时候才能听到；在心理韧性与自尊方面，案主的心理接受度不算很高，好友的转学使其感到焦虑，难以自我排解，但其拥有较高的自尊，为自己的穿衣和生活习惯与"城里人"不同而感到难堪瑟缩，表现在外就是不自信、心理自卑。

> 社工：对北京了解吗？
>
> 小 Z：只去过故宫，就是走了一圈，只记得有许多高大的建筑。感觉北京很大，自己好渺小。
>
> 小 Z：周围的人都觉得北京很好，但我一直不理解父母为什么让我非要来北京学习，我觉得在老家很习惯。
>
> 小 Z：觉得自己穿的衣服很"土"，家里吃的用的，和城里人不一样，感觉自己不如城里人。

总结而言，案主在精神文化层面的不适具体表现为：价值观偏传统；城市认同更多是外部推动，缺少内因，自我认同不足，有自我否定的趋向；经验阅历的获取途径不足；心理韧性不强，难以自我修复；比较心理使其感到自卑与不自信。

（四）制度文化适应层面的需求

在制度文化层面，案主拥有所有来京流动儿童的不适和困境。户籍制度的阻隔使得案主无法进入北京的公立学校，父母缴纳额外的"教育费"进入公立学校无门只能将案主送进私立学校，也就是俗称的打工子弟学校，使用的教材、教师的质量都与公立学校不同且相去甚远；同时，在更小的维度，班级建设的班级制度也是其中之一，班级所强调的诚实考试，据班主任老师所言，案主也没有做到。

> 社工：家附近没有同龄的孩子吗？
>
> 小 Z：看见过几个。
>
> 社工：他们是不是不在这边上学呀。
>
> 小 Z：嗯，他们读的学校和我不一样，他们学校很好，有很大的篮球场、羽毛球场，什么都特别好，我们学校就没有。
>
> 社工：黄老师，您之前说小 Z 有比较明显的作弊行为，能具体

说说吗？

案主班主任老师：他就是，平时成绩一般，但老想考好一点，所以就总是抄别人的答案。过程都是错的，结果又对，每次都弄巧成拙。一眼就看出来了。

总的来说，案主在物质文化适应、行为文化适应、精神文化适应、制度文化适应层面都有不同程度的需求，由于四种文化适应之间相互关联、相互影响，在干预方案设计时，从社工可操作的现实角度出发，尽力从各种文化适应需求入手，实现直接干预，同时也促进相关联的文化适应得以促进和改善，但对无法直接干预的户籍制度带来的入学问题等，则从建议和倡导的角度出发，进行间接干预。

三 干预方案的设计

干预方案基于案主需求而设定。依据文化适应的"四层次"理论，将案主需求依次纳入四种不同的分类之中，社工将依照物质文化适应、行为文化适应、精神文化适应、制度文化适应的不同需求，设计不同阶段的干预方案。

（一）建立专业关系

服务阶段	服务目标	服务内容
阶段一	与案主及其家长、老师建立专业关系。	1. 通过班主任老师与案主初步接触，增加信任度。 2. 参与班级的课外活动，与案主及其同学打成一片。 3. 为案主的课下作业提供讲解、在其生日时赠送小礼物，以拉近距离。 4. 通过案主及其班主任老师与案主家长建立沟通。

（二）物质文化适应层面的干预

物质文化的穿衣服饰、饮食、出行等均由社工带领去感受，比如带领案主感受北京地铁的坐法，刷公交卡的方法，以及享受不同的地道北京特色美食，城市穿戴潮流等，而社工无法改变的住所环境、经济条件，需辅以精神文化的适应来改变案主的心态。

服务阶段	现状分析	服务目标	服务内容
阶段二	1. 穿衣是地摊货的名牌赝品。 2. 没有独自乘坐过公交地铁。 3. 住所狭窄，缺少独立空间。 4. 对母亲总是购买特价菜品感到难堪。	通过社会学习理论，建立榜样，帮助案主正视当前处境，以及对其周围生态系统环境的介入，建立案主可学习的条件，在现有条件下完成对衣食住行的初步转变和接受，同时在精神、心理层面也有一定提高。	1. 通过网络视频观看网络博主的地摊穿搭风格，并与案主共同进行菜市场衣服穿搭尝试。 2. 社工带领其外出乘坐公共交通。 3. 购置或自制带锁的箱子储存自己的私人物品。 4. 与母亲和孩子一起逛一次菜市场或超市，了解母亲的初衷与当前现状。

（三）行为文化层面适应的干预

行为文化的语言方面，案主无普通话使用方面的困扰，社工没有设计相关活动；而就其学习情况，社工可安排链接志愿者进行补习，查漏补缺，并安排了小组学习的活动，彼此交流学习经验；其同辈交往方面，可挖掘其兴趣点，与同学、邻居实现兴趣重合；而其家庭教养方式则需与其照料者进行协商，使案主敢于表达自己的需求与想法，实现家庭成员的互相了解，和谐沟通；同时，在班级里组织活动，由案主选定主题组织活动，达到班级"主人"的熟稔感。

服务阶段	现状分析	服务目标	服务内容
阶段三	1. 学习压力大，存在作弊现象。 2. 好友转校，感到焦虑。 3. 权威型父母使其不敢表达自我和感情。 4. 父母与班主任交流较少。 5. 班级活动不主动。	在生态系统理论指导下，对其朋辈、家庭等微观系统进行干预，帮助案主在行为文化层面实现突破与转变，使其可以应对学习的压力和好友的退场，在父母面前也可以实现自由表达和情感外放，在班级里可以勇敢参与班级活动。	1. 深度谈心活动，分析作弊原因与心理，并鼓励参与班级活动，制定班级公约。 2. 链接大学生志愿者或社工进行从前的查漏补缺，补习功课。 3. 组织好友告别会和篮球比赛，增进与同学的交流与情感链接。 4. 拥抱新朋友。挖掘兴趣点，与邻居、同学实现兴趣融合。 5. 家庭干预—— （1）双向表达，说说心里话。 （2）缓解父母对成绩的紧迫感。 （3）增加父母与老师的往来。

（四）精神文化适应层面的干预

精神文化的适应是与物质文化、行为文化相辅相成的，同时又促进制度文化的适应。心理、精神文化的适应，才是完全融入城市文化的标志（迟云福，2013）。由此，关于精神文化适应的干预可从以下入手：带领案主"认识我们的城市",从胡同、四合院等别具特色的建筑到东交民巷等较有近现代特色的场域再到鸟巢等现代建筑,进行参观了解北京的时代发展,实现城市认同;设计一场以案主为中心的朋友告别会和篮球赛,挖掘并表露自身的优势,增强自信与自我认同以及自我效能感;利用网络,带领案主了解广袤的中国文化、世界文化,增加其阅历,丰富其见闻;增强挫折应对能力,引导其合理宣泄压力。

服务阶段	现状分析	服务目标	服务内容
阶段四	1. 价值观偏传统。 2. 对北京的认识片面。 3. 自我认同不足。 4. 经验阅历匮乏。 5. 心理韧性不强,自卑心理突出。	在精神文化层面使案主缓解其在物质文化、行为文化层面甚至制度文化层面的不适,调整心态和认知取向,实现对城市文化与自我的深入了解的认同,增强自我修复和鼓励的能力。以社会学习理论的观察学习为主,以便使案主获得对周围事物的新经验,实现认知升华。	1. 认识我们的城市。带领案主参观胡同、四合院、铁路博物馆等建筑并讲解其来源、意义。 2. 重新认识我自己。找出自己的优点。 3. 别人眼中的我。组织篮球比赛,看看同学、老师眼中的自己。 4. 社工帮助案主通过网络了解感兴趣的不同文化与事物,以及世界上千千万万的其他人。

(五) 制度文化适应层面的干预

制度文化的适应是很难干预介入的,大到户籍制度导致的案主无法进入公立学校,小到学校、班级的规定制度使案主显得局促都是极有可能发生的,因此,公立学校的准入困难社工难以进行人为的介入,只能在精神、心理方面使案主及其家庭不要太过沉重与压抑,多帮助其了解流动人口政策,做好风险防御;在学校与班主任老师进行沟通交流,希望老师可以多留意班上存在感较低的案主,使其参与到班级建设中去,对学校的特有文化则需要多去了解。

服务阶段	现状分析	服务目标	服务内容
阶段五	1. 无法进入公立学校,当前所处民办学校教育质量不良。 2. 班级制度的束缚。	与物质文化、行为文化层面的适应相结合,调整心态接纳现状,转变行为。	1. 社工帮助案主及其家庭了解流动人口政策。 2. 将公立学校的教材、习题版本介绍给案主及其家长并应用起来。 3. 辅助案主制定并遵守班级公约,摒弃作弊等不良行为。

在上述干预方案的设计中,我们在尽力对案主的物质文化适应、行为文化适应、精神文化适应和制度文化适应均设计了干预方案,但主要是针对物质文化适应和行为文化适应进行直接干预。通过熟悉北京环境提升案

主物质文化适应,同时也促进案主对城市文化的认同,提升其精神文化适应;增强案主与同学的交流与友谊,提升了案主的行为文化适应,同时随着同伴的接纳,也会增进其自我认同,减少孤独、退缩、不主动等,促进其精神文化适应。提升案主的学习能力,不仅提升了其行为文化适应,也更容易遵守学校的校规,实现学校的制度文化适应。因此,干预方案的设计,在直接干预的基础上,同时也运用了四类文化适应相互关联、相互影响,形成一个整体的特点,在干预某类文化适应时,也尽力促进案主其他文化适应的改善。

第五节 介入过程

一 建立专业关系,拉近彼此距离

(一)第一次服务

1. 服务目标:与案主的初次会面,针对案主的性格特点,进行适当的主动交流,以了解其特质。

2. 服务时间:2021年6月2—8日

3. 服务地点:小Z所在学校

4. 服务过程:

在前期的资料收集过程中,社工在案主的班主任老师与同班同学处知悉的案主形象一直是内向内敛的,同时社工也在尝试接触案主,此时社工对案主而言还是一个陌生人,案主的抵触情绪还比较明显,即使回答社工的问题也是言语简短、仪态瑟缩的,不愿意开口说话,但是在其他同学在场的时候,也能跟着答话,有点不愿"出头"。因此社工在课下时间与案主及其同学打成一片,综合了解案主的喜好及在同伴中扮演的角色。

  社工:你们都是一个班的是吧。

  案主同学1:对姐姐,我以前没见过你,你是新来的吗?你要跟我们做游戏做活动吗?

  社工:对,我和你们之前见到的其他姐姐都一样,会陪你们待很久的。

案主同学 2：太好了，我可喜欢做活动了。

社工：那你们都喜欢什么啊，说说看。

（案主同学们你一言我一语地说了很多自己的爱好）

社工：那小 Z 呢，大家都说了，你还没有说呢？

小 Z：我……我没有参加过他们说的活动，我刚转学来没多久。

社工：没关系呀，没有参加过那些活动也可以，你平时喜欢什么呢？

小 Z：我挺喜欢打篮球的，还有跆拳道，但是我妈妈不让我打，我上次打球擦伤了一下。

社工：篮球这个爱好多好啊，不过妈妈的担心也有一定道理，你在学校和同学们打过球赛吗？

小 Z：我和小赵一起打过。没有打过球赛，我们就是打着玩儿。

社工：哈哈，你还是很勇敢的，我小的时候打篮球只怕被球砸到了。（鼓励的眼神）

社工：诶，对了，你们都多大呀，你们之中谁最小？

案主同学 3：我们都差不多大的，就是月份不一样。

社工：小 Z 你是几月呀，你看着比他们都小一点。

小 Z：我是 6 月，过几天就是我的生日。（害羞地挠了一下头）

社工：哇，这也太巧了！

5. 服务结果

经过与案主及其同学的课下闲聊，对案主有了更深的解读，从同学得知了案主的生日，为下一步与案主建立关系提供了契机，社工可从生日礼物入手，逐步打开案主的心扉。

（二）第二次服务

1. 服务目标：进一步拉近与案主的距离，使其能够主动与案主交流更深层次的内容，不再是浮于表面。

2. 服务时间：2021 年 6 月 15 日

3. 服务地点：案主所在学校

4. 服务过程：

上周的一段时间的课后闲聊得知案主的生日即将来临，且案主的性格是需要引导，并非完全不愿开口，在同伴中总是不起眼的角色，社工需要抓住这个巧合的机会，一方面与案主深入互动，另一方面借此试探案主对同伴的需求。考虑到案主已有篮球等器材，因此社工准备了一套跆拳道服作为案主的生日礼物。同时为案主提供了课后作业的指导，让案主意识到有技巧进行学习会更加轻松。

　　社工：小Z，祝你生日快乐，姐姐为你准备了一套跆拳道服，送给你，希望你能够健健康康、每天进步！

　　小Z：谢谢姐姐！（脸上笑容很明显），但是，我妈妈不让我拿别人的礼物。

　　社工：陌生人的礼物当然不能随便拿，但是我们已经认识好久了吧，你每天都能在学校见到我呀。

　　小Z：嗯！（开心地拿过礼物）谢谢姐姐！

　　社工：不客气。我希望能和你们都做好朋友呢。

　　小Z：姐姐，你上次说同学们都参加了很多活动，我……（犹豫）

　　社工：你想参与一下吗？

　　小Z：嗯，但是我怕同学们不跟我玩。

　　社工：不会的，我小时候也担心同学们不喜欢我，但是后来我的同学们告诉我，他们都很喜欢我的，所以，自信一点。（同理心）

　　小Z：嗯。

　　社工：你最近学习还好吗，有没有什么不会的题目？

　　小Z：有不会的。

　　社工：那你把今天的作业拿出来，我帮你看看行吗？

　　小Z：好。

　　（案主拿出他的作业本，社工帮助其订正了其中的错误题目，并且在学习时钟那一章时建议案主如果不会算时间走过了多少圈，可以选择自己画一个表，在草稿纸上用表针走几圈看看，案主表示这个方法很实用）

　　小Z：姐姐，你好厉害啊。

　　社工：对了，你来北京这么久，去逛过北京吗？

　　小Z：我妈妈带我去过一次故宫，别的都没去过了。

　　社工：你想不想去看看北京的胡同？如果你愿意的话，我可以和你们班主任老师还有你妈妈去说一下，我们周末就去。

小 Z：我可以吗？

社工：当然可以！

5. 服务结果

在礼物的加持下，案主与社工的关系拉近了很多，同时，社工在一群孩子里只对案主格外关注使得案主第一次站在大家的"前面"，感受到了重视，并且社工的课业方法对案主也很实用，使得案主对社工产生了比较高的信赖，因此社工提出带领案主外出感受一下北京的风土人情时，案主也就欣然答应了。

（三）小结

案主的流动儿童身份使得他在物质文化适应、行为文化适应、精神文化适应、制度文化上适应上均有困境。建立专业关系是后续干预极其重要的前提，社工需要案主的信赖与诉求表达，案主需要社工的专业分析。在本阶段，旨在通过案主周围的同学、周围情境以及为案主赠送礼物以达到案主对社工的信任度。社工运用了自我剖析与披露的专业手法，增强与案主的情绪共鸣，在沟通过程中始终保有同理心，接纳案主的不自信与胆怯，让案主认识到自己也是可以正常交友、努力克服学习困难的，同时社工的独特关照也使案主认为自己是有独特之处的，增强其自信，利于双方的信任关系的建立。在两次会谈之后，可以明显感受到案主的情绪变化，从一开始的不敢发言，到和社工独自交谈的坦诚，这都对后续干预有着非常重要的意义。

二　熟悉北京环境，提升物质文化适应

（一）第一次服务

1. 服务目标：通过熟悉北京的物质文化，提升案主的物质文化适应。

2. 服务时间：2021 年 6 月 20 日

3. 服务地点：北京市内（胡同、北京四合院、北京铁路博物馆）

4. 服务过程：

经过前两次的服务，案主对社工明显有一个越来越亲近的趋势，但在学校环境之中还是比较被约束，社工选择在周末时带领案主在北京市内感受一下北京的特色胡同、四合院，学习坐公交、地铁，熟悉北京的交通状

况，适应北京的交通出行，通过吃北京小吃，体验北京的饮食文化。首先
与案主的班主任老师沟通是否可行，麻烦班主任老师先与案主母亲透露了
一下，并由班主任老师介绍，社工加上了其母亲的微信，在微信上与其交
涉了此次出行的相关事宜，并以身份证与学生证作为证明，获得其信任。
最后在三方同意的情形下，社工亲自去到案主家里，与其母亲当面讲述，
带领案主外出。作为流动儿童，案主对北京物质文化的认同也是文化适应
的主要因素。

　　社工：我们今天去的铁路博物馆，先要规划一下出行路线，我们
一起了解一下如何去？

　　小Z：我们一起查一下路线吧。

　　社工：好的，小Z你看，我们先要坐公交车，之后坐地铁，这
次你也体会一下如何坐地铁。

　　小Z：地铁又快又舒适，我下次还想坐。

　　社工：好的，我们今天回来的时候还可以再坐地铁，中午我们可
以吃北京的小吃？

　　小Z：太好了！姐姐北京有什么小吃呀？

　　社工：我们搜搜看，你喜欢吃什么？

　　小Z：太多好吃的！我都不知道选什么了。

　　社工：那我们先尝尝北京的老冰棍和酸奶吧，在北京胡同里
就有。

　　小Z：这老冰棍和酸奶我都是第一次吃，真好吃！

　　社工：小Z，你看这些胡同，你们老家有吗？

　　小Z：没有，我第一次见。

　　社工：胡同里有各种北京特色的四合院，如果有的开放，我们可
以参观一下。

　　小Z：这些四合院设计得真美！

　　社工：现在累了没有？我们中午吃一碗北京的炸酱面吧，体验一
下老北京的味道！

　　小Z：这面真好吃！

　　小Z：姐姐，这个铁路博物馆里面是不是有很多火车。

　　社工：对呀，我们可以进去看看。

（小 Z 对此感到非常开心，明显感到话多了不少，一直在询问各种火车，还说自己好像没有看到过绿皮火车，看起来很高，自己肯定爬不上去。）

社工：你很喜欢火车是吗？

小 Z：我只坐过一次，就是来北京的时候，我觉得很神奇，很快就到了，我早上还在山东老家呢，下午就到北京了，真快！

5. 服务结果

外出活动案主了解了北京胡同文化、北京四合院，让案主直接感受到了北京物质文化，而且参观了铁路博物馆，案主了解了铁路和火车的发展历史，也了解了现代科技发展给人们生活带来的变化。让案主在体验北京文化的同时，也了解了北京的交通出行，并且体验的坐地铁的感觉，吃北京的特色小吃，感受北京的饮食文化。通过上述活动，促进其物质文化适应。同时也增强了案主对北京文化的认同，同时也会提升其精神文化适应。

（二）第二次服务

1. 服务目标：通过了解母亲购物时的感受，促进案主积极的心理调试，提升案主的物质文化适应。

2. 服务时间：2021 年 6 月 27 日

3. 服务地点：案主家附近的菜市场

4. 服务过程：

经过与案主一起熟悉北京文化，案主对社工的信任程度增加了，而且感受到越来越亲近了，为了克服案主由于自身经济条件差而产生的自卑感，不理解母亲下午买菜和水果而产生的尴尬感，自己没有独立的空间而出现无自由的感觉等。与案主的母亲协商，安排和案主及母亲一起去一次菜市场，感受一下母亲买菜时的感受，更多地理解母亲的行为，促进案主积极的心理调适。

社工：你觉得在家里没有自主的空间，我和你妈妈商量，可以给你买个小箱子，装上你自己的物品，而且可以买把锁自己锁起来，你愿意吗？

小 Z：姐姐你真好！我妈妈能同意吗？

社工：我问问你妈妈试试？

小 Z：好的！（案主将信将疑，但有期待的目光）

社工：妈妈同意了，那我们这个周日下午和妈妈一起去菜市场买小箱子和锁吧。

小 Z：那太好了！

社工：我们下午去给小 Z 买个小箱子，让他自己选可以吗？

案主妈妈：好的，我也顺便买些菜。

社工：平时也是在这给小 Z 买衣服吗？

案主妈妈：是的，平时大多在这买。

社工：这些衣服的样式还挺好看的，我也试试看。

小 Z：姐姐你穿上这件衣服挺漂亮的！

社工：你不觉得这件衣服很土吗？

小 Z：不土，挺漂亮的。

社工：那你还觉得自己身上的衣服很土吗？

小 Z：感觉没那么土了，这里也会有好看的衣服。

社工：那你自己选一下小箱子和锁吧。

小 Z：这个小箱子我喜欢，这把锁我也喜欢。

社工：您一般都会选择下午来买菜吗？

案主妈妈：是呀，下午水果和菜都会便宜一点，而且质量也不太差，他爸爸工作很辛苦，他到这边上学压力会更大些，能省一点是一点，这样可以给他买更多的学习资料。

社工：小 Z 能理解妈妈的想法吗？

小 Z：爸爸妈妈这么辛苦，都是为了我能有一个更好的学习和生活条件，我可以理解妈妈。

5. 服务结果

通过买小箱子和锁，满足了案主有自主空间的需求，而且得到了妈妈的同意，实现了这个愿望，让案主特别开心。通过社工试衣服，让案主感受到地摊上的衣服也不一定都不好看，改变了案主觉得自身衣服土的主观感受。通过了解妈妈下午来买菜的想法，更多地理解了父母的辛苦，他们还是为了给自己创造更好的条件才节省的，更多地理解了母亲的行为，降低了自己的尴尬感。

（三）小结

通过两次服务，提升了案主物质文化适应，而且拉近了与案主的关系，得到了案主更多的信任和亲近。在熟悉北京的交通、饮食、建筑等物质文化的同时，提升了案主对北京文化认同，进而提升了案主的精神文化适应。通过调整自己的认知和想法，更多地理解父亲的辛苦和初衷，让案主更积极地调整自己的心态，适应自己物质生活不富裕的现状，也增进了案主的物质文化适应，同时提升了案主心理调适的能力，也提升了案主的精神文化适应。

三　深度谈心探讨，组建学习小组

（一）第一次服务

1. 服务目标：挖掘出案主对于学习行为与同辈交往的深度态度，并剖析其中的原因，同时使得案主愿意接受社工之后的介入。

2. 服务时间：2021 年 6 月 20 日

3. 服务地点：北京市内（胡同、北京铁路博物馆）

4. 服务过程：

经过与案主关系建立的服务，案主对社工明显有一个越来越亲近的趋势，但在学校环境之中还是比较被约束，社工选择在周末时带领案主在北京市内感受一下北京文化。也在案主放松的心态下，此次服务也将深入挖掘案主的学习行为问题源自何处，便于介入学习行为。

　　社工：小 Z，你看这些胡同，你们老家有吗？

　　小 Z：没有，我第一次见。

　　社工：北京胡同已经有几百年的历史了，每个老房子都有自己的故事，很神奇的。

　　小 Z：跟人一样吗，都有故事。

　　社工：对呀，很复杂的。你也有自己的故事，对吧。

　　小 Z：嗯。

　　社工：没关系，不想说可以不说。

　　社工：北京和老家确实会很不一样，你觉得哪里比较好？（参观铁路博物馆结束后，案主心情特别好）

　　小 Z：我更喜欢老家。老家有很多邻居的小伙伴儿，下课也没有那么多作业，而且我觉得我在老家的时候，我爸妈对我更好。

社工：怎么会这么说呢？父母对孩子的感情是不会变的。

小Z：我在老家和爷爷奶奶住的时候，他们就会打电话给我，不会骂我，但是现在每天，每天我爸爸都会问我的成绩，我妈妈给我买了很多习题，做都做不完。

社工：小Z，姐姐听你们班主任老师说了一件事情，你觉得成绩特别重要是不是。

小Z：嗯。

社工：那你承认自己抄同学的答案这个事情吗？

小Z：……嗯。（低头沉默不语）

社工：姐姐没有任何责怪你的意思，你不要觉得不开心，姐姐也不会因为这个以后就不和你玩了，我只是想知道，你为什么总是这样呢？（安慰）

小Z：我就是想考好点。

社工：你自己跟不上老师速度吗？

小Z：嗯，我不会写的地方我就想抄同学的，我特别想考个很高的分数。

社工：我知道你们都想好好考个高分，我小时候也想每次拿第一。

小Z：其实……就是我怕我爸打我，每次我考得不好，我爸就会打我骂我。

社工：你妈妈呢？

小Z：我妈就让我每天写作业，下次再考不好就作业更多了。

社工：姐姐知道了，不要有负担小Z。在小朋友时期其实是很正常的，但是下次，尽量不要作弊了好吗，这样对其他同学也不公平对不对，你妈妈那边，我去帮你说一说好吗？

小Z：嗯。（低头）

5. 服务结果

同时也使得案主更加轻松，没有那么多顾忌与紧绷，敢于表达自己的想法，社工从中加以引导，案主的心理防线也就相应地被拉低，在与社工的交流过程中数次表现出觉得作弊行为是不对的，但是畏惧于家庭之中父母的威严不敢让自己的成绩看起来很差，长久以来已经形成了一种习惯，在社工表达出愿意介入其家长的想法之后，显示出不太相信，但仍然抱有一定期待，社工需要对此作出实质性的介入。

（二）第二次服务

1. 服务目标：为案主建立学习小组，吸纳不同成绩的同学作为小组成员，一方面提高案主的学习能力，另一方面为案主的同辈交往提供接触机会，在此过程中发展出稳定的同伴关系。

2. 服务时间：2021 年 6 月 25 日至 10 月 20 日

3. 服务地点：案主所在学校

4. 服务过程：

此学习小组的成员均是即将转学的小赵同学的好朋友，一共有 6 位，时间定在每天下午放学后的一小时，孩子们可以在此时间段内写作业、订正错题、预习、交流学习心得，9 月开学之后在"双减"政策后，学校增加了一小时的额外托管服务，为此活动提供了更好的便利，班主任老师也可参与其中，为他们答疑解惑。社工意图借助小赵这个共同话题为案主打造一个可拓展的学习圈子与交友圈子，在最大限度上避免案主的畏惧情绪与胆怯心理，同时，小组成员的成绩有高有低，刚好符合互帮互助学习能力提升的目的。

> 社工：小 Z，你觉得你的哪个科目最难呢？
>
> 小 Z：数学吧，好多题目，小 A（班上的同学）知道好几种解法，我只能做出老师教的那种。
>
> 社工：就是反应有点慢是吧。
>
> 小 Z：嗯，有点吧。
>
> 案主班主任老师：小 Z 吧，就是写作业挺慢的，但是只要认真了，正确率还是挺高的。
>
> 社工：你看，你们老师也这样说，你只要认真了，其实成绩很容易就自己提高了。
>
> 小 Z：但是小 A 他们就好像不用花太多时间就能学好。
>
> 社工：那你的观察能力还是很好的，可以看到同学们的优点。
>
> 小 Z：嗯。（低头笑）
>
> 社工：那这次我们组建的这个学习小组，就有你说的小 A，你就

可以在小组里面看看他是怎么学习的。

小 Z：嗯。

社工：多多学习他们的学习经验和想法，很多东西可以借鉴的。

5. 服务结果

从 6 月开始，到 10 月结束，除去暑假的两个月，学习小组经历了接近两个月，据班主任老师反馈，孩子们之间的互相学习使得案主受益颇多，面对学习的态度有所转变，从原来的抗拒型、被动型逐渐有所转变，暑假期间还通过微信将暑假作业拍给社工，询问有所不同的地方，案主母亲也表示，有这种互相学习的机会比起单纯的自己反复练习更加有效率、有成果。

（三）小结

行为文化适应指在某一群体内的适应性，案主在学校环境之中由于对学习成绩的格外看重导致了作弊行为的产生，而这一行为并不符合学生群体的行为规范，案主的同伴关系较差也有此一方面的缘由，使得案主产生了不适应之感。社工的深度谈心活动牵引出案主的内心想法，并对症下药组建了学习小组，以同学作为案主的学习榜样、模仿对象，为案主提供学习与交友双重功能的场合与机会，案主的表现逐渐融入了群体规范。案主学习态度、学习能力的提升，不仅改善其行为文化适应，随着案主自信心的提升，也会促进其精神文化适应的提升，当案主可以自己考出好成绩，就不会再想作弊，也会促进案主对学校制度文化的适应。

四　消弭亲子误解，重连亲子关系

（一）第一次服务

1. 服务目标：帮助案主母亲了解当前与案主的不正确沟通方式，认知到当前状态的不利影响，同时还需要通过母亲影响到父亲，改善与孩子的日常相处及沟通的态度。

2. 服务时间：2021 年 7 月 4 日

3. 服务地点：案主家中

4. 服务过程：

案主与父母之间存在关于学习的不当误解，案主认为父母只看重成绩，而父母由于流动人群的特征，对案主有着学习上的较高期待，具体便表现在对学习成绩的过分强调上，社工首先便需要与案主的父母进行沟通，从案主所能感知到的部分进行改变。

　　社工：小 Z 妈妈，您之前说，作为父母其实相比于成绩还是更看重孩子的平安健康是吧。

　　案主母亲：当然啊，啥都没有健健康康的重要。

　　社工：是，我父母对我也是这样。

　　案主母亲：那肯定呀，全天下当人父母的都这样。

　　社工：不知道您知不知道一件事儿，是关于小 Z 在学习上的，就是他们班主任老师反映，小 Z 总是在考试的时候抄同学的答案。

　　案主母亲：这孩子，这孩子怎么这样啊，还作弊。(有点怒气)

　　社工：您别生气。我今天就是想跟您说一下这个事儿。

　　案主母亲：我也没跟他们老师去联系，都不知道这个事儿。

　　社工：您也别自责，但是孩子这样已经很久了，这样特别不好，不仅自己学不到真东西，还对其他同学也不公平，导致其他孩子都不太乐意跟他玩，小 Z 在学校只有一个好朋友，那孩子下学期还要转学了。不过您也别跟他发火质问他。

　　案主母亲：哎，你说这。我平时就只想着让他多做点习题，别落后人家，结果还这样。

　　社工：跟您说这个事情，主要是因为，我前几天和小 Z 聊了很久，我问了他为什么总是作弊，除了真的不会写，为什么每次都抄人家的答案，老师也提醒过他好多次也不改。其实是因为，他害怕考差了，拿到不好看的分数回家会被您和爸爸骂，他特别害怕爸爸，对吗?

　　案主母亲：您说得对，他爸对他是挺凶的，不过也是为了他未来着想，不好好学习考个大学，以后可怎么办啊，跟我们一样吗?

　　社工：我理解您的意思，学习当然是特别重要的，我的父母也特别看重我的学习，但是他们也很包容我偶尔的失误。(自我披露)

　　案主母亲：这孩子，我都不知道他这样。

　　社工：您也别太着急，还来得及的。我帮他们组了个学习小组，里面有学习成绩特好的那种孩子，他们之间可以帮着互相学习一下，不像之前那样，一个人闷头学。现在最主要的是，我们要消除小 Z

的这种作弊行为。

案主母亲：那可太谢谢您了。这得怎么做啊？

社工：我建议呢，您和他爸爸以后稍微放松对小 Z 学习成绩的那种紧张，他心理压力小了自然就不那么做了，再加上学习小组，自己掌握真才实学了，慢慢地就不会作弊。最重要的就是千万别因为孩子考差了就打他骂他。

案主母亲：行，我相信您，之后我也跟他爸爸多说说。

社工：嗯嗯，您和他父亲得保持一致。他现在也慢慢大了，再那种棍棒式教育可能也就没那么适合了。

案主母亲：哎，我们也是着急。

社工：小 Z 呢，不是那种特别特别聪明的孩子，但是胜在踏实，他们老师也说了，只要他认真学了，正确率还是不错的，您对他也要有点耐心。

5. 服务结果

与案主母亲的畅谈使其对案主有了重新认识，也反思了母亲对案主很多情绪的无视，为没有经常与班主任老师沟通案主的学习情况感到自责，案主的作弊行为在很大程度上触动了母亲的心。在此次干预后，案主表示母亲在学习上没有对他有以前的压迫感，也没有强硬要求他一定要考多少分，他觉得轻松了一点，对小考都没那么紧张害怕了，在家里与父母交流的机会变多了，父母更多地关心到他的交友情况。

（二）第二次服务

1. 服务目标：以视频形式沟通案主与父母，试图消弭亲子间的种种误解，重新连接亲情，帮助案主在家庭中获得情感表达的机会，也帮助案主父母重新认识孩子的心理，不至于在未来生活中产生隔阂。

2. 服务时间：2021 年 7 月 10—17 日

3. 服务地点：案主所在学校、案主家中

4. 服务过程：

考虑到案主与其父母羞涩的性格，社工将原本的面对面形式更改为视频形式，各自为彼此录制一段心理表达的视频，由社工代为转交，在视频中可以表达任何自己想表达的东西，不用担心任何人知道，当作一个秘密基地。在此过程中，社工特意与案主父母表达了视频传递的目的，希望作为父母也能转变作为家长的强势态度，就当作送给孩子的一个礼物，尽量少些责备的话语，多一些鼓励。

社工：你想好要和爸爸妈妈说些什么了吗？
小Z：还没完全想好。
社工：但是已经有一些想法了对吧！
小Z：嗯。（害羞点头）
小Z：姐姐，我之前没和他们说过这些话，我觉得还挺不好意思的。
社工：嗯，姐姐知道，所以你看，我们用录视频的方式告诉爸爸妈妈的，不是面对面的，很多不好意思的话，都可以说出来。
小Z：那，他们也会给我录这个吗？
社工：对呀，你期待他们说什么？
小Z：嘿嘿，不知道他们会说什么。
社工：没关系，我们保持期待就好了，爸爸妈妈肯定也很期待你要说什么。

社工：小Z爸爸今天也在呢，不知道上次妈妈有没有跟您说小Z的事情。
案主父亲：哎，我都没想到他还敢作弊。
社工：这也不能都怪孩子，我上次也和妈妈说过了，小Z对成绩太看重了，不敢出一点差错。
案主父亲：我也听说了，你也知道学习多重要，也读了研究生，所以我们才信你。
社工：特别感谢您的信任！我们肯定都是为了小Z好。（肯定的眼神）
案主母亲：上次你说别给他那么大压力，我后来还真没怎么跟他发火，感觉跟我亲了不少。不过，你说要拍个视频我们还真是没这么干过。
社工：哈哈，您不用紧张，想说什么就说什么，可以多鼓励一下小Z，让他自信一点。
案主母亲：行，我们试试。

5. 服务结果

在案主与案主父母的同意下，社工为双方安排了视频倾诉心理的活动，为了保护案主的隐私，社工并没有参与全程的录制，仅由双方录制完成后代为转交。案主看完父母的视频后，表现得特别开心，还主动与社工分享，表示父母的这个样子他以前从来没见过，觉得好神奇，还询问社工是怎么做到的。社工表示下次面对面可以多与父母交流一下。通过本次服务，不仅找到了改善亲子沟通的方法，增进了亲子关系，在案主行为文化适应上有所改善；同时亲子关系的增进，也增加了案主的自信心，对于案主的精神文化适应也有促进作用。

（三）第三次服务

1. 服务目标：引导案主家长主动与案主的班主任老师多多交流沟通，建立长期合理的家校合作，共同为案主打造良好的学习成长环境。

2. 服务时间：2021 年 7 月 19 日

3. 服务地点：案主家中

4. 服务过程：

在前期的沟通中得知案主母亲与学校老师的来往并不多，以至于都不知道案主的基本学习情况，一味地为案主购买各种学习资料，对案主的作弊行为也毫不知情，在案主的学习上不得章法。社工引导案主母亲主动以微信或者电话形式与案主的老师进行交流，以便了解案主的日常学习情况，不至于使案主在学校、家庭两个环境中感到不同的学习压力，也不利于学习成绩的提高和作弊行为的改善。

　　　　社工：您平时和小 Z 的班主任老师联系不多是吧。

　　　　案主母亲：诶，是没咋和他们老师联系。

　　　　社工：上次和您说小 Z 作弊的事情的时候，您就说不常和小 Z 的老师打电话，这才不知道。

　　　　案主母亲：可不就是，我之前吧，就是怕打扰他们老师，你说我一个农村妇女，我也不知道跟他们老师说什么。

　　　　社工：您别这么想，每个老师都想和学生家长多沟通的，要不然老师一个人教孩子也费劲儿呀，还是得跟家长多合作的。

　　　　案主母亲：我就是不知道说些什么好。

　　　　社工：您不用担心这个，想问什么都可以问问老师，比如小 Z

平时在课堂上的表现呀，在班上的作业完成情况呀，还有参加学校活动的事情，这些都可以问问。

案主母亲：哎，你一说，我就觉得还真是好多能问的。

社工：是吧，您多和他们老师联系联系，小 Z 的很多事情您就都能知道，和孩子的关系也会越来越亲近的。

案主母亲：他就是啥都不乐意和我们说，跟我都还好，跟他爸就更不乐意说了。

社工：嗯嗯，都是慢慢来的，您平时可以问问他在学校都做了什么，像上次我带他出去玩，其实他可开心了，回来之后我就让他记得和妈妈分享一下当天都看了些什么。

案主母亲：他那天是真开心，回来跟我说还吃了北京炸酱面。

社工：哈哈哈，孩子还是很愿意和您分享开心的事情的。

案主母亲：行，我以后就多和他们老师发发微信打打电话。

社工：对，您别觉得孩子在学校有老师，家长也得和学校多多合作，这样您给小 Z 买什么练习题也可以和老师多商量，询问一下，他们班主任老师是很负责的。

5. 服务结果

经过社工的劝导，案主母亲增强了与案主班主任老师的联系频率，在关于案主的学习情况、习题购买、日常活跃度等各方面都有了更多的了解，案主父亲也通过案主母亲了解到了更多孩子的情况，在家庭中也会以学校的事情为话题更多地与案主进行交流讨论，在过程中不那么咄咄逼人，亲子间的关系有了较大的改善，家庭氛围较之前转变了很多。家校合作之后，案主的学习环境变得统一，在学习上也更轻松和谐一些。

(四) 小结

流动儿童由于交际圈子狭窄，大多数只囿于家庭之中，因此与家庭成员（尤其是母亲）之间的关系，会很大程度地影响案主的同辈交往，家庭情感的联系不畅也是导致行为文化不适应的一个重大原因，具体来说，亲子间的误解与感情联系不强是导致案主在学习上产生作弊行为的主要原因，社工帮助其逐步解除其中的误会，也介入了其中家校合作不强的部分，案主在介入之下，逐步消解了对学习成绩的过分看重，且在学习小组的辅助下，更加注重于学习的内容，减缓了学习压力，其家庭氛围环境的改善也使其变得敢于表达自己的情绪，愿意与父母分享一些学校、朋友的事情。随着亲子关系的改善，案主交往和学习的自信心有了提升，也帮助其提升了精神文化适应。

五　挥手告别旧友，多种方式收获友谊

（一）第一次服务

1. 服务目标：举办一场告别仪式，与小 Z 的唯一的好友郑重告别，并引导孩子们保留联系方式，不只是在现实中，还要在心理上与好友告别，发展出新的友谊。

2. 服务时间：2021 年 6 月 26 日

3. 服务地点：案主所在学校

4. 服务过程：

在前期观察与访谈中，察觉到案主对这个好友的依赖程度很高，这个孩子的突然转学让小 Z 感到非常的不适应，甚至在他还没转学离开的时候就已经表现出一种焦虑感，为了让案主减轻这种依赖感，社工试图让案主意识到主动交友的必要性。因此社工聚集了与小赵关系较好的 6 位同学，为大家准备了"与小赵印象深刻的一件事""我知道但是你不知道的小赵的秘密""我想对小赵说"三种议题，前两种是抽签进行，第三种是每个人都要完成的，时间为 60 分钟。小 Z 还特意为小赵准备了礼物作为送别礼。

小 Z 选中了"与小赵印象深刻的一件事"，讲述了两个人第一次在一起的事情，并表示是小赵主动对他示好、与他一起玩，两个人之后就经常一起玩。

> 社工：那你当时为什么就答应小赵和他一起玩呢？
> 小 Z：他是第一个来跟我说话的，我转学来的那天，因为我们是同桌。
> 社工：你开心吗？
> 小 Z：嗯。
> 社工：那你最后想对小赵说点什么？
> 小 Z：（转头对着小赵）你要转学我还挺难过的呢。（犹豫）
> 小赵：你是不是舍不得我，哈哈哈。

小 Z：嗯，还有不要忘记我，我们以后都考上大学了还要再见，可以吗？

小赵：当然可以啊，姐姐还让我加了你妈妈的微信，我们可以微信上聊。还有谢谢你的礼物，我会记得你们每一个人的。

社工：你看，你们每个人都舍不得小赵，他肯定是个特别好的朋友。

小 Z：嗯。

社工：你们能玩到一起，肯定说明你们也是很好的人，虽然小赵下学期就要转学了，但是你们几个还是可以一起玩呀，对不对小 Z。你们几个都是小赵的朋友，朋友的朋友，还是朋友呀。

小 Z：嗯，我也想和你们做朋友。

其他同学：嗯，那我们以后可以一起打篮球，我们不是还组了学习小组吗。

5. 服务结果

小 Z 在活动过程中表现得并不是很积极，在其他同学的衬托下，显得更加内敛，但是勇敢地与好友说了告别的话，还表示希望与其他孩子交朋友，迈出了主动交友的第一步，事后还与社工分享了他们几个聊天的内容变多了，有了共同的回忆。

（二）第二次服务

1. 服务目标：挖掘出案主与同伴的共同兴趣，增强共鸣，并以一场篮球比赛凝聚案主的同伴友谊，且做自己感兴趣且擅长的事情也增强案主的归属感与自信心。

2. 服务时间：2021 年 9 月 16—17 日

3. 服务地点：案主所在学校

4. 服务过程：

在前期的服务过程中发现案主与学习小组的同伴们拥有打篮球的共同兴趣爱好，社工在征求孩子们意见后，为他们举办了一场篮球赛，由他们六个对战同年级的另一个班级的同学，但案主母亲担心案主打篮球受伤，一开始不太同意，在社工的说服下，同意了案主参与小伙伴们的篮球比赛。社工特意邀请了学校的体育老师作为裁判，将两个班级的老师、同学们都邀请到操场观看孩子们的比赛，社工还为他们拍摄了很多照片，后续发给了班主任老师与案主母亲。

比赛正式开始之前，案主表示特别紧张，对输赢看得有点重，担心拉队友的后腿。

社工：紧张吗？

小Z：好紧张啊，我从来没在那么多人面前打过篮球。

社工：没事儿啊，你和他们都打过不少次了，应该很有默契了。

小Z：我体力不太行，我怕拖后腿。

社工：你的小伙伴们肯定都知道你的，没关系，你体力不支的时候就告诉老师，换替补上去，知道了吗，千万别受伤，别逞强。

比赛结束后，案主所在的班级输了比赛，但是几个孩子都表示并没有遗憾，大家都尽力了，对手太强悍，下次要找机会再战一次。

社工：怎么样，感觉还行吗？

小Z：他们太厉害了。

社工：你们也不错呀，虽然输了比赛，但是你们几个默契还是不错的，传球都挺准的。

小Z：哈哈，我们之前练了几次。

社工：和小伙伴们打球的感受是怎样的？

小Z：特别开心，我之前都没在那么多人面前打球，今天还有人给我加油。

社工：我也觉得你放开了不少，说话的声音都大了不少。

5. 服务结果

与伙伴们的篮球赛虽然输了，但是几个人之间的感情却升温了不少，一起打过球的并肩之情使案主觉得自己拥有了归属感，事后还多次与社工提起篮球赛，几个人还复盘了篮球赛输了的原因，感情凝聚了不少。

（三）第三次服务

1. 服务目标：为案主在家庭周围建立友谊伙伴关系。

2. 服务时间：2021年9月25—26日

3. 服务地点：案主家中

4. 服务过程：

案主在家庭之中感到压抑无处宣泄，学校伙伴的家庭住址与其也不在同一个区域，即使为其在学校之中建立了一定的同辈关系，但平时也需要在邻居中拥有主动交友的能力。据案主母亲所言，案主周末一般就在家写作业或者玩手机，少有与周围邻居家的孩子出去玩，寒暑假又回老家了，这边基本没什么朋友。社工根据前期的访谈了解到案主邻居一般都是在附近的公立小学上学，案主也在与社工的聊天中提及过向往公立小学的设施，"他们的学校看起来好大，我姐说他们还有很大的足球场与羽毛球场（案主的一个姐姐曾在公立小学上学）"，案主所在学校铺设的操场是裁剪的地毯，并不是水泥地，基础设施与公立小学相差较多，案主的比较心理使得其无法主动与邻居搭话，社工从前期的学习小组与篮球赛中使案主学习到主动交友的能力，以了解公立小学为由，使案主主动与邻居伙伴搭话，开启交友第一步。

社工：你看，你也很想知道他们的学校是什么样的对吧。

小Z：嗯，我们学校就很小，不知道他们都有些什么。

社工：那就去跟他们主动说说话吧，我们平时在学校和朋友们怎么说话就怎么和他们说话。

小Z：我试试吧，他们星期六星期天的时候都在家里。

社工：对呀，不用害怕，姐姐在这里呢，你不知道说什么的时候，我会帮你的，那我们就去和一个邻居小朋友主动打招呼好不好，先自我介绍一下，然后问问你想知道的东西。

小Z：好！

（案主在社工的陪同下到邻居家拜访，邻居小朋友正在写作业，社工向邻居阿姨表达了来意，阿姨热情招呼了我们）

社工：你看，你们应该是一个年级的吧，他的作业你肯定也会做。

小Z：我看看。（走上前去与邻居小朋友凑在一起）

小Z：他们的题好像更难一点。

社工：是吗，你问问他呢。（指指邻居小朋友）

小Z：你们学校的题跟我们不太一样，我好像没做过这种题。

邻居小朋友：是吗，我们学校题可变态了，我都不会做，我妈还给我报了补习班，可累了。

小Z：哈哈，你还上补习班啊。

邻居小朋友：你不用上啊？好羡慕啊。

小Z：我还羡慕你们学校呢，你们学校是不是很大啊？

邻居小朋友：还行吧，我觉得不大啊。

小Z：那你们都有什么啊，是不是有羽毛球场？

邻居小朋友：对啊，羽毛球场、乒乓球台、篮球场，我想想啊，还有排球场。

小Z：我们也有乒乓球台和篮球场。

社工：那差得也不多，对吧。

小Z：没有他说的其他的那些。

邻居小朋友：那你之后来我们学校看看呗，不过现在疫情好像不太能进去了。

小Z：嗯！（开心点头）

社工：哇，真好，你们俩可以约一下。

邻居小朋友：其实有那些我也不去玩，我只打篮球。

小Z：我也打篮球！但是我打得不好。

邻居小朋友：我打得好！我写完作业要是我妈允许的话，我就去打球了。

邻居阿姨：你别听他瞎吹哈哈。

社工：你们俩好好约。说不定他真能教你呢。

小Z：嗯！

5. 服务结果

迈出主动搭话的第一步需要契机，社工为案主递了话，搭建了一个可以往下聊的语境，案主也逐渐成长，与邻居小朋友建立了不错的第一步情谊，事后案主向社工反馈，表示应该早点跟他们打招呼，平时周末就可以一起打篮球了。一周后，案主向社工透露，那位邻居小朋友带他去了一次他们平时经常打球的广场，那边有很多他不认识的小朋友，刚开始有点不敢上场，但是在邻居朋友的带领下，也上场打了一轮，最后还一起回家了，就是打球把衣服弄脏了被妈妈说了几句，但是自己还是很开心，他们还约定要是可以的话就互相去对方的学校。

（四）小结

学习小组与篮球赛的成员都是同一批，案主的好友圈基本就此固定，在较长一段时间的相处之下，案主逐渐打开了自己，在主动表达上有了很大的进步，因此也在后面的与邻居小伙伴的交谈中逐渐掌握了自己的节奏和方式，辅以社工的话题开启，在与邻居朋友的交往中感到如鱼得水，增强了主动交友的能力，拥有了较为稳定的同辈群体。至此，案主的行为文化适应基本实现，在学校、社区之中都逐渐融合至该群体的行为规范，获得内心的和谐与行为的舒适，发展出自身的行为模式。同时，也在一定程度上克服了自卑的心理，随着亲子关系的改善、同伴关系的改善，案主的自信心也得到提升，这也促进了案主精神文化适应的改善。

第六节　评估与结案

一　评估

(一) 过程评估

过程评估是对整个介入过程的监测，它对介入工作过程的每个步骤、每个阶段分别作出评估，关注的重点是工作中的各种步骤和程序怎样促成了最终结果，方法是了解和描述介入活动的内容，回答服务过程中发生了什么以及为什么发生。过程评估提供有关服务过程的各种信息，包括工作目标、介入过程中使用的方法与技巧、社会工作者的介入行动和介入影响等。

1. 服务目标评估

在正式介入之前，社工根据了解到案主的基本情况与前期的需求评估设定了五个服务目标，涵盖了从正式建立关系到为案主提供物质文化适应、行为文化适应、精神文化适应、制度文化适应五个目标。目标设定既符合本研究的文化适应包括的四个方面，又符合案主的具体不适应表现和需求。本研究以物质文化适应和行为文化适应为主进行干预，在物质文化适应上，重点带领案主熟悉北京的交通、饮食、建筑等，促进其物质文化适应。在行为文化适应上，主要通过改善案主的学习、家庭关系、同伴交往改善其行为文化适应。通过物质文化适应的改善，促进案主对北京城市的认同，提升其精神文化适应的改善。通过干预案主的行为文化适应，提升了其学习能力、同伴交往能力和改善亲子关系，增强了其交友的信心和学习的信心，随着亲子关系和同学关系的改善，其归属感得到提升，随着案主的自信心和归属感的提升，也促进其精神文化适应；随着学习能力的提升，让案主更好地遵守学校校规，消除作弊行为，促进其学校制度文化的适应。

2. 服务方法与技巧评估

社会工作者作为运用专业方法和技巧的专业人员，在整个个案介入过程中都持续性地使用相关技巧拉近了与案主及其家长、老师、同学的距离，并不断以运用社会学习理论影响案主，使其在同辈交往中有所成长。例如，在案主表示父母对其成绩的看重时，使用自我披露的技巧，使案主认识到不是只有他的父母是这样，在心理上扭转案主对父母的刻意偏见，同时也使用同理心的手法，在案主表达时持续点头，运用肢体和表情，使案主感受到社工对他的理解和支持，增强其表达欲望，利于专业关系的建立和后续介入的进行。

3. 社工角色有效性评估

社会工作者在本次介入中主要扮演了服务提供者、支持者、协调者和倡导者的角色。社工首先就是向特定群体提供服务的人，这是我们的首要角色，针对案主的具体情况进行需求分析并制订服务计划，在服务过程中保持机动，社工为小Z提供了从缓解学习压力的心理服务到具体的交友行动等的不同服务；其次案主的性格内向自卑，社工作为支持者在服务中始终保持积极乐观，在言语和行动上鼓励、激励案主，很大程度上支持了案主；再者，案主的家庭关系紧张导致了不少不利表现，社工作为协调者，在双方之间周旋，消解其中的误会，为案主的家庭氛围缓解做出了贡献；最后的倡导者的角色，案主的流动儿童身份使得其无法进入公立学校，在与邻居的交往中产生了自卑情绪，其学习科目也与公立学校不甚相同，对以后的发展较为不利，社工的积极倡导有助于案主这类流动儿童的未来发展。

（二）结果评估

结果评估是在工作过程的最终阶段进行的评估，是检视计划介入的结果以及这些结果实现的程度及其影响。为全面地了解案主的转变，以人在情境中理论作为指引，社工通过对案主本身、案主母亲、案主同伴、案主班主任老师进行了交谈，再结合社工的日常观察与量表数据显示，在此基础上对个案干预做出整体性的评估。

1. 案主自评

在社工的帮助下，案主在很多方面都有了较为显著的转变，有了主动与小伙伴交流的勇气和能力，在家庭中也更加轻松，与父母打破了不少隔阂，可以做到分享学校的趣事了，对学习不再执着于分数，转向真才实学的获取，心理上也有了很大的进步。

> 小 Z：我学习上感觉变得轻松了，还有虽然小赵转学了，但是又重新有朋友了比以前还多，我之前都没想到我会和他们一起打篮球。还有我爸妈，也没有以前那么凶了，姐姐，你是怎么做到的啊？
> 小 Z：我觉得我现在和之前很不一样了，我都敢和那些陌生人一起打球了，就是我们上次见的那个邻居，我们一起去那个广场打球，然后好多高个子的啊，我都敢上去跟他们打，好像变得勇敢了很多。
> 小 Z：我现在和我爸妈话变多了，他们也不知道为什么总是知道我在学校的事情，我每次都特惊讶，我还没说呢，我妈就知道了哈哈哈。他们也不像之前那样每次都只问我考试没有，这样我开心多了。
> 小 Z：我学习上都没抄过别人的答案了，我们那个学习小组，每天下午自习写作业的时候都坐在一起，我觉得我们会一直坐一起。

2. 案主母亲评估

在整个介入过程中，虽然父亲偶尔也参与进来，但由于其工作原因，大多数时候还是案主母亲参与到案主的介入服务中来。社工在与案主母亲的交流中得知案主在家里的表现与之前大有不同，虽然也不会明确地表达自己对父母的爱意，但也会主动帮着拿一下碗筷，主动分享一下在学校的事情，家庭氛围转变良好。学习上没有像以前一样做那么多乱七八糟的题以后，反而效率高了，写作业的速度快了很多。

> 案主母亲：他现在是真不一样了，我们也是之前给他太大压力了，反而不好，他现在写作业都比以前快了，我和他们老师微信上聊聊，然后就减少了一下练习的题，他们老师说那些都没必要，我应该早点跟他们老师交流的。
> 案主母亲：他还会主动帮我拿一下碗筷了，以前我都得喊他好几遍，他之前就不乐意跟我们说话，现在还知道把学校里知道的新鲜事

儿跟我讲讲，懂事了不少。

　　案主母亲：他爸最近也是不咋对他发火了，也是看到他在学习上的用心了，说到底还是想他好好学习，以后考个好大学，别像我们似的。他学习上多用心点，我们也能看出来，主动了不少，以前都得催着他学，他现在说班里的学习小组每天都比谁先把作业写完，哈哈，积极得很。

　　案主母亲：我之前不想让他打篮球，他小时候身体就不太好，比其他孩子都瘦一些，怕他打球的时候摔着受伤，不过我看他实在是喜欢，又跟邻居家那个小孩儿一起出去打球，也就没说什么，小孩子多运动一下也是，就当强身健体了。

3. 案主同伴评估

　　案主在好友转学时感到非常焦虑，社工为其建立了相关的同伴群体，这些孩子与案主都是小赵的好友，社工以共同好友为台阶，使其有一个共同话题，逐步打开了案主的交友瓶颈，组建了学习小组、组织了一场班级之间的篮球比赛，并在此过程中不断使用社会学学习理论，让案主学习到社工及其他同伴的交友表现，以此运用和邻居的交往中，扩展了其同辈群体，增强了其交往能力。

　　案主同伴1：他以前都不咋跟我们玩儿，所以我都不知道他会打篮球呢，虽然打得不太好哈哈哈。

　　案主同伴2：我们还是一个学习小组呢，他写作业好慢啊哈哈哈，但是现在感觉越来越快了。

　　案主同伴3：我们经常一起玩啊，哦，以前没有，中午吃饭我们排队都排一起。哎，不知道他以前为什么不和我们玩儿。

　　案主同伴4：他就是有点儿内向吧可能，不过现在好多了，还会跟我们开玩笑了。

　　案主同伴5：我也觉得我们关系近了一点吧，比起班里其他同学，我们几个跟他的关系要好一点。

4. 案主班主任评估

根据案主班主任老师的反映，案主在学校的表现良好，尤其值得一提的就是没再出现过作弊行为，学习态度端正了很多，一开始成绩明显下降了不少，但是后来有所长进。案主母亲增强了与老师的联系使得老师也增强了对案主的关注，在课堂上也会额外多注意案主的听课学习状态，课下作业完成度提高了，在班上也敢主动发言了，没那么害羞了。

　　案主班主任老师：他最近状态确实变了，我们开火车回答问题的时候还给别人说答案呢，考试也是没出现过解题过程不对但是答案是对的这种情况了，进步不小。

　　案主班主任老师：他妈妈最近倒是老是给我发微信，问我他在学校的情况，还有买什么课外习题册，以前可从来不问，我班上那么多孩子，我也没办法一个一个去问，这下他妈妈自己来问了，我觉得我对这孩子的关注度都高了很多，在上课的时候都会注意看他的眼神到底弄懂了没有。

　　案主班主任老师：你们上次不是组织了个篮球赛吗，几个孩子可喜欢了，上次输了，嚷嚷着想再比一场，我让他们先好好准备小考。他跟这几个孩子关系能看出来亲近了很多，小赵转学的时候我还担心他没朋友了呢，小赵是个孩子王，谁都和他玩得好，小 Z 可不是，他就小赵一个朋友，这下还行，这几个孩子还在一个学习小组，我觉得这个法子好，一起搞个小组，比比谁的作业先做完，谁又快又准地把题算出来。

5. 社工评估

　　五个多月的介入具有较为明显的效果，经过社工的观察、访谈结果以及后续的回访、农民工子女文化适应问卷的后测数据进行评估。问卷具体数据如下：案主的物质文化适应 3.2、精神文化适应 3.4、行为文化适应 3.5、制度文化适应 3.1。由此可见，案主的精神文化适应和行为文化适应高于平均分，上升了 1 个标准差。虽然物质文化适应和制度文化适应还低于平均分，但也比前测分数显著提高。

　　社工对案主的不同情境下的表现做出评估，案主的行为文化适应展现出很大程度上的适应性，在学习上可遵守群体规范，摒弃作弊等不良行为，并在同伴中拥有了较为稳定的同伴关系，达到内心的和谐。

　　第一，在学习行为上，案主较之前的过分看重分数转向关注学习到内容的深度，社工帮助其扭转了亲子之间关于学习的误解，观察到案主逐渐从被动学习转向主动学习，在学习小组中也从一开始的边缘人物逐渐到主动发言的角色，敢于在课堂上举手发言，还与别人分享自己在课外习题上遇到的题目，想难住小组里的学霸，学习积极性提高了很多。

第二，在同伴交往方面，通过观察和访谈发现，案主从好友转学的焦灼情绪到后续与新朋友的来往，在整个过程中，主动性提高了很多，交友能力获得了很大的提升，在与同伴的交流中也学习到了彼此的交往方式。

第三，在对北京文化的认同上，案主从一开始的不熟悉不了解，到慢慢喜欢北京的交通、建筑、饮食，希望更多地了解北京文化，增强了对北京文化的认同。

第四，在自信心归属感提升上，随着与同伴关系的改善和亲密，也随着家庭关系的改善，案主对自己的交往有了更高的自信，也有了内心的归属感，改善了原来的焦虑和孤独，在精神文化适应方面有了明显提升。

第五，在学习能力和学习自信心上，随着学习态度越来越端正，学习积极性越来越高，和小组同学相互促进，已经改掉了作弊的行为，适应了学校的制度文化。

在后续回访时，案主明显开朗了很多，主动与社工分享这段时间的有趣事件，包括和邻居一起约着出去打球、一起写作业、分享难题，和同学们一起参加了班会，还在班会上主动举手分享了自己的想法，虽然不是什么很好的发言，但老师、同学们都鼓掌鼓励了他。更重要的是心态上的改变，不会像以前那样总是觉得别人不喜欢自己，总是觉得父母不爱自己、只爱成绩。这种改变使得案主在学习、人际交往上变得更加自信和主动，在各个环境中都逐渐自如，行为方式适应了身处的情境。

二　结案

与案主从初次接触至最后一次介入服务经历了五个多月，长时间的专业关系使得案主对社工产生了较强的依赖感，但是经过系统的评估之后，案主已经在学习行为、同辈交往方面都有了明显的改善，在四种文化适应上也有了明显的提升，内敛性格逐渐转变，同辈群体建立且逐步稳定，主动交友的能力增强了很多，社工也是时候与案主及其相关人员告别了，因此，社工与案主回顾了整个服务过程，完成本次结案工作。

社工：我很开心我们一起度过了那么长时间，但是现在我们要暂时说再见了，姐姐以后呢就不能再陪你做那么多活动了，但是你现在有朋友、有爸爸妈妈，还有学习也越来越上手了，不太需要姐姐一直陪着你了，你也能好好做的对吧。

小 Z：嗯。（情绪低落）

社工：不用难过呀，姐姐虽然不能一直陪着你，但是妈妈有姐姐的微信，我们可以微信上聊天，学习上有不懂的也可以来问我的。

小 Z：嗯，但是我还是有点难过。

社工：小赵转学的时候是不是也这么难受，哈哈，但是现在也没事了对吧。

案主母亲：你得谢谢姐姐，你看姐姐帮了你多少。

小 Z：嗯，谢谢姐姐，我觉得这段时间我都很开心。

社工：别客气，我给你写了一封信，回去了再看吧，希望你以后也能像这段时间一样，自信一点，好好学习，和爸爸妈妈好好相处，跟朋友们也一直好好玩。

小 Z：好，我会的。

案主母亲：他这段时间是真的变了不少，我们都得谢谢你。

在与案主及其家长的交流之下，社工发现基本达到了整体的服务目标，也考虑到与案主的告别需要郑重，不能悄无声息，社工总结了与案主一起活动的时间，与案主谈论了自身感受到的改变，了解了案主的情绪，也与案主父母表达了结束服务的想法，取得了共识，于 2021 年 10 月 13—19 日，与案主及其父母郑重地结束了服务。同时表示以后也可以保持联系，并特意为案主及其父母手写了告别信，表达了希望案主继续保持的愿景。

回顾整个服务过程，历时五个多月，从社工接近案主，以案主的周边人为敲门砖逐渐与案主建立较为密切的专业关系开始，随即为案主安排了深度的外出游玩的谈心活动，了解了案主缘何产生的作弊行为以对症下药，进一步对案主的家庭关系进行干预，开解了案主与父母之间关于学习的误解，重新连接了亲子之间的感情来往，打开了案主在家庭中的情绪表达的口子，增进了亲子关系；其次为案主组建了好友告别会，建立新的同伴群体，以共同好友为契机，挖掘同伴之间的共同兴趣点，增强了案主的交友主动性，并运用于邻居伙伴的交往之中，人际交往能力大大提升。同时，促进了案主物质文化适应、精神文化适应、行为文化适应、制度文化适应也显著提升。

第七节　结论与反思

一　结论

以北京市某民办小学的三年级学生小 Z 为研究对象，根据人在情境中和社会学习理论的指导，通过问卷法、参与式观察法、半结构式访谈法等资料收集方法全面地对案主的情况进行汇总。使用的个案工作方法以促进流动儿童文化适应，具体包括熟悉北京环境、转变学习行为与改善同伴关系、亲子关系等，经过五个多月的服务干预，基本实现了研究目标与服务目标。

研究发现：

（一）当前流动儿童在文化适应上的确存在困境

文化适应在学术上被定义为物质文化适应、精神文化适应、行为文化适应、制度文化适应四个方面。在本研究中案主具体体现在对北京的陌生感、物质生活上造成的自卑感、学习能力不足、学习压力过大、同辈交往受限，没有主动交友的能力、作弊行为引起的同伴排斥与学校制度文化形成的冲突等。

（二）案主在文化上的不适应主要是由于内外环境影响导致的

案主作为流动儿童，他的父母作为流动人口，一般也被称为农民工，由于自身在生活中的困顿，将期望都放在孩子身上，对孩子的学习有着较高的期待，但孩子从老家来到城市之中也只能进入民办学校，学习进度一下子也无法跟上，在学习上的重压与学习能力不足导致案主在学习上产生了作弊行为，家庭的紧张氛围也使得案主性格比较内敛，在同伴交往中始终是被动的，面临好友转学产生了极度焦躁的情绪，对未来交友也有很多焦虑，互相加持下，总体造成了案主的文化适应不良。

（三）从社会工作的角度出发，社会工作者可以为案主提供有效服务

社会工作秉持助人自助的价值观，根据案主的实际情况开展服务，以

个案工作的方法，对案主在文化适应的四个方面进行针对性介入，帮助案主熟悉北京环境，促进其物质文化适应；澄清与父母之间关于学习的误解，重新连接家庭亲情；为案主组建学习小组，以提供学习的相互借鉴交流与后续的同伴群体的构建，从同伴与社工身上获取的交友技能再次运用于邻居好友的交往，对案主的同辈交往具有重要意义，使案主不断改善行为文化适应，进而改善其精神和制度文化适应。

（四）人在情境中理论与社会学习理论具备相当程度的指导意义且可贯穿全程

人在情境中理论是个案工作的核心，在情境中理解个人才能在情境中服务于个人，在本研究之中，人在情境中理论为个案干预提供了清晰的框架，从案主的家庭环境、学校环境、社区环境入手去解决案主的具体困境，满足其需求，具有脉络性，从家庭中改善其家庭关系，纠正不当的偏激看法，从学校中为案主构建可用的同辈网络和优良的学习环境，在社区环境中为案主寻找友邻，使其搭建起在社区环境中的同伴关系，拓展其交友范围。而社会学习理论则是在全过程中潜移默化地影响案主，案主从一开始与社工的来往到后面与同伴之间的交流，一直都处在一个学习借鉴的过程中，案主按照从社工、同伴身上学习到的技巧方法去与邻居进行交往，既可验证这种往来方式的有效性，又增强了案主的交往能力。

二 反思

使用个案方法进行干预，以北京市某民办小学小 Z 作为干预服务对象，对其进行的干预历时五个多月，一共 12 次专业服务，基本完成了所列的服务计划，但在取得服务成效的同时也具有某些缺陷，具体如下：

第一，在干预过程中，7 月之后因为新冠疫情耽误了较长一段时间，一直没办法没有与案主见面沟通，在微信上的交流无法观察到案主的状态，仅能从语气中感受案主的情绪，与当面交流相比，效果比较有限。

第二，因为时间带来的成长，不能算作干预带来的效果。案主在与社工初步接触时是刚转学几个月的状态，与班上同学来往不算太多或许是由于还不够熟悉的缘由，因此后续案主的同伴交往能力提升不能完全算作干预带来的成效，其中也存在时间带来的成熟和成长，简单来说，就是时间长了，案主就能自然而然地与同伴熟悉，但也需肯定社工干预有一定效果。

第三，社工的引导具有主观性，破坏了案主自决的原则。社工的实践经验相对来说比较薄弱，在与案主的交流中不经意地带有引导性，影响案主的情绪与判断，尤其是在与父母的交流上，有些经验不足，使干预效果有些薄弱。

第四，由于个案工作仅仅干预了一个流动儿童的文化适应，从需求评估、干预方案的设计与实施，干预效果的评估等仅针对干预的流动儿童，对以后的干预工作有一定的借鉴意义，但推广性不足，也是局限之一。

第八节　政策建议

一　针对案主文化适应的政策建议

流动儿童文化适应干预作为一项实务性研究，使用个案工作方法进行介入，从案主自身、家庭、学校、社区中对案主进行干预，以促进案主的文化适应，现就整体研究提出以下建议：

首先，家庭环境对儿童的影响至关重要，社会工作的介入首先要考虑到家庭因素。无论是城市儿童、农村儿童、留守儿童还是本研究中的流动儿童，家庭环境对儿童产生的影响是直接且见效显著的，父母对孩子的影响是潜移默化的，而且是深远持久的。家庭环境对儿童的文化适应具有显著影响，在第一章的研究中发现，良好的亲子依恋和积极的家庭关系都会促进文化适应的代际传递。本章中的父母一开始出于对案主的极度期待，单纯在学习成绩上对案主有着极高的要求，成绩不如意时就会打骂案主，这对案主的性格非常不利，甚至影响了其交友，后续社工介入了其家庭关系，缓解了家庭的紧张氛围，案主逐渐放松了，在学习和交友上都有了较大的进步。

其次，流动儿童的交友限制较强，需要增强其主动交友的能力。在本研究中案主出于内心的自卑与胆怯不敢与家庭周围的邻居搭话，即使想要了解其所在学校的情况，也不敢主动上前交流。大多数流动儿童进入城市环境中也无法真正融入城市环境，在物质、精神各个领域父母都被"边缘化"了。增强流动儿童主动交友的能力，可以从与玩伴的互动中，认识自己、发展友谊、发现新经验、培养解决问题的能力，变得比较独立与自信，也能对城市文化更加熟悉，增强其归属感，在更大的层面促进其文化适应。

最后，流动儿童的相关政策需要完善，关于流动儿童进入公立学校的实际问题需要落到实处。我国的流动儿童入学政策不断变化，虽然相比较多年前有了较大的进步，从 1998 年教育部和公安部就联合发布的《流动儿童少年就学暂行办法》到在 2006 年《义务教育法》的修订，再到 2015 年国务院《关于进一步完善城乡义务教育经费保障机制的通知》，但实际上仍然存在农民工随迁子女入学难的问题。再者，民办学校正在被逐步取缔，就本研究中的民办学校而言，一路搬迁，从南四环到如今的南六环，为许多流动儿童解决了入学问题，但未来发展态势并不明朗，流动儿童作为城市化建设的产物，在城市中生活但并未享受到城市化的成果，对流动儿童、流动人口在政策上需要更多的倾斜，从制度上得以完善才能促进农民工及其子女文化适应，故作此倡导。

二　弘扬社会主义核心价值观的政策建议

本书从社会主义核心价值体系建设、文化建设、文化强国的时代背景出发开展研究，社会主义核心价值体系的建设需要植根和融入我国优秀的农村传统文化和城市现代文化之中。但随着我国城镇化、工业化、现代化的推进，城市现代文化在不断否认和削弱农村传统文化，本书也发现农村传统文化价值观无法在农民工及其子女之间进行代际传递。

因此，我们建议需要挖掘农村传统文化中的优秀成分，全社会弘扬农村传统文化的优秀成分，如勤劳、守信、讲情义等，对我国更好地面对工业化困境具有启示作用，对我国乡村振兴具有实践意义，对农民工及其子女文化适应和融合同样具有积极意义。中国城镇化建设也要继承和吸纳传统文化，农村文化中的优秀传统会通过某些方式继续影响和改变着当下社会，因此需要构建农村文化与城市文化的有效对接路径。

三　促进农民工及其子女文化适应的政策建议

文化适应是农民工及其子女城市融入的核心标志，但城乡文化的冲突无法避免。农民工及其子女文化适应的过程，既是城乡文化相互排斥和冲突的过程，也是相互融合、渗透的过程。本研究发现，农民工及其子女对农村传统文化的保留和传承，对城市文化的学习和采纳同时进行。他们都采用了融合的文化适应策略。这既有利于农民工及其子女自身的文化适应，同时也有利于农民工及其子女与城市人群的相互融合，更有利于城乡文化的相互融合，促进我国城乡文化的传承与进化，对我国文化建设和文化强国具有积极意义。

因此，我们提出以下四点建议：

（一）个人层面：采用双文化适应策略

农民工及其子女本身就具有两种文化，即农村传统文化和城市现代文化。鼓励农民工及其子女一方面积极学习采纳城市现代文化，一方面积极保留和传承农村传统文化，通过融合的策略积极进行文化适应，采用双文化适应策略，化解城乡文化冲突给自身和家庭带来的困扰。农民工及其子女既要保留农村的文化价值，又要学习现居地城市文化价值以适应新的环境，两种文化之间的差异使得他们在一个文化适应的过程，需要达到在两种不同文化之间的平衡状态。

社会工作者开展介入服务的过程中，很容易将城市文化认为是优势文化，忽略了本身具有的农村文化中的优点，设计活动时也容易设计一些忽略原有文化的活动，导致流动儿童参与意愿不高，影响最后的介入效果。为更好地实现介入目标即促进农民工及其子女的文化适应，社会工作者应在设计活动关注其所具有的双文化，开展介入服务时不仅使流动儿童更加了解融入现居地城市文化，也要关注到流动儿童原有农村的优势文化，达到流动儿童既能认可自身的外来人身份，又能舒适地在新环境中生存，找到一个符合自身实际的生活方式。对此，社会工作者首先要做的是评估流动家庭的文化适应性，了解他们对于城市的看法、他们感知到的城市人对他们的看法，以及对自我身份的认知，以了解其需求，而后需要肯定农民工及其子女家庭文化的独特性，让他们能够认可自身，最后要制订以家庭为本的介入服务方案，通过家庭内部的文化价值观传递，使他们进一步理解文化差异，激发其保留原有文化并学习文化的动力，以增强其文化适应能力。

（二）家庭层面

促进积极的亲子依恋和积极的家庭关系，我们发现积极的家庭关系不仅促进了农民工及其子女文化适应的代际传递，同时促进了农民工父亲对其子女城市价值观的代际传递，也促进了农民工及其子女文化资本的代际传递。因此，倡议家庭建立和维系积极的家庭关系，有利于农民工及其子女的文化适应。

1. 发挥家庭支持系统作用

对于儿童来说，家庭在其成长过程中发挥着极其重要的角色。对流动儿童来说，初到一个新环境，家庭是他们接触外界新文化的桥梁，同时也是他们完成文化适应的过程中所需重要支持系统之一，家庭能否为其提供需要的经济支持和情感支持也极大地影响了流动儿童的文化适应情况。在开展流动儿童文化适应的介入服务时，要将流动儿童的问题放在家庭中来看，多挖掘并运用流动儿童本身及其家庭所拥有的资源，发挥家庭支持系统的作用。流动儿童家庭多来自农村，虽然收入水平提高，但他们的文化水平并不高，只能努力工作满足孩子的物质需求，但却忽略了孩子的情感需求。对此，社会工作者可以通过在社区开展相关活动，让流动儿童家长意识到亲子沟通和家庭教育的重要性，并开展一些家庭教育技能的活动，使得流动儿童的家长能够为流动儿童的学习问题和人际交往问题提供一些支持。

2. 调整教养方式、以陪伴代替忽略、以鼓励代替苛责

流动儿童经过搬家、转学，在最初的适应期间主要的支持几乎都来源于家庭，尤其是频繁流动的家庭，缺乏固定归属居所、同辈群体，家庭为孩子所提供的情感、物质支持几乎等于孩子全部能够获得的稳定支持。

但大部分的流动家庭都呈现着社会经济地位不高、家长工作忙碌、文化水平不高、文化资本有限的状态，难以为孩子的适应过程提供一定资源和指导支持，也很难随时关注到孩子的情绪行为变化以及需求，流动儿童很容易便陷入"孤立无援"的充满不安感的心理中。且部分的家长对孩子的状态更集中于或仅限于对其学习成绩的关注，忽视孩子的情感需求，很容易给孩子造成较大的学业压力，专制型的教养方式和打压式教育也不利于孩子建立其积极的自尊水平，而这些对孩子的健康成长发展又是至关重要的。

因此，家长应及时关注到孩子在适应新学校、新环境过程中所遇到的困境与需求，以鼓励与积极支持为孩子提供足够的来自家庭的安全感，同时引导孩子建立起积极的自我评价，以及健康地对外界评价的处理方式，尽早树立学习动机，关注学习过程而非学习结果，引导孩子将自己作为人生主人公进行发展。而培养孩子形成独立自主意识之前，家长也应意识到并非将孩子"放养"便是培养其独立能力的关键，只有给予孩子足够的鼓励、关爱与陪伴，令孩子感受到来自家庭足够的支持，孩子才能形成健

康独立的自我意识与评价，才能实现真正意义上健康的独立发展，顺利度过适应期。

（三）社区层面

积极倡导社区居民包容和接纳农民工群体，同时倡导农民工群体积极向社区居民学习，获得城市文化的积极适应，促进社区中城市居民和农民工之间的和谐共处，有利于社区的融合与建设，有利于社会的和谐与稳定。

社区也是农民工及其子女经常发生互动的一个系统。由于农民工家庭经济原因，其父母需要花费更多时间和精力在工作上，很多时候对于子女都处于一个疏于照顾的状态。对于这种情况，社会工作者首先可以整合社区资源，在社区工作人员的帮助下，开展如四点半课堂、兴趣班等帮其家长分担一定的照顾责任；其次社会工作者可以链接资源，在社区内开展城市文化宣讲活动、节日活动等，帮助流动儿童了解城市文化，同时营造平等和谐的社区文化氛围；最后社会工作者可以鼓励农民工子女参与社区的志愿活动，一方面提升其自信心，另一方面可以改变社区内对农民工及其子女的偏见，促进其更好地融入社区。

（四）国家层面

出台弘扬农村传统价值观和传统文化的政策，让全社会积极保留、学习和传承传统文化，这有利于农民工及其子女在传统文化中找到自我的归属与认同，有利于他们在城市生活中获得自身和他人的认可和尊重，有利于我国弘扬社会主义核心价值体系的建设和完善，有利于我国文化自信和文化强国的建设。

1. 学校积极引进驻校社工机制

学校是在儿童成长发展中极为重要的场所，在学业、人际交往、行为及心理的等方面是否能够顺利适应学校生活对于流动儿童的健康成长有着重要影响，对其他孩子而言也有着举足轻重的作用。且不仅流动儿童群体的适应困境，留守儿童困境、校园欺凌、青少年抑郁等现象都涉及学校社会工作的领域，儿童在成长发展中遇到的大多问题若可以从学校层面由驻校社工及时进行一定的支持与干预，一定程度上可以避免学生更严重行为的发生。而在很多情况下，由于之前的疫情防控学校更加限制了外来人员的进入机会；外加一些宣传影响等，很多学校都不同意一些社工真正意义上驻扎于学校，仅仅走个过场，也很难运用到一定必需的学校资源。学校应意识到驻校社工在学校情境中及时发现服务对象及需求、链接资源帮助学生度过成长困境等作用，积极引进驻校社工，在能力范围内为社工提供一定资源，对校内有需求的流动儿童开展适应状况调研，在学校层面为社工开展个案或小组的介入活动提供一定的发挥空间，为孩子的健康成长保驾护航。

2. 为流动群体提供更积极的教育政策

学校资源是导致农民工子女适应差距的重要因素。从住址和户籍看，目前我国义务教育阶段的学校分配基本以学区的形式进行就读分配。为了将孩子放进教学体系更成熟和更具有丰富教学经验的"重点"小学与初中就读，买学区房成了很多家庭为孩子提供更好教育资源的方式之一。

"学区房"意味着售价和租金比一般性小区更贵，且无本地户籍的孩子在分配学校时，排位顺序更靠后。住得更好的本地孩子能读到好的小学和初中，获得更好的教育资源，而大部分的流动家庭，由于缺乏本地户籍，经济情况不佳、教育资源信息获取渠道少等情况，很难进入居住地所在的拥有丰富教育机会资源的小区。本研究中案主小 Z 所在的小学便是打工子弟小学，因其所在辖区租金便宜、处于流动最频繁的蔬菜贸易区之中，多数流动家庭的孩子都被分配到这所小学就读。

老牌小学和初中的周围早已布满了租金售价高昂的小区，一般流动家庭难以负担；但新学校的教学质量难以得到保障。孩子跟不上学校进度，家长没时间也没能力辅导，便会选择将孩子送到"辅导班"进行补习。而"双减"政策下辅导班被禁止取消，但现实还是会有一小部分辅导班隐蔽地存在于城市的各个角落，经济状况良好的家庭不仅能及时获取到这些隐蔽辅导班的招生信息，也可以选择请家教为孩子提供补习。

但本身社会经济地位不高的流动家庭便很难获取相关的信息，飞涨的费用也令家庭经济不佳的流动家庭很难负担。这样一来，有经济能力的家长、对孩子的教育期望与规划更全面的家长，都可以通过选择这种费用高昂的辅导班或家教补习模式来为孩子提供教育补充资源，家长自身也可以为孩子辅导作业、引导孩子更好地学习；但难以负担高昂费用，且缺乏信息的流动家庭，便难以为孩子提供相同的教育补充资源，流动儿童通过教育实现阶级跨越便更加困难。

某教师：现在学校里教的东西很简单，考试的内容也很简单。但仅靠学校教的东西，孩子在上初中和高中接受更复杂的知识体系的时候会比较困难。从前，成绩好的孩子可以靠选拔考试进入重点学校学习，没有户籍和经济条件的限制，认真努力的孩子就可以通过自身努力获得更好的资源，家庭困难的学校也会提供奖学金和减免学费。现在只靠分配后，经济好的家长可以通过买房子、找很贵的补习班来给孩子补习，那些家庭情况不好的家长就很难提供这样的资源，好的更好，坏的更坏。加上学校教学的内容很简单，家长也容易觉得自己孩子成绩好像还可以，但当你中考的时候就会傻眼。选拔考试虽然取消了，但还是会有学校想尽办法去吸收更好的生源，但这些招考信息也不会让很多人知道。尤其那些外来的，没有本地户籍的孩子更难出头。中考现在升入普高的比率大概只有42%，剩下的都去职高，基本很多这样家庭经济不好，家长没有能力全面规划的孩子的路都因此定得差不多了。

当前，我国的流动儿童数量已经成为我国儿童中难以忽视的一个规模群体，而流动儿童作为城市中的教育弱势群体，在教育资源获取、自身文化资本等方面都存在着不足。社会应给予关注，发布适当的倾斜性教育政策。而针对流动人口集中的社区，也可以通过积极引进社会工作机构、社会组织等社会资源，为流动儿童的教育、文化的社会融入状况提供相应的帮助与支持。

四　增强农民工及其子女文化资本的积累的政策建议

本书发现，文化资本在农民工及其子女文化适应和城市价值观的代际传递中起着十分重要的作用。为了促进农民工及其子女的文化适应水平，提升他们的文化资本极其重要。我们从以下四个方面提出政策建议：

（一）个人层面

1. 农民工及其子女自己应积极主动地获取教育资源，如征求老师的意见，与优秀同学一起学习，到学校图书馆借书等等。农民工及其子女由于贫困或弱势，他们容易显得不自信，不愿意与人交往，这大大阻碍了他们争取外界资源的机会。因此，他们应努力改变这种状态，来弥补家庭文化资本的不足。

2. 农民工子女与老师建立良好的师生关系，良好的师生关系有利于他们学业成绩的提高。这样有利于农民工子女得到老师的鼓励和支持，提升学习动力，并获得学习策略和学习方法的指导，进而提升学习成绩。学习成绩的提升就会转化为自身制度化文化资本，最后获得文化资本的积累提升。

（二）家庭层面

1. 农民工家庭要为孩子提供良好的阅读氛围。虽然农民工父母可能没有能力具体参与孩子的学习，但他们可以在学习时间和环境方面提供最大限度的支持。尤其在受教育水平较低的农民工群体中，父母的阅读能有效地促进子女在学校的成功。因此鼓励农民工在家庭中积极阅读，在我国全民阅读的背景下，加大对农民工群体的宣传和支持，进而促进子女教育成就的提升。

2. 父母要树立好的榜样。父母通过积极向上、坚韧勤奋的努力，可以为孩子树立好的榜样。并不是所有处境不利的学生都会自动形成这种积极向上、独立自主的性格。他们这些潜在的资源需要被激活。而父母的榜样作用可以激活子女积极向上、独立自主的性格，通过不断进取将自己文化资本的劣势转化成文化资本的优势。

3. 农民工家庭要尽可能从其他途径获得支持，积极争取资源，以弥补家庭文化资本的不足。比如，家长要多与老师沟通和交流，不仅要了解孩子的学习状况，更要让老师意识到家长对孩子教育的重视，从而老师可能为孩子提供更多帮助。

4. 农民工家庭要提高父母对孩子的教育期望。父母的期望是一种具体化的文化资本，对学生的成绩有显著提升作用。为了减轻农民工家庭文化资本对子女的负面影响，学校也可以考虑提高家长对子女的教育期望。例如，教师向家长积极反馈孩子在学校的表现，可能有助于家长提升对子女的期望。学校可以为家长提供一些信息、工具和策略，来提高他们的教育期望。对于父母来说，虽然改变他们的教育背景并不现实，但他们可以考虑在孩子的教育方面设定更高的目标，并尽量帮助孩子理解他们的期望，积极的鼓励会使孩子表现得更好。

（三）学校层面

学校和老师应对农民工家庭的学生提供帮助。学校和教师在很大程度上可以弥补农民工学生家庭文化资本的不足。特别是教师对孩子的鼓励和在学业方面实质性的指导和帮助，对农民工子女的学业成功会起到极其重要的作用。

（四）国家和社会层面

1. 由于农民工群体文化资本的薄弱更多是根源于社会结构性因素，而不仅仅是个人因素，所以仅依靠农民工家庭的努力是远远不够的。首先，农民工家庭的资源有限，即使他们全力以赴，也很难与高文化资本的家庭抗衡。其次，这种努力本身也受到文化资本环境的限制。因此，如果只强调农民工家庭自身的努力而忽视外界的援助，这就容易使农民工家庭的困境和政府的推卸责任合法化。因此，国家和社会的关注和帮助极为重要，必须为农民工家庭和学生提供更多的资源和支持。在此特别指出，为农民工家庭的学生提供优质学校教育资源尤为重要；此外，作为学生成长过程中的重要人物——教师可以通过鼓励这些学生、对他们提出期望、向他们赠送辅导材料、让他们担任班长、课后辅导等方式，对学生表示关注，以弥补其家庭文化资本的不足，帮助他们取得更大的学业成就。

2. 国家应促进农村和城市的教育平等。为农民工社会经济地位低（农村家庭、流动家庭等）的学生提供更多机会进入一流大学或合格高中，当前迫切需要制定相关的配额政策。

3. 国家应设立一些公共服务和社会机构，使农民工子女能够积累文化资本，以弥补家庭文化再生产的负面结果，例如这些社会机构提供培训和继续教育服务，以促进农民工子女文化资本的积累与提升。

附录 1

农民工部分调查问卷（父母版）

亲爱的同学家长们，请按照您的实际情况回答。

我是孩子的：　　　1. 父亲　　　　　　2. 母亲

您孩子的个人基本情况

姓名：＿＿＿＿＿＿＿　性别：＿＿＿＿＿　年龄：＿＿＿＿

年级：＿＿＿＿＿＿　所在学校：＿＿＿＿＿＿＿＿＿＿＿＿＿

户籍所在地：＿＿＿＿＿＿（省市）　出生地：＿＿＿＿＿（省市）

到北京的时间：＿＿＿＿＿＿到现在共＿＿＿＿年

到所在学校入学的时间：＿＿＿＿＿＿年

您的婚姻情况：1. 已婚　2. 再婚　　3. 离婚　4. 丧偶

工作情况：孩子父亲的工作＿＿＿＿＿＿＿

　　　　　孩子母亲的工作＿＿＿＿＿＿＿

孩子父亲的受教育程度：1. 没上过学　　2. 小学　　3. 初中

4. 高中或中专　　5. 大专或大学　　6. 研究生或以上

孩子母亲的受教育程度：1. 没上过学　　2. 小学　　3. 初中

4. 高中或中专　　5. 大专或大学　　6. 研究生或以上

家庭每个月的收入（孩子父母的收入加在一起）：

1. 100—1000 元　2. 1001—2000 元　3. 2001—4000 元

4. 4001—6000 元　5. 6001—8000 元　6. 8001—10000 元

7. 10001—15000 元　8. 15001—20000 元　9. 20001—30000 元

10. 30000 元以上

除了获得学历证书，我获得的职业资格证书有＿＿＿＿＿＿

我的兴趣爱好有：1. 体育　2. 音乐　3. 书法　4. 美术　5. 阅读

6. 其他＿＿＿＿

一、下面的调查具体内容中共有 82 条陈述，与每条陈述对应，回答时有五个级别：①完全不符合我 ②比较不符合我 ③一般 ④比较符合我 ⑤完全符合我。请您仔细阅读每一条陈述，根据该项陈述在多大程度上符合您来做出选择，然后相应数字上画"○"。

序号	题　项	完全不符合	比较不符合	一般	比较符合	完全符合
1	来到城市后，我能较快适应新的食物或饮食习惯。	1	2	3	4	5
2	城里的医疗条件好，但因费用高、报销程序复杂，我不能充分的享用。	1	2	3	4	5
3	我还是习惯按照老家的风俗习惯办事（满月酒，百日宴，婚宴等）。	1	2	3	4	5
4	在城市我的口音给我的社交生活带来不便。	1	2	3	4	5
5	当合法权益受损时，我会通过法律渠道维护自己的权益。	1	2	3	4	5
6	我常去图书馆、博物馆、听讲座、看展览等。	1	2	3	4	5
7	我认为自己既不是农村人，也不是城市人。	1	2	3	4	5
8	我平时享受到了和城市人相同的就业机会和薪资待遇。	1	2	3	4	5
9	我会经常去拜访亲友。	1	2	3	4	5
10	城市复杂的交通规则和路况使我常常担心受罚。	1	2	3	4	5
11	我很怀念农村传统节日隆重的庆祝方式。	1	2	3	4	5
12	我是通过亲戚、朋友、同乡介绍找到工作的。	1	2	3	4	5
13	在城市生活了一段时间，我还是觉得农村好。	1	2	3	4	5
14	我会尽力争取与所在单位签订劳动合同。	1	2	3	4	5
15	我会过西方盛行的节日，如圣诞节、感恩节等。	1	2	3	4	5
16	我能习惯城市的生活节奏。	1	2	3	4	5
17	我能接受城市较高的租房、出行等费用。	1	2	3	4	5
18	我特别在意别人的看法和评价。	1	2	3	4	5
19	城市的社会公共秩序（如排队、遵守交通规则）让我感到拘束。	1	2	3	4	5
20	我感到自己在城市中个有用的人。	1	2	3	4	5
21	我没有因为曾经断档缴纳"三险一金"，为重新补交手续而感到麻烦。	1	2	3	4	5
22	我熟悉银行办卡、医院挂号、博物馆预约、电影取票流程。	1	2	3	4	5

序号	题　项	完全不符合	比较不符合	一般	比较符合	完全符合
23	我更倾向找德高望重之人主持公道。	1	2	3	4	5
24	城市的网络通信很好，但是我不能很好地使用，对生活造成一定困扰。	1	2	3	4	5
25	领导和同事对我还算接纳。	1	2	3	4	5
26	我能接受城市各种形式的穿衣风格。	1	2	3	4	5
27	我觉得自己办理证件很困难（如暂住证、就业证、健康证等）。	1	2	3	4	5
28	我能接受城市的各项娱乐活动开展到很晚。	1	2	3	4	5
29	由于城市竞争太激烈，对以后的发展我感到有压力。	1	2	3	4	5
30	如果出现工伤，我所在的单位能给我合理的补偿。	1	2	3	4	5
31	我是城市的一部分，愿意一直留在城市，参与城市的建设。	1	2	3	4	5
32	我经常在网上购物或订餐等。	1	2	3	4	5
33	当孩子成绩下降时，我会与孩子一起找原因、想办法。	1	2	3	4	5
34	回农村老家我总觉得不习惯，待不久。	1	2	3	4	5
35	在城市生活中，提高了我的环保意识（如园林绿化、垃圾收集与处理、治理污染等）。	1	2	3	4	5
36	我是通过职业介绍所或中介所介绍进入找到工作的。	1	2	3	4	5
37	在城里我感到无力应对生活、工作中的各种问题。	1	2	3	4	5
38	城市网络覆盖面广，更方便我进行网上娱乐活动。	1	2	3	4	5
39	我坚决反对婚前同居。	1	2	3	4	5
40	虽然在城里工作，我仍然觉得自己好像一个"外来人"。	1	2	3	4	5
41	城市的水、电、气让我的生活便利，我也能承受这些费用。	1	2	3	4	5
42	在城市我慢慢适应了竞争激烈、岗位流动性大的生活。	1	2	3	4	5
43	来到城市后，租房的生活常常让我感到居无定所。	1	2	3	4	5
44	我的孩子能够享受到城市优质的教育设施和优良的师资。	1	2	3	4	5
45	错综复杂的交通网络常常使我出错。	1	2	3	4	5

续表

序号	题　项	完全不符合	比较不符合	一般	比较符合	完全符合
46	我已经习惯用普通话和人交流。	1	2	3	4	5
47	更喜欢农村视野开阔，到处是高楼大厦让我感到不适应。	1	2	3	4	5
48	在城市生活、工作中不如意时，心里话最想向老乡倾诉。	1	2	3	4	5
49	来到城市后，我有机会缴纳"三险一金"。	1	2	3	4	5
50	城市的物价远高于我的预期，给我带来压力。	1	2	3	4	5
51	如果孩子早恋，我能及早地觉察并耐心想办法来解决。	1	2	3	4	5
52	当遇到问题时，我会从多个角度想办法去解决。	1	2	3	4	5
53	虽然农村人口稀少，住房宽敞，但我已经习惯了城市拥挤的居住环境。	1	2	3	4	5
54	孩子必须回到户籍所在地参加高考，为此我感到烦恼。	1	2	3	4	5
55	我喜欢参加城里的各种形式的娱乐休闲活动（如演唱会、展览、健身、球赛、音乐会等）。	1	2	3	4	5
56	我觉得城市人对我有偏见。	1	2	3	4	5
57	我更喜欢农村的劳动方式，比较自由。	1	2	3	4	5
58	由于城市交通拥堵，我习惯提前规划出行时间和路线。	1	2	3	4	5
59	城里人文化水平高，我与他们差异较大，适应相对困难。	1	2	3	4	5
60	城市的贫富差异大，让我感到很不适应。	1	2	3	4	5
61	我更容易相信权威人士和新闻所传播的消息。	1	2	3	4	5
62	子女在城市上学的各种费用让我感到压力很大。	1	2	3	4	5
63	相比于冒险激进，我更赞同听天由命。	1	2	3	4	5
64	城市生活，让我需要付出更多的时间、精力处理人际关系。	1	2	3	4	5
65	由于住房拥挤，租房琐碎小事更容易使我和邻里产生摩擦。	1	2	3	4	5
66	在城市生活、工作中不如意时，心里话最想向城里认识的朋友倾诉。	1	2	3	4	5
67	我觉得在城市中晋升很难。	1	2	3	4	5

序号	题 项	完全不符合	比较不符合	一般	比较符合	完全符合
68	我尊重子女隐私，不会随意翻看他们的日记、聊天记录等。	1	2	3	4	5
69	到城市后，我和家人很少因户籍所衍生的问题而烦恼。	1	2	3	4	5
70	城市的工作入职门槛更高，给我带来很大挑战。	1	2	3	4	5
71	在日常生活中我常常使用"请""您好""谢谢"等用语。	1	2	3	4	5
72	城市商业活动频繁，商品种类繁多，我感到很新奇。	1	2	3	4	5
73	在城市生活中，由于没目标，生活很迷茫，让我产生了恋家等情绪。	1	2	3	4	5
74	城市居民很友善，我们能彼此尊重。	1	2	3	4	5
75	我希望通过自己的努力，真正过上市民的生活。	1	2	3	4	5
76	我把同事当成自己的朋友。	1	2	3	4	5
77	我想挣够钱就回老家。	1	2	3	4	5
78	我不擅长使用手机购买车票、打车、导航、骑共享单车等。	1	2	3	4	5
79	我有机会参加公司对我工作素质或能力方面的专门培训。	1	2	3	4	5
80	我特别在意别人的看法和评价。	1	2	3	4	5
81	我从事工作的大多是服务业（餐饮、快递、保洁、安保、家政等）。	1	2	3	4	5
82	我希望子女将来选择在城市中发展。	1	2	3	4	5

二、第一列，根据与自己的同意程度，1 表示非常不同意，数字越大越表示同意，5 表示非常同意，将相应的数字填在下面表格的第一列。

第二列，您孩子是否与这个说法相符合，对您来说有多重要？1 表示非常不重要，数字越大表示越受影响，5 表示非常重要。将相应的数字填在下面表格的第二列里。

	1	2	3	4	5	
	非常不同意	不同意	有些同意	同意	非常同意	
适用于第二列	非常不重要	不重要	一般	重要	非常重要	适用于第二列

第二列，您孩子是否与这个说法相符合，对您来说有多重要？

		非常不同意	不同意	有些同意	同意	非常同意	非常不重要	不重要	一般	重要	非常重要
		1	2	3	4	5	1	2	3	4	5
		在多大程度上同意此说法？					您孩子是否与这个说法相符合，对您来说有多重要？				
1	社会发展良好的标志是大家能够共享社会成果和财富。	1	2	3	4	5	1	2	3	4	5
2	个人与环境力求妥协，以达到内心的和谐与安乐。	1	2	3	4	5	1	2	3	4	5
3	雄心壮志很重要，我想要出人头地。	1	2	3	4	5	1	2	3	4	5
4	我认为，我应该总是对父母以及年长者表示尊敬。顺从对我很重要。	1	2	3	4	5	1	2	3	4	5
5	土地生产的蔬菜和粮食是我们世代赖以生存的基础，我爱护土地。	1	2	3	4	5	1	2	3	4	5
6	我觉得人和人之间需要保持适当的距离，与陌生人之间如果离得太近，会让我感到不适。	1	2	3	4	5	1	2	3	4	5
7	我认为职业规划很重要，注重自己的未来的职业发展前景。	1	2	3	4	5	1	2	3	4	5
8	婚姻就是成家过日子、养儿育女。	1	2	3	4	5	1	2	3	4	5
9	我会设身处地为对方着想，用我觉得好的东西招待对方。	1	2	3	4	5	1	2	3	4	5
10	开阔眼界很重要，我不断地尝试到新的地方去。	1	2	3	4	5	1	2	3	4	5
11	我认为对别人有礼貌很重要，在公共场合，我通常不会大声与别人争辩。	1	2	3	4	5	1	2	3	4	5
12	会赚钱的人就是有能力的人，我希望自己可以赚很多钱。	1	2	3	4	5	1	2	3	4	5
13	发展经济就不可避免要牺牲环境，我赞同大家富裕起来后再治理环境。	1	2	3	4	5	1	2	3	4	5
14	我更注重职业的稳定性，觉得一份稳定的工作比较重要。	1	2	3	4	5	1	2	3	4	5
15	我愿意凡事多忍让以维持家庭的和谐。	1	2	3	4	5	1	2	3	4	5
16	网络有利于人际交往，我会在一些社交软件上结交新的朋友。	1	2	3	4	5	1	2	3	4	5

续表

		非常不同意	不同意	有些同意	同意	非常同意	非常不重要	不重要	一般	重要	非常重要
		1	2	3	4	5	1	2	3	4	5
17	各个部门能够各司其职,每个人都能发挥自己的才能,社会就能良好地发展。	1	2	3	4	5	1	2	3	4	5
18	经验比较重要,我更希望跟着有经验的人学习做菜。	1	2	3	4	5	1	2	3	4	5
19	不断进步很重要,我努力使自己比别人优秀。	1	2	3	4	5	1	2	3	4	5
20	他人不在的时候也可以用别人的东西,只要还回去就可以。	1	2	3	4	5	1	2	3	4	5
21	我很看重营养均衡,做饭的时候会荤素搭配。	1	2	3	4	5	1	2	3	4	5
22	我觉得投资理财比较靠谱,认为股票基金投资是一种明智的增加财富的行为。	1	2	3	4	5	1	2	3	4	5
23	我赞同孩子对于一个家庭来说是必不可少的。	1	2	3	4	5	1	2	3	4	5
24	和邻里处好关系很有必要,远亲不如近邻,有事时我们会相互帮助。	1	2	3	4	5	1	2	3	4	5
25	功成名就之后照顾弟弟妹妹是我的责任。	1	2	3	4	5	1	2	3	4	5
26	我认为处于中游水平就可,如果表现得太突出可能会遭人非议。	1	2	3	4	5	1	2	3	4	5
27	我认为,不要祈求太多,这很重要。人们应该满足于他们所拥有的东西。	1	2	3	4	5	1	2	3	4	5
28	避免做不道德的事情,以免使家族蒙羞。	1	2	3	4	5	1	2	3	4	5
29	我希望孩子能上个好大学,以后就由他自由发展。	1	2	3	4	5	1	2	3	4	5
30	我更相信国家保障制度,认为"五险一金"比较重要。	1	2	3	4	5	1	2	3	4	5
31	子女遵从父母很重要,我会避免做父母不赞成的事。	1	2	3	4	5	1	2	3	4	5
32	我更愿意与同乡交朋友,遇到同乡会感觉亲近感,更想与其接触。	1	2	3	4	5	1	2	3	4	5
33	到一个新环境我也可以自如地与人交往。	1	2	3	4	5	1	2	3	4	5
34	追求利益是人的天性,老实本分的人做生意是赚不到钱的。	1	2	3	4	5	1	2	3	4	5

续表

		非常不同意	不同意	有些同意	同意	非常同意	非常不重要	不重要	一般	重要	非常重要
		1	2	3	4	5	1	2	3	4	5
35	我认为遵循传统很重要，丧葬仪式必须沿袭传统的习俗。	1	2	3	4	5	1	2	3	4	5
36	结婚对象更倾向选择附近的、知根知底的。	1	2	3	4	5	1	2	3	4	5
37	我认为我们应该对自己的人生有明确的规划。	1	2	3	4	5	1	2	3	4	5
38	我认为人是为了自己而活的，我不会在意别人对我的任何看法。	1	2	3	4	5	1	2	3	4	5
39	我很看重疾病的预防，认为定期体检很重要。	1	2	3	4	5	1	2	3	4	5
40	结婚时，遵从传统的规矩流程更能体现对婚姻的重视程度。	1	2	3	4	5	1	2	3	4	5
41	我认可"不打不成器"这句话，当言语管教不行时，会采取体罚措施。	1	2	3	4	5	1	2	3	4	5
42	我很看重待人接物，我会尽量让别人感到舒适。	1	2	3	4	5	1	2	3	4	5
43	我的生活态度比较豁达，认为人应该顺其自然。	1	2	3	4	5	1	2	3	4	5
44	父母要有父母的样子，不会对孩子做过于亲密的举动或说亲密的话。	1	2	3	4	5	1	2	3	4	5
45	我可以为了融入社会做出妥协与改变。	1	2	3	4	5	1	2	3	4	5
46	待人真挚很重要，如果家里来了客人，我会拿出最好的东西招待。	1	2	3	4	5	1	2	3	4	5
47	在年龄、经济条件适合的情况下，我愿意再要一个孩子。	1	2	3	4	5	1	2	3	4	5
48	老师在知识教育方面具有权威性，我认可老师的做法，老师批评惩罚孩子是为了孩子好。	1	2	3	4	5	1	2	3	4	5
49	我很看重自己的事情自己做决定。我喜欢自由地做计划并自己选择自己的活动。	1	2	3	4	5	1	2	3	4	5
50	对我来说，倾听他人很重要，即便是那些和我不同的人，即便与我观点不同，我也会耐心倾听他们的发言。	1	2	3	4	5	1	2	3	4	5
51	婚后，我也不会为了家庭放弃自己的事业。	1	2	3	4	5	1	2	3	4	5

		非常不同意	不同意	有些同意	同意	非常同意	非常不重要	不重要	一般	重要	非常重要
		1	2	3	4	5	1	2	3	4	5
52	孩子的教育需要老师和家长的共同参与，如果我不认可老师的做法，我会直接和老师沟通。	1	2	3	4	5	1	2	3	4	5
53	多个朋友多条路，我会愿意结交来自各行各业的朋友。	1	2	3	4	5	1	2	3	4	5
54	社会发展良好的标志是能够为个人提供发展的有利环境。	1	2	3	4	5	1	2	3	4	5
55	表达自己很重要，我愿意与他人分享自己的经历。	1	2	3	4	5	1	2	3	4	5
56	我注重家庭生活，认为家庭的幸福比个人的得失更重要。	1	2	3	4	5	1	2	3	4	5
57	在只能生一胎的情况下，我更希望生个男孩，因为养儿防老。	1	2	3	4	5	1	2	3	4	5
58	幼儿园要更关注孩子的身心发展。	1	2	3	4	5	1	2	3	4	5
59	对于不喜欢的人也有可能与其做朋友，因为朋友可能给我带来好处。	1	2	3	4	5	1	2	3	4	5
60	社会存在的前提就是让每个人都获得幸福。	1	2	3	4	5	1	2	3	4	5
61	在婚姻中，一纸协议无法保障幸福，人品和情分更重要。	1	2	3	4	5	1	2	3	4	5
62	个人以自己的意愿、喜好征服环境，以达自我实现。	1	2	3	4	5	1	2	3	4	5
63	知足常乐很重要，我不喜欢和别人竞争。	1	2	3	4	5	1	2	3	4	5
64	父母有自己的生活，只要给父母足够的钱，够他们生活，就不必花太多时间与父母相处。	1	2	3	4	5	1	2	3	4	5
65	我认为为了自身利益说谎是可以理解的。	1	2	3	4	5	1	2	3	4	5
66	我认为邻里和谐很重要，如果邻居家发生争吵，我会帮着劝一劝。	1	2	3	4	5	1	2	3	4	5
67	我认为当下的生活最重要，工作只是为了养活自己和养活一家人。	1	2	3	4	5	1	2	3	4	5
68	独立的空间很重要，和邻居保持点头之交就足够了。	1	2	3	4	5	1	2	3	4	5
69	人的出身很重要，无论如何努力也很难改变现状。	1	2	3	4	5	1	2	3	4	5

续表

		非常不同意	不同意	有些同意	同意	非常同意	非常不重要	不重要	一般	重要	非常重要
		1	2	3	4	5	1	2	3	4	5
70	我认为规则是可以变通的，大巴车超过人数限制再多挤几个人也是可以接受的。	1	2	3	4	5	1	2	3	4	5
71	在闲暇时间，我会希望可以提升自己，比如去健身或学习。	1	2	3	4	5	1	2	3	4	5
72	只要自己的想法合理，即使家人反对，我也会据理力争。	1	2	3	4	5	1	2	3	4	5
73	与综合素质（才艺）相比，我认为孩子学习成绩更重要。	1	2	3	4	5	1	2	3	4	5
74	每个人都有困难的地方，我认为我们应该自己解决。	1	2	3	4	5	1	2	3	4	5
75	如果遇事争执不下，应请辈分最高的人主持公道。	1	2	3	4	5	1	2	3	4	5
76	我更注重近期可靠的收入，觉得日结的工资更可靠。	1	2	3	4	5	1	2	3	4	5
77	没有爱情的婚姻是不圆满的。	1	2	3	4	5	1	2	3	4	5
78	孩子的独立意识很重要，小时候就让孩子自己的事情自己做。	1	2	3	4	5	1	2	3	4	5
79	社会良好发展不仅需要一个强有力的领导，而且需要其他人的服从。	1	2	3	4	5	1	2	3	4	5
80	到一个新环境常常会让我感到无所适从。	1	2	3	4	5	1	2	3	4	5
81	人与人之间交往的本质就是利益的来往，对于帮助过我的人，给予物质上的感谢就足够了。	1	2	3	4	5	1	2	3	4	5
82	我很注重身体健康，会关注食品的成分表。	1	2	3	4	5	1	2	3	4	5
83	我更注重职业的发展，为了职业更好的发展，我会选择跳槽。	1	2	3	4	5	1	2	3	4	5
84	重视孩子的未来规划，填报志愿时我会帮助孩子选择专业。	1	2	3	4	5	1	2	3	4	5
85	我对事物有自己的见解，我会保持自身独特性。	1	2	3	4	5	1	2	3	4	5
86	即使我是个平凡人，我也会尽量帮助周围有困难的人。	1	2	3	4	5	1	2	3	4	5
87	我认为离婚是个人的选择，与其他人无关。	1	2	3	4	5	1	2	3	4	5

		非常不同意	不同意	有些同意	同意	非常同意	非常不重要	不重要	一般	重要	非常重要
		1	2	3	4	5	1	2	3	4	5
88	孩子小时候，在外人面前批评孩子没什么大不了。	1	2	3	4	5	1	2	3	4	5
89	人与人是彼此独立的，要尊重彼此的需求与喜好，不强求改变。	1	2	3	4	5	1	2	3	4	5
90	公共的就是大家的，把公用的纸巾带回家也不是什么大事，自己不拿别人也会拿。	1	2	3	4	5	1	2	3	4	5
91	只要家族里面有一个人功成名就，我们都会以他为荣。	1	2	3	4	5	1	2	3	4	5
92	靠山吃山，靠水吃水，应该根据原本的自然环境特征来进行适当的发展。	1	2	3	4	5	1	2	3	4	5
93	人心难测，我的社交圈大部分都是亲人、熟人和同乡。	1	2	3	4	5	1	2	3	4	5
94	明确的数据很重要，我更倾向看菜谱或教程来学习做菜。	1	2	3	4	5	1	2	3	4	5
95	尽管父母有钱，我也会把我赚的钱拿一部分给父母花。	1	2	3	4	5	1	2	3	4	5
96	人情不能靠物质来衡量，对于帮助过自己的人，会心生感激，并且保持长期的情感联络。	1	2	3	4	5	1	2	3	4	5
97	人无信不立，我任何时候都不会违背良心去说谎。	1	2	3	4	5	1	2	3	4	5
98	我觉得不应该外出去饭店吃饭，在家里吃饭就足够了，这样更实惠。	1	2	3	4	5	1	2	3	4	5
99	如果年纪大了，在高额的医药费超过自己的承受能力时，我选择不拖累家人。	1	2	3	4	5	1	2	3	4	5
100	我觉得钱财的安全比收益更重要，我通常会选择把钱存在银行。	1	2	3	4	5	1	2	3	4	5
101	只有男孩才能传宗接代。	1	2	3	4	5	1	2	3	4	5
102	会严格限制孩子对电子产品的使用。	1	2	3	4	5	1	2	3	4	5
103	我想要事事拔尖，让别人看到我的能力与才华。	1	2	3	4	5	1	2	3	4	5
104	比起为了达到完美的结果而费尽心思，我更喜欢顺势而为。	1	2	3	4	5	1	2	3	4	5

		非常不同意	不同意	有些同意	同意	非常同意	非常不重要	不重要	一般	重要	非常重要
		1	2	3	4	5	1	2	3	4	5
105	生男生女都一样，女孩也能担负养老的责任。	1	2	3	4	5	1	2	3	4	5
106	孩子是独立的个体，有权利自己做决定，父母不能强行干涉。	1	2	3	4	5	1	2	3	4	5
107	随遇而安是我的处世态度，我没有对自己的人生做过长远的打算。	1	2	3	4	5	1	2	3	4	5
108	我很看重他人的评价，他人的评价会影响我的行为方式。	1	2	3	4	5	1	2	3	4	5
109	父母可以和孩子做朋友，我会经常表达对孩子的喜爱。	1	2	3	4	5	1	2	3	4	5
110	我认为，自觉很重要，即使在没有旁人关注的时候，我也会自觉排队。	1	2	3	4	5	1	2	3	4	5
111	我重视食品的安全性，会首选绿色食品。	1	2	3	4	5	1	2	3	4	5
112	我认为花更多的钱可以得到更好的治疗，所以我注重医生的选择，无论病的大小，我都会尽量选择挂专家号。	1	2	3	4	5	1	2	3	4	5
113	我不介意结婚对象在我之前与别的异性同居过。	1	2	3	4	5	1	2	3	4	5
114	身教胜于言教，我更倾向于以身作则给孩子树立榜样。	1	2	3	4	5	1	2	3	4	5
115	人与人之间的界限很重要，我不会刻意去关注别人的私事。	1	2	3	4	5	1	2	3	4	5
116	我对生活有满足感，认为人应该满足于他们拥有的东西。	1	2	3	4	5	1	2	3	4	5
117	我会对离过婚的人敬而远之，不会和其深度交往。	1	2	3	4	5	1	2	3	4	5
118	非常在意孩子的安全，对孩子的交友、独自出行会有所限制。	1	2	3	4	5	1	2	3	4	5
119	我认为自我潜能发挥很重要，为了取得成功，我可以突破环境的限制，保持特立独行。	1	2	3	4	5	1	2	3	4	5
120	在外尽量少惹麻烦，以免增加家人的困扰。	1	2	3	4	5	1	2	3	4	5
121	我认为给人台阶下很重要，当别人尴尬时，我不会发笑。	1	2	3	4	5	1	2	3	4	5

续表

		非常不同意	不同意	有些同意	同意	非常同意	非常不重要	不重要	一般	重要	非常重要
		1	2	3	4	5	1	2	3	4	5
122	我赞同婚后"男主外，女主内"的模式。	1	2	3	4	5	1	2	3	4	5
123	为了保护孩子的自尊，我会在孩子的老师、同学，以及其他家长面前注意自己的言行举止。	1	2	3	4	5	1	2	3	4	5
124	人心隔肚皮，与人打交道时，我不会先透露自己的情况。	1	2	3	4	5	1	2	3	4	5
125	幼儿园主要作用就是帮助家长照看孩子，保障孩子安全。	1	2	3	4	5	1	2	3	4	5
126	结婚、怀孕都是个人的自由，对未婚先孕的人背后评论，是大可不必的。	1	2	3	4	5	1	2	3	4	5
127	我会注重节约粮食，剩菜剩饭下一顿还会再吃。	1	2	3	4	5	1	2	3	4	5
128	保持原有生活方式很重要，我不愿意接触新鲜事物并做出改变。	1	2	3	4	5	1	2	3	4	5
129	我很注重身体健康，认为只要生病了就应该及时就医。	1	2	3	4	5	1	2	3	4	5
130	我更愿意给孩子报很多兴趣班。	1	2	3	4	5	1	2	3	4	5
131	当有不如意的事时，我不会向命运屈服，会奋力抗争。	1	2	3	4	5	1	2	3	4	5
132	结婚时，领证才是结婚的标志，而不是酒席。	1	2	3	4	5	1	2	3	4	5

感谢您的合作！

附录 2

农民工子女部分调查问卷（儿童版）

亲爱的同学们，下面的问题请按照自己的实际情况回答。

个人基本情况

姓名：＿＿＿＿＿＿＿　性别：＿＿＿＿＿　年龄：＿＿＿＿＿

年级：＿＿＿＿＿＿　所在学校：＿＿＿＿＿＿＿＿＿＿＿

我参加的课外班有（可多选）：1. 钢琴　2. 舞蹈　3. 朗诵　4. 作文　5. 英语　6. 数学　7. 篮球　8. 足球　9. 游泳　10. 乒乓球　11. 其他＿＿＿＿＿

我获得过得证书有＿＿＿＿＿＿＿证书＿＿级（例如：钢琴证书 2 级）

我获得过的奖项有＿＿＿＿＿＿＿＿＿＿＿＿＿（例如：艺术节奖项、三好学生、运动会奖项等）

我在班上担任过学生干部名称＿＿＿＿＿＿＿＿＿或没担任过

我家中的书籍（除去学校发的书）数量大约有＿＿＿＿＿＿＿本

我家（有/没有）地图或地图集

我家（有/没有）儿童杂志

我家（有/没有）学习桌

我（有/没有）自己的学习桌

一、下面的调查具体内容中共有 64 条陈述，与每条陈述对应，回答时有五个级别：　①完全不符合我　②比较不符合我　③一般　④比较符合我　⑤完全符合我。请您仔细阅读每一条陈述，根据该项陈述在多大程度上符合您来做出选择，然后相应数字上画"○"。

序号	题　项	完全不符合	比较不符合	一般	比较符合	完全符合
1	我经常去博物馆、书店、图书馆、看展览、听讲座等。	1	2	3	4	5

序号	题 项	完全不符合	比较不符合	一般	比较符合	完全符合
2	我更怀念农村传统节日隆重的庆祝方式。	1	2	3	4	5
3	在城市生活中，提高了我的环保意识（如园林绿化、垃圾收集与处理、治理污染等）。	1	2	3	4	5
4	由于我的口音，有时同学不理解我说的话。	1	2	3	4	5
5	即使父母的想法不正确，我也会听从他们的要求。	1	2	3	4	5
6	城市网络覆盖面更广，我更方便进行网上娱乐活动。	1	2	3	4	5
7	我能够享受到城市优质的教育设施和优良的师资。	1	2	3	4	5
8	在学校生活遇到不顺的事情时，我会找父母倾诉。	1	2	3	4	5
9	由于入学手续繁杂，给我的父母带来了一些困扰。	1	2	3	4	5
10	来到城市后，我较快适应了新的食物和饮食习惯。	1	2	3	4	5
11	在城市学习，让我感到孤立无助。	1	2	3	4	5
12	当我成绩下降时，父母会与我一起找原因、想办法。	1	2	3	4	5
13	农村的视野开阔，城市的高楼大厦让我感到不适应。	1	2	3	4	5
14	我喜欢看电影、展览、听演唱会、音乐会等。	1	2	3	4	5
15	城市商业活动频繁，商品种类繁多，我感到新奇。	1	2	3	4	5
16	我觉得自己在城市上学的费用很高。	1	2	3	4	5
17	由于城市贫富差距大，同学之间的攀比让我感觉到了困扰。	1	2	3	4	5
18	虽然农村人口稀少，住房宽敞，但我已经习惯了城市拥挤的居住环境。	1	2	3	4	5
19	父母经常会和老师交流，了解我的学习情况。	1	2	3	4	5
20	我上学需要办理证件非常困难（如流动人口证、暂住证、健康证等）。	1	2	3	4	5
21	我的父母不会私自看我的日记、聊天记录等。	1	2	3	4	5
22	我尝试着像城市小孩那样穿着打扮。	1	2	3	4	5
23	我不能留在城市参加高考，让我感到不公平。	1	2	3	4	5
24	我在日常生活中常常使用"请""您好""谢谢"等用语。	1	2	3	4	5
25	城市复杂的交通环境，让我不敢独自出行。	1	2	3	4	5
26	虽然在城市里面上学，我仍然觉得自己好像一个"外来人"。	1	2	3	4	5

序号	题　项	完全不符合	比较不符合	一般	比较符合	完全符合
27	城市的社会公共秩序（如排队，遵守交通规则）让我感到拘束。	1	2	3	4	5
28	当遇到问题时，我会从多个角度想办法去解决。	1	2	3	4	5
29	我已经习惯用普通话和同学交流。	1	2	3	4	5
30	在学校中，我感到自己无力应对学习和交往中的问题。	1	2	3	4	5
31	我感觉城里人较冷漠，邻居之间都不怎么打交道。	1	2	3	4	5
32	在城市中我经常会和同学在一起生日聚会、看电影、逛公园等。	1	2	3	4	5
33	我特别在意老师和同学对我的看法和评价。	1	2	3	4	5
34	我认为幸福就是吃得好、穿得暖、玩得开心和父母的陪伴。	1	2	3	4	5
35	当我和父母说班级八卦时，父母能够认真听。	1	2	3	4	5
36	我能习惯城市的生活节奏。	1	2	3	4	5
37	我敢于接受别人的建议、愿意改变自己的想法。	1	2	3	4	5
38	我参加了一些兴趣辅导班，如跳舞、钢琴、朗诵等。	1	2	3	4	5
39	我会参加学校定期组织的体检。	1	2	3	4	5
40	父母能够接受我与他们不同的想法。	1	2	3	4	5
41	我认为凡事做得好，取得好成绩才会让我感到幸福。	1	2	3	4	5
42	我知道自己有享受九年义务教育的权利。	1	2	3	4	5
43	相比城市嘈杂的环境，我更喜欢农村的环境。	1	2	3	4	5
44	我每天会有固定的时间锻炼身体。	1	2	3	4	5
45	我觉得自己和来自城市的同学做朋友很舒服。	1	2	3	4	5
46	来到城市后，我的衣食住行得到了很大的改善。	1	2	3	4	5
47	虽然我在城市，但是我依旧想念家乡的亲人和朋友。	1	2	3	4	5
48	我认为在家里妈妈应该多承担一些家务。	1	2	3	4	5
49	我觉得城市的同学对我有偏见。	1	2	3	4	5
50	我长大后愿意留在城市工作和生活。	1	2	3	4	5
51	我觉得男孩和女孩应该受到平等的对待。	1	2	3	4	5
52	在城市生存了一段时间，我觉得还是农村好。	1	2	3	4	5

续表

序号	题　项	完全不符合	比较不符合	一般	比较符合	完全符合
53	我尝试着像城市小孩子那样去学习。	1	2	3	4	5
54	和老家相比，我城市里的朋友更多。	1	2	3	4	5
55	我已经完全习惯城市学校的要求了。	1	2	3	4	5
56	我会让父母给我买名牌服装或玩具。	1	2	3	4	5
57	在学校生活遇到不顺的事情时，我会找城里的同学倾诉。	1	2	3	4	5
58	我在班上不敢说出自己的想法。	1	2	3	4	5
59	回农村老家我总觉得不习惯，待不久。	1	2	3	4	5
60	能在城市上学，我感到很自豪。	1	2	3	4	5
61	我觉得自己和北京小孩已经没有什么差别了。	1	2	3	4	5
62	我会过西方盛行的节日，如圣诞节、万圣节等。	1	2	3	4	5
63	城市的同学比我知道的多，给我造成一定的压力。	1	2	3	4	5
64	我开始学着像城市小孩那样做事了。	1	2	3	4	5

1. 下面的调查具体内容中共有 41 条陈述，与每条陈述对应，回答时有五个级别：①完全不符合我　②比较不符合我　③一般　④比较符合我　⑤完全符合我。请您仔细阅读每一条陈述，根据该项陈述在多大程度上符合您来做出选择，然后相应数字上画"○"。

序号	题　项	完全不符合	比较不符合	一般	比较符合	完全符合
1	我喜欢上音乐课。	1	2	3	4	5
2	我的性格比较内向，很少跟城里的同学交往。	1	2	3	4	5
3	我遇到问题时善于思考，老师乐于与我讨论，帮助我解答。	1	2	3	4	5
4	我喜欢科学课上的一些小实验。	1	2	3	4	5
5	我在班上比较有威信。	1	2	3	4	5
6	我喜欢参加学校的各种活动。	1	2	3	4	5
7	我爱画画。	1	2	3	4	5
8	如果同学有困难，我会乐于帮助他们。	1	2	3	4	5

续表

序号	题　项	完全不符合	比较不符合	一般	比较符合	完全符合
9	我能很好地和老师交流，获得老师的认可和赞赏。	1	2	3	4	5
10	我觉得写作文是一件很苦恼的事。	1	2	3	4	5
11	我是学校社团的成员。	1	2	3	4	5
12	当班级特别吵闹时，老师不在的情况下，我有办法让大家安静下来。	1	2	3	4	5
13	我爱好体育活动。	1	2	3	4	5
14	我在班上比较有影响力。	1	2	3	4	5
15	我喜欢阅读课外书。	1	2	3	4	5
16	对于别人不爱帮助的同学，我能够耐心地帮助他。	1	2	3	4	5
17	无论遇到学习还是生活中的任何困难，我都能克服困难，持之以恒，实现目标。	1	2	3	4	5
18	放学后我喜欢和小伙伴一起玩。	1	2	3	4	5
19	我会一种乐器。	1	2	3	4	5
20	为了不让父母担心，我有时候会隐瞒一些事情。	1	2	3	4	5
21	我动手能力比较强，同学有困难都愿意找我帮忙。	1	2	3	4	5
22	我能用简单的英语跟别人交流。	1	2	3	4	5
23	无论是否有老师还是家长的监督，我都能自觉认真地学习或写作业。	1	2	3	4	5
24	当我遇到学习困难时，我会利用网络来获得信息。	1	2	3	4	5
25	我的记忆力很好，看过的东西基本能记住。	1	2	3	4	5
26	我会通过使用一些 App 来进行学习。	1	2	3	4	5
27	我可以自己决定买什么衣服，买什么书。	1	2	3	4	5
28	上课的时候我能专心听讲。	1	2	3	4	5
29	我希望自己将来上一个好的大学。	1	2	3	4	5
30	我上课时经常主动发言。	1	2	3	4	5
31	父母没有给我很大的压力，学成什么样就是什么样。	1	2	3	4	5
32	我有未来的职业目标。	1	2	3	4	5
33	就算不喜欢写作业，我也会尽力去做。	1	2	3	4	5
34	家里有电脑以便我在线学习上网课。	1	2	3	4	5
35	我认为本科和专科没什么差别，只要能上大学就行。	1	2	3	4	5

续表

序号	题　项	完全不符合	比较不符合	一般	比较符合	完全符合
36	就算身体不舒服或者有其他理由可以留在家里，我也会去上学。	1	2	3	4	5
37	对于自己的兴趣爱好，我能够坚持下去。	1	2	3	4	5
38	我有自己想上的大学和想学习的专业。	1	2	3	4	5
39	就算作业很难、要花很长时间才能完成，我也会尽力做完。	1	2	3	4	5
40	我对自己未来的职业生涯有一定规划。	1	2	3	4	5
41	只有写完作业我才会去玩。	1	2	3	4	5

感谢您的合作！

参考文献

中文著作

费孝通，2008，《乡土中国》，人民出版社。

黄希庭、张进辅、李红等，1994，《当代中国青年价值观与教育》，四川教育出版社。

柯兰君、李汉林主编，2001，《都市里的村民——中国大城市的流动人口》，中央编译出版社。

陆学艺主编，2004，《当代中国社会流动》，社会科学文献出版社。

王孟成，2014，《潜变量建模与 Mplus 应用·基础篇》，重庆大学出版社。

王卫东，2002，《现代化进程中的教育价值观：西方之鉴与本土之路》，中国社会科学出版社。

王玉德，2008，《文化学》，云南大学出版社。

王中会，2015，《流动儿童的社会认同与融合：现状、成因及干预策略》，中国社会科学出版社。

辛自强主编，2013，《转型期重点人群社会心理研究》，山东人民出版社。

杨善华、沈崇麟，2000，《城乡家庭：市场经济与非农化背景下的变迁》，浙江人民出版社。

中译著作

［法］布尔迪厄，1997，《文化资本与社会炼金术——布尔迪厄访谈录》，包亚明译，上海人民出版社。

［英］马林诺夫斯基，1987，《文化论》，费孝通等译，中国民间文艺出版社。

中文论文

艾莲，2010，《乡土文化：内涵与价值——传统文化在乡村论略》，《中华文化论坛》第 3 期。

鲍宗豪，2006，《城市精神文化论》，《学术月刊》第 1 期。

蔡华俭、黄梓航、林莉等，2020，《半个多世纪来中国人的心理与行为变化——心理学视野下的研究》，《心理科学进展》第 10 期。

蔡笑岳、吴萍，1999，《我国青少年学生观念现代性的研究》，《心理科学》第 2 期。

曹峰，2011，《文化心理的范式转换——中国农民工城市化的根本出路》，《山西师大学报》（社会科学版）第 6 期。

长子中，2009，《当前新生代农民工价值观念透视》，《北方经济》第 9 期。

陈长松，2008，《农民工文化资本分析及其对报道的影响》，《新闻界》第 5 期。

陈甫英、沈裔翀，2016，《新生代农民工文化资本存量分析及生成积累策略——以浙江嘉兴为例》，《职教论坛》第 6 期。

程建、王春丽，2010，《农民工子女与城市社会主流文化冲突之考察》，《法制与社会》第 28 期。

迟云福，2013，《加快推进人的城镇化问题研究——以农民工市民化为例》，《决策咨询》第 5 期。

仇立平、肖日葵，2011，《文化资本与社会地位获得——基于上海市的实证研究》，《中国社会科学》第 6 期。

段成荣，2015，《我国流动和留守儿童的几个基本问题》，《中国农业大学学报》（社会科学版）第 1 期。

范兴华、方晓义、刘杨等，2012，《流动儿童歧视知觉与社会文化适应：社会支持和社会认同的作用》，《心理学报》第 5 期。

方媛、姚佳胜，2020，《我国流动儿童教育政策变迁逻辑及未来展望》，《当代教育科学》第 1 期。

冯帮，2011a，《流动儿童城市文化适应调查报告》，《上海教育科研》第 4 期。

冯帮，2011b，《流动儿童的城市文化适应的研究——基于社会排斥的分析视角》,《现代教育管理》第 5 期。

高怀斌、陈婉珊、黄铠洁等,2017,《农民工家庭教育观念对其子女受教育状况的影响——以中山市大涌镇为例》,《才智》第 21 期。

郭良春等,2005,《流动儿童的城市适应性研究——对北京市一所打工子弟学校的个案调查》,《青年研究》第 3 期。

国家统计局,2017,《2016 年农民工监测调查报告》,《中国信息报》5 月 2 日第 1 版。

何瑞鑫、傅慧芳,2006,《新生代农民工的价值观变迁》,《中国青年研究》第 4 期。

侯西安、孙伟,2008,《农民工文化价值观市民化现状及其实现途径——以福州、厦门、泉州农民工问题为例》,《唐都学刊》第 3 期。

胡洪彬,2012,《文化资本与社会资本:农民工融入城市的双重变量》,《浙江树人大学学报》(人文社会科学版)第 4 期。

胡宏伟、童玉林、杨帆等,2012,《母亲受教育水平与农民工子女学业成绩:基于农民工家庭的实证调查》,《江西农业大学学报》(社会科学版)第 3 期。

胡雪龙、康永久,2017,《主动在场的本分人:农村学生家庭文化资本的实证研究》,《全球教育展望》第 11 期。

黄丽丽,2008,《探究价值观的代际传递内容及其机制》,硕士学位论文,华东师范大学。

黄丽云,2011,《新生代农民工研究综述》,《华北电力大学学报》(社会科学版)第 1 期。

简华,2006,《国外移民儿童社会适应的影响因素研究与启示》,《科教文汇》(上半月)第 9 期。

姜永志、白晓丽,2015,《文化变迁中的价值观发展:概念、结构与方法》,《心理科学进展》第 5 期。

姜永志、张海钟,2010,《中国人自我的区域文化心理学探析——双文化自我与文化适应》,《江汉大学学报》(人文社会科学版)第 3 期。

蒋奖、鲁峥嵘、蒋苾菁等,2010,《简式父母教养方式问卷中文版的初步修订》,《心理发展与教育》第 1 期。

金盛华、辛志勇,2003,《中国人价值观研究的现状及发展趋势》,《北京师范大学学报》(社会科学版)第 3 期。

金盛华、郑建君、辛志勇，2009，《当代中国人价值观的结构与特点》，《心理学报》第 10 期。

雷有光，2004，《都市"小村民"眼中的大世界——城市流动人口子女社会认知的调查研究》，《教育科学研究》第 6 期。

雷雨佳，2007，《流动农民工的教育观念对子女成长的影响》，《科技咨询导报》第 3 期。

李晨、曾月，2013，《贫困文化在农民工及其子女群体中的代际传递及影响》，《经济论坛》第 7 期。

李国强、金源云、左彩金等，2014，《新生代农民工代际传递问题研究》，《石家庄经济学院学报》第 2 期。

李红婷，2009，《城区学校农民工子女文化适应的人类学阐释》，《湖南师范大学教育科学学报》第 2 期。

李洁，2018，《新生代农民工价值观内在冲突探析》，《毛泽东邓小平理论研究》第 7 期。

李为君，2011，《农民工文化资本的缺失及其影响因素研究——基于青岛市黄岛区的实证调查》，《湖北经济学院学报》（人文社会科学版）第 11 期。

李为君，2012，《文化资本视角下的农民工职业地位研究》，《山东省农业管理干部学院学报》第 2 期。

李晓巍、邹泓、王莉，2009，《北京市公立学校与打工子弟学校流动儿童学校适应的比较研究》，《中国特殊教育》第 9 期。

李毅，2017，《小组工作介入流动儿童城市生活适应的对策研究》，《开封教育学院学报》第 4 期。

李玉英，2005，《试谈对城市流动人口子女认识上的误区》，《陕西教育学院学报》第 1 期。

梁美凤，2010，《"流动儿童"的价值观特点及影响因素》，《赤峰学院学报》（汉文哲学社会科学版）第 6 期。

梁宇，2007，《浅析新生代农民工的价值观及其成因》，《市场论坛》第 4 期。

林宇，2011，《"教育公平"内涵之多学科解读》，《宁波大学学报》（教育科学版）第 6 期。

林芝、翁艳燕，2004，《民工子弟学校初中生心理健康状况调查》，

《中国心理卫生杂志》第 2 期。

蔺楠、包颉，2020，《文化价值观对农民创业融资影响的研究——来自"中国千村调查"的数据分析》，《外国经济与管理》第 6 期。

刘爱玉、佟新，2014，《性别观念现状及其影响因素——基于第三期全国妇女地位调查》，《中国社会科学》第 2 期。

刘成斌，2007，《生存理性及其更替——两代农民工进城心态的转变》，《福建论坛》（人文社会科学版）第 7 期。

刘庆、冯兰，2014，《留城，还是返乡——武汉市农民工随迁子女留城意愿实证分析》，《青年研究》第 2 期。

刘杨、方晓义、蔡蓉等，2008，《流动儿童城市适应状况及过程——一项质性研究的结果》，《北京师范大学学报》（社会科学版）第 3 期。

刘仪凤、吴梦然、潘建伟，2019，《农民工消费行为影响因素分析——以北京市为例》，《商业经济研究》第 6 期。

刘玉兰、彭华民，2014，《嵌入文化的流动儿童社会工作服务：理论与实践反思》，《华东理工大学学报》（社会科学版）第 3 期。

罗国权，2006，《建设和谐社会的行为文化》，《云南社会科学》第 6 期。

罗玉成、罗万里，2003，《论制度文化与精神文化的关系》，《船山学刊》第 4 期。

马葆芳，2019，《"贫困代际传递"理论研究述评》，《现代商贸工业》第 8 期。

马春华、石金群、李银河等，2011，《中国城市家庭变迁的趋势和最新发现》，《社会学研究》第 2 期。

茅颖芳，2016，《父母教养方式对青少年学生价值观的影响》，《亚太教育》第 23 期。

牛春娟、郑勇，2010，《西南少数民族教育价值观的调查研究》，《心理科学》第 1 期。

秦洁，2009，《农民工子女学校融入困境解析——基于文化资本的视角》，《基础教育》第 12 期。

任云霞，2006，《社会排斥与流动儿童的城市适应的研究》，《陕西青年管理干部学院学报》第 1 期。

尚秀华、崔爽，2013，《论亲子依恋与大学生学校适应的关系》，《辽宁行政学院学报》第 2 期。

邵东珂、范叶超，2011，《新生代农民工文化适应调查研究》，《集美大学学报》（哲学社会科学版）第 2 期。

申端锋、苑素梅，2009，《80 后农民工价值观与城乡一体化新模式——来自中部地区农村的实证调查》，《周口师范学院学报》第 3 期。

沈费伟，2020，《传统乡村文化重构：实现乡村文化振兴的路径选择》，《人文杂志》第 4 期。

宋林飞，2005，《城市移民的文化矛盾与社会安全》，《江苏社会科学》第 5 期。

孙显元，2006，《"物质文化"概念辨析》，《人文杂志》第 3 期。

孙晓莉，2006，《流动儿童学校适应性现状研究》，《现代教育科学》第 12 期。

孙岩、马亚楠、杨丽珠，2015，《父母教育价值观对儿童人格的影响：有调节的中介模型》，《心理发展与教育》第 5 期。

汤林春，2009，《农民工子女就读城市公办学校的文化冲突与融合研究》，《教育发展研究》第 10 期。

唐灿，2005，《中国城乡社会家庭结构与功能的变迁》，《浙江学刊》第 2 期。

唐琼，2013，《从"游民"到市民：新生代农民工城市文化融入探析》，《中共四川省委省级机关党校学报》第 1 期。

汪国华，2009，《两代农民工文化适应的逻辑比较与实证研究》，《西北人口》第 5 期。

王春光，2001，《新生代农村流动人口的社会认同与城乡融合的关系》，《社会学研究》第 3 期。

王春光，2006，《农村流动人口的"半城市化"问题研究》，《社会学研究》第 5 期。

王道阳、姚本先，2013，《加强流动青少年心理干预的政策探讨》，《中国卫生事业管理》第 5 期。

王丽、傅金芝，2005，《国内父母教养方式与儿童发展研究》，《心理科学进展》第 3 期。

王祥瑞，2018，《基于文化资本理论视角分析职业流动与性别分层》，《文化学刊》第 4 期。

王小红，2008，《文化资本与农村转移人员的社会地位》，《北京工业大学学报》（社会科学版）第 6 期。

王晓妹、杨淑萍、田凤梅等，2013，《农民工子女学习适应性问题研究》，《辽宁师范大学学报》（社会科学版）第 2 期。

王亚南，2020，《苏南某中学初中流动儿童社会适应现状》，《中国健康心理学杂志》第 12 期。

王宇景、余浙，2020，《价值观代际传递与分化视角下的大学生心理特点研究》，《心理月刊》第 10 期。

王中会，2016，《流动儿童亲子依恋对城市适应影响的内在机制：社会认同的中介作用》，《中国特殊教育》第 2 期。

王中会、向宇、蔺秀云，2019，《农民工及其子女文化适应的代际传递：亲子依恋的中介作用》，《中国特殊教育》第 4 期。

王中会、钟昕琰、张雪，2021，《农民工及其子女文化资本的代际传递》，《中国特殊教育》第 9 期。

温忠麟、叶宝娟，2014，《中介效应分析：方法和模型发展》，《心理科学进展》第 5 期。

文军、李珊珊，2018，《文化资本代际传递的阶层差异及其影响——基于上海市中产阶层和工人阶层家庭的比较研究》，《华东师范大学学报》（哲学社会科学版）第 4 期。

吴新慧，2004，《关注流动人口子女的社会融入状况——"社会排斥"的视角》，《社会》第 9 期。

肖伟、阳慎初，2008，《"80 后"农民工消费观念变迁研究》，《长沙大学学报》第 3 期。

谢建社、牛喜霞，2004，《乡土中国社会"差序格局"新趋势》，《江西师范大学学报》第 1 期。

谢晋宇，1999，《流入大城市农村人口子女的教育问题与对策》，《西北人口》第 4 期。

熊易寒、杨肖光，2012，《学校类型对农民工子女价值观与行为模式的影响——基于上海的实证研究》，《青年研究》第 1 期。

徐惟诚，2013，《人的城镇化与城市文明的来临》，《城市管理与科技》第 3 期。

许怀雪、秦玉友、李维等，2020，《家庭文化资本对初一学生学业成绩的影响研究——基于学习投入的中介作用分析》,《教育理论与实践》第 4 期。

许燕、曹雪,2000,《从传统性到现代性的转变上看京港大学生的人格差异》,《心理学探新》第 4 期。

薛晓阳,2003,《学校精神文化建设的新视野》,《教育研究》第 3 期。

杨凤枝、谢明荣,2016,《城市"流动儿童"价值观教育问题的现状、困境及对策》,《中国市场》第 21 期。

杨国枢,2005,《中国人的社会取向:社会互动的观点》,《中国社会心理学评论》第 1 期。

杨涵舒、程文红、肖泽萍,2019,《父母教养方式的代际传递特点及成因》,《中国学校卫生》第 10 期。

杨俊,2011,《城镇化过程中农民价值观的重塑》,《西安文理学院学报》(社会科学版)第 2 期。

杨明,2018,《初中流动儿童家庭亲密度、适应性与社会文化适应的关系——积极心理资本的中介作用》,《中国健康教育》第 10 期。

杨文娟,2003,《流动人口子女人格特征探微》,《常州师范专科学校学报》第 4 期。

杨宜音,1998,《社会心理领域的价值观研究述要》,《中国社会科学》第 2 期。

杨雨萱,2021,《城市规模、公共服务挤出效应与流动人口子女随迁》,《云南财经大学学报》第 8 期。

杨玉好,1989,《马林诺夫斯基文化思想简论》,《烟台大学学报》(哲学社会科学版)第 3 期。

姚凯、杨圭芝,2016,《东莞市流动农民工子女心理健康状况调查研究》,《青少年研究与实践》第 4 期。

袁勇我,2019,《文化资本的代际传递机制分析》,《云南行政学院学报》第 1 期。

曾丽雅,2002,《关于建构中华民族当代精神文化的思考》,《江西社会科学》第 10 期。

曾小华,2001,《文化、制度与制度文化》,《中共浙江省委党校学报》第 2 期。

张海峰、韩云洁，2012，《文化资本视角下农民工继续教育问题再思考》，《继续教育研究》第 1 期。

张文宏、雷开春，2008，《城市新移民社会融合的结构、现状与影响因素分析》，《社会学研究》第 5 期。

赵灯峰、钱守云，2015，《高等院校农民工子女消费极化现象分析——以皖西北某高校为例》，《长春大学学报》第 8 期。

赵芳、黄润龙，2008，《文化资本与农民工的城市融入》，《法制与社会》第 13 期。

赵岚，2007，《新生代农民工的教育价值观及其对子女教育的影响》，《东北师大学报》（哲学社会科学版）第 6 期。

郑杭生，2005，《农民市民化：当代中国社会学的重要研究主题》，《甘肃社会科学》第 4 期。

郑杭生、张本效，2014，《可行性与可达性：户籍制度改革破题》，《探索与争鸣》第 7 期。

周森森、李紫玫、梁婉莹，2019，《文化资本对新生代农民工心理融合的影响研究——以西安市为例》，《新西部》第 10 期。

周晓虹，2000，《文化反哺：变迁社会中的亲子传承》，《社会学研究》第 2 期。

朱红玉、李婉秋、秦桂秀，2020，《小组工作方法介入流动儿童城市融入实践反思》，《学理论》第 10 期。

朱家德，2014，《流动儿童教育政策演变路径分析》，《教育学术月刊》第 6 期。

朱力，2002，《论农民工阶层的城市适应》，《江海学刊》第 6 期。

朱伟珏，2005，《"资本"的一种非经济学解读——布迪厄"文化资本"概念》，《社会科学》第 6 期。

卓玛草、孔祥利，2016，《农民工代际职业流动：代际差异与代际传递的双重嵌套》，《财经科学》第 6 期。

邹显林，2013，《新生代农民工文化适应总体状况调查研究》，《职教通讯》第 16 期。

英文著作

Cavalli-Sforza, L. L., & Feldman, M. W., 1981, *Cultural Transmission and Evolution*：*A Quantitative Approach*，Princeton，NJ：Princeton University Press.

Erikson，E.，1968，*Identity，Youth and Crisis*，New York，NY：Norton.

Georgas，J. E.，Berry，J. W.，Van，de Vijver，F. J. R.，et al.，2006，*Families Across Cultures*：*A 30-Nation Psychological Study*，Cambridge，UK：Cambridge University Press.

Grolnick，W. S.，Deci，E. L.，& Ryan，R. M.，1997，*Internalization Within the Family*：*The Self-Determination Theory Perspective*，New York，NJ：Wiley.

Grusec & L. Kuczynski，1997，*Parenting and Children's Internalization of Values*：*A Handbook of Contemporary Theory*，New York，NY：Wiley.

Lareau，Annette.，2000，*Home advantage*：*Social Class and Parental Intervention in Elementary Education*，Lanham，MD：Rowman & Littlefield Publishers，Inc.

Rokeach，M.，1973，*The Nature of Human Values*，New York，NY：Free Press.

Schönpflug，U.，2008，*Cultural Transmission*：*Psychological，Developmental，Social，and Methodological Aspects*，Cambridge，UK：Cambridge University Press.

Shavit，Y.，& Blossfeld，H.，1993，*Persistent Inequality*：*Changing Educational Attainment in Thirteen Countries*，Boulder，CO：Westview Press.

Swartz，David.，1997，*Culture and Power*：*The Sociology of Pierre Bourdieu*，Chicago：University of Chicago Press.

英文论文

Acock，A. C.，& Bengtson，V. L.，1978，"On the Relative Influence of Mothers and Fathers：A Covariance Analysis of Political and Religious Socialisation"，*Journal of Marriage and the Family*，No. 1.

Alwin，D. F.，1988，"From Obedience to Autonomy Changes in Traits Desired in Children，1924-1978"，*Public Opinion Quarterly*，No. 1.

Andersen，P. L.，and M. N. Hansen.，2012，"Class and Cultural Capital—The Case of Class Inequality in Educational Performance", *European Sociological Review*, No. 5.

Annick Prieur, Mike Savage, 2013, "Emerging Forms of Cultural Capital", *European Societies*, No. 2.

Aonghas S. H., 2002, "The Social Adaption of Children of Mexican Immigrants: Educational Aspirations beyond Junior High School", *Social Science Quarterly*, No. 4.

Atzaba-Poria N, Pike A., 2010, "Are Ethnic Minority Adolescents at Risk for Problem Behaviour? Acculturation and Intergenerational Acculturation Discrepancies in Early Adolescence", *British Journal of Developmental Psychology*, No. 4.

Aulakh, P. S., & Gencturk, E. F., 2000, "International Principal – Agent Relationships: Control, Governance and Performance", *Industrial Marketing Management*, No. 6.

Barni D, Ranieri S, Scabini E, et al., 2011, "Value Transmission in the Family: Do Adolescents Accept the Values Their Parents Want to Transmit?" *Journal of Moral Education*, No. 1.

Blair, C., 2001, "The Early Identification of Risk for Grade Retention Among African American Children at Risk for School Difficulty", *Applied Developmental Science*, No. 5.

Boehnke, K., 2001, "Parent – Offspring Value Transmission in A Societal Context", *Journal of Cross-Cultural Psychology*, No. 2.

Boehnke, K., Hadjar, A., & Baier, D., 2007, "Parent-Child Value Similarity: The Role of Zeitgeist", *Journal of Marriage and Family*, No. 3.

Boyd R., Richerson P. J., 2009, "Culture and the Evolution of Human Cooperation", *Philosophical Transactions of the Royal Society of London*, Series B, Biological Sciences, No. 1533.

Boyd R., Richerson P. J., Henrich J., 2011, "Rapid Cultural Adaptation Can Facilitate the Evolution of Large-Scale Cooperation", *Behavioral ecology and sociobiology*, No. 3.

Breen, R., & Jonsson, J., 2005, "Inequality of Opportunity in Comparative Perspective: Recent Research on Educational Attainment and Social

Mobility", *Annual Review of Sociology*, No. 31.

Breen, R., Luijkx, R., Müller, W., 2005, "Nonpersistent Inequality in Educational Attainment: Evidence from Eight European Countries", *American Journal of Sociology*, No. 1.

Bub, K. L., Kahleen, M., John, W. B., 2007, "Behavior Problems Trajectories and First – Grade Cognitive Ability and Achievement Skills: A Latent Growth Curve Analysis", *Journal of Educational Psychology*, No. 3.

Byun, S. Y., K. K. Kim, H. Park., 2012, "School Choice and Educational Inequality in South Korea", *Journal of School Choice*, No. 2.

Campbell, D. T., 1975, "On the Conflicts Between Biological and Social Evolution and Between Psychology and Moral Tradition", *American Psychologist*, No. 30.

Choi, J. B., Thomas, M., 2009, "Predictive Factors of Acculturation Attitudes and Social Support among Asian Immigrants in The USA", *International Journal of Social Welfare*, No. 1.

Corona R., Rodríguez V. M., McDonald S. E., et al., 2017, "Associations Between Cultural Stressors, Cultural values, and Latina/o College Students' Mental Health", *Journal of Youth and Adolescence*, No. 1.

Davies, S., and J. Rizk., 2018, "The Three Generations of Cultural Capital Research: A Narrative Review", *Review of Educational Research*, No. 3.

De Graaf, Nan Dirk, Paul M. De Graaf, Gerbert Kraaykamp, 2000, "Parental Cultural Capital and Educational Attainment in the Netherlands: A Refinement of the Cultural Capital Perspective", *Sociology of Education*, No. 2.

De Mendonça, J. S., de Felipe, R. P., & David, V. F., 2021, "Socialization Goals, Familism, and Interactional Synchrony in Low–Income Brazilian Mothers and Fathers", *Adversity and Resilience Science*, No. 2.

Derluyn, I., Broekaert, E., 2007, "Different Perspectives on Emotional and Behavioural Problems in Unaccompanied Refugee Children and Adolescents", *Ethnicity & Health*, No. 2.

Derluyn, I., Broekaert, E., Schuyten, G., 2008, "Emotional and Behavioural Problems in Migrant Adolescents in Belgium", *European Child & Adolescent Psychiatry*, No. 1.

DiMaggio, P., 1982, "Cultural Capital and School Success: The Impact of Status Cultural Participation on The Grade of U. S. High School Students", *American Sociological Review*, No. 2.

DiMaggio, P., and J. Mohr., 1985, "Cultural Capital, Educational Attainment, and Marital Selection", *American Journal of Sociology*, No. 6.

Dinesh Bhugra, Cameron Watson & Antonio Ventriglio, 2020, "Migration, Cultural Capital and Acculturation", *International Review of Psychiaty*, No. 1.

Dinh, K. T., Roosa, M. W., & Jenn-Yun, T. L., 2002, "The Relationship Between Acculturation and Problem Behavior Proneness in a Hispanic Youth Sample: A Longitudinal Mediation Mode", *Journal of Abnormal Child Psychology*, No. 3.

Dixon S. V., Graber J. A., Brooks-Gunn J., 2008, "The Roles of Respect for Parental Authority and Parenting Practices in Parent—Child Conflict among African American, Latino, and European American Families", *Journal of Family Psychology*, No. 1.

Fan, Xitao, Michael, Chen., 2001, " Parental Involvement and Students' Academic Achievement: A Meta-Analysis", *Educational Psychology Review*, No. 1.

Friedlmeier, M., & Trommsdorff, G., 2011, "Are Mother-Child Similarities in Value Orientations Related to Mothers' Parenting? A Comparative Study of American and Romanian Mothers and Their Adolescent Children", *European Journal of Developmental Psychology*, No. 6.

Gamier, H. E., & Stein, J. A., 1998, "Values and The Family: Risk and Protective Factors for Adolescent Problem Behaviors ", *Youth & Society*, No. 30.

Grusec, J. E., & Goodnow, J. J., 1994, "Impact of Parental Discipline Methods on The Child's Internalization of Values: A Reconceptualization of Current Points of View", *Developmental Psychology*, No. 30.

Haveman, R. & Smeeding, T., 2006, "The Role of Higher Education in

Social Mobility", *The Future of Children*, No. 2.

Iyengar, S. S., Lepper, M. R., 1999, "Rethinking the Value of Choice: A Cultural Perspective on Intrinsic Motivation", *Journal of Personality and Social Psychology*, No. 3.

Johnson, M. K., 2001, "Change in Job Values During the Transition to Adulthood", *Work and Occupation*, No. 3.

Karoline Mikus, Nicole Tieben & Pia S. Schober, 2020, "Children's Conversion of Cultural Capital into Educational Success: The Symbolic and Skill-Generating Functions of Cultural Capital", *British Journal of Sociology of Education*, No. 2.

Kingston, P. W., 2001, "The Unfulfilled Promise of Cultural Capital Theory", *Sociology of Education*, No. 1.

Knafo, A., & Schwartz, S. H., 2003, "Parenting and Adolescents' Accuracy in Perceiving Parental Values", *Child Development*, No. 2.

Kohn, M. L., Slomczynski, K. M., Schoenbach, C., 1986, "Social Stratification and The Transmission of Values in The Family: A Cross-National Assessment", *Sociological Forum*, No. 1.

Kulik, L., 2002, "Like - Sex Versus Opposite - Sex Effects in Transmission of Gender Role Ideology from Parents to Adolescents in Israel", *Journal of Youth and Adolescence*, No. 6.

Kun, Wang & Shenjing, He, 2019, "Unraveling the Marginalization of New Generation Peasant Workers in China: Cultural Reproduction and Symbolic Construction", *Journal of Urban Affairs*, No. 3.

Kwak, K., 2003, "Adolescents and Their Parents: A Review of Inter-generational Family Relations for Immigrant and Non - Immigrant Families", *Human Development*, No. 2-3.

Kwon, S., K. Kristjánsson, D. I. Walker., 2016, "Misery in Dark Shadows Behind the High Achievement Scores in South Korean Schooling: An Ethnographic Study", *Educational Review*, No. 2.

Lamont, M., and A. Lareau., 1988, "Cultural Capital: Allusions, Gaps and Glissandos in Recent Theoretical Developments", *Sociological Theory*, No. 2.

Lareau, A., 1987, "Social Class Differences in Family-School Relationships: The Importance of Cultural Capital", *Sociology of Education*, No. 2.

Lareau, A., 2002, "Invisible Inequality: Social Class and Childrearing in Black Families and White Families", *American Sociological Review*, No. 5.

Lareau, A., and E. B. Weininger., 2003, "Cultural Capital in Educational Research: A Critical Assessment", *Theory and Society*, No. 5/6.

Lau, A. S., Mccabe, K. M., Yeh, M., et al., 2005, "The Acculturation Gap-Distress Hypothesis Among High Risk Mexican American Families", *Journal of Family Psychology*, No. 19.

Lo. Y. F., 2010, "The Impact of the Acculturation Process on Asian American Youth's Psychological Well-being", *Journal of Child and Adolescent Psychiatric Nursing*, No. 2.

Lucas, S. R., 2001, "Effectively Maintained Inequality: Education Transitions, Track Mobility, and Social Background Effects", *American Journal of Sociology*, No. 6.

Maccoby, E. E., 1990, "Gender and Relationships: A Developmental Account", *American Psychologist*, No. 30.

Min. J., Silverstein, M., & Lendon, J. P., 2012, "Intergenerational Transmission of Values over the Family Life Course", *Advances in Life Course Research*, No. 3.

Monica Kirkpatrick Johnson, Jeylan T. Mortimer, Jutta Heckhausen., 2020, "Work Value Transmission From Parents to Children: Early Socialization and Delayed Activation", *Journal of Applied Management and Entrepreneurship*, No. 1.

Murphy, Jr. E. F., Gordon J. D., Anderson, T. L., 2004, "Cross-Cultural, Cross-Cultural Age and Cross-Cultural Generational Differences in Values Between the United States and Japan", *Journal of Applied Management and Entrepreneurship*, No. 1.

Nawarat., 2018, "Education Obstacles and Family Separation for Children of Migrant Workers in Thailand: A Case From Chiang Mai", *Asia Pacific Journal of Education*, No. 4.

Neblett, Jr. E. W., Rivas-Drake, D., Umaña-Taylor, A. J., 2012,

"The Promise of Racial and Ethnic Protective Factors in Promoting Ethnic Minority Youth Development", *Child Development Perspectives*, No. 3.

Nicole, L., Anne, T., et al., 2011, "The Association Between Paternal Sensitivity and Infant – Father Attachment Security: A Meta – Analysis of Three Decades of Research", *Journal of Family Psychology*, No. 6.

Paryente, B, E., 2010, "Identity Representations and Intergenerational Transmission of Values: The Case of A Religious Minority in Israel", *Papers on Social Representations*, No. 1.

Pfeffer, F. T., 2008, "Persistent Inequality in Educational Attainment and Its Institutional Context", *European Sociological Review*, No. 5.

Phalet, K., & Schönpflug, U., 2001a, "Intergenerational Transmission of Collectivism and Achievement Values in Two Acculturation Contexts: The Case of Turkish Families in Germany and Moroccan Families in The Netherlands", *Journal of Cross–Cultural Psychology*, No. 32.

Phalet, K., & Schönpflug, U., 2001b, "Intergenerational Transmission in Turkish Immigrant Families: Parental Collectivism, Achievement Values and Gender Differences", *Journal of Comparative Family Studies*, No. 32.

Pinquart, M., & Silbereisen, R. K., 2004, "Transmission of Values From Adolescents to Their Parents: The Role of Value Content and Authoritative Parenting", *Adolescence*, No. 153.

Preacher, K. J., & Hayes, A. F., 2008, "Asymptotic and Resampling Strategies for Assessing and Comparing Indirect Effects in Multiple Mediator Models", *Behavior Research Methods*, No. 3.

Qu, Y., Pomerantz, E. M., Deng, C. P., 2016, "Mothers' Goals for Adolescents in The United States and China: Content and Transmission", *Journal of Research on Adolescence*, No. 1.

Reay, D., 2004, "It's All Becoming a Habitus: Beyond the Habitual Use of Habitus in Educational Research", *British Journal of Sociology of Education*, No. 4.

Roest, A. M. C., Dubas, J. S., & Gerris, J. R. M., 2009, "Value Transmissions Between Fathers, Mothers, and Adolescent and Emerging Adult Children: The Role of The Family Climate", *Journal of Family Psychology*,

No. 2.

Roest, A. M. C., Dubas, J. S., & Gerris, J. R. M., 2009, "Value Transmissions Between Parents and Children: Gender and Developmental Phase as Transmission Belts", *Journal of adolescence*, No. 1.

Schofield, T. J., Parke, R. D., Kim, Y. & Coltrane, S., 2008, "Bridging The Acculturation Gap: Parent－Child Relationship Quality as A Moderator in Mexican American Families", *Developmental Psychology*, No. 4.

Seidl-de-Moura, M. L., 2008, "Brazilian Mothers' Socialization Goals: Intracultural Differences in Seven Brazilian Cities", *International Journal of Behavioral Development*, No. 6.

Silva, Elizabeth B., 2005, "Gender, Home and Family in Cultural Capital Theory", *British Journal of Sociology*, No. 1.

Soo-yong, Byun, Evan, Schofer, Kyung-keun, Kim., 2012, "Revisiting the Role of Cultural Capital in East Asian Educational Systems: The Case of South Korea", *Sociology of Education*, No. 3.

Spencer－Rodgers, J., Williams, M. J., Peng, K., 2010, "Cultural Differences in Expectations of Change and Tolerance for Contradiction: A Decade of Empirical Research", *Personality and Social Psychology Review*, No. 3.

Stein, G. L., Polo, A. J., 2014, "Parent－Child Cultural Value Gaps and Depressive Symptoms Among Mexican American Youth", *Journal of Child and Family Studies*, No. 2.

Tamariz, M., 2019, "Replication and Emergence in Cultural Transmission", *Physics of Life Reviews*, No. 4.

Tan, C. Y., 2017, "Conceptual Diversity, Moderators, and Theoretical Issues in Quantitative Studies of Cultural Capital Theory", *Educational Review*, No. 5.

Tan, C. Y., and D. Liu, 2017, "What Is the Influence of Cultural Capital on Student Reading Achievement in Confucian as Compared to Non－Confucian Heritage Societies?", *Compare: A Journal of Comparative and International Education*, No. 6.

Tina Wildhagen, 2009, "Why Does Cultural Capital Matter for High

School Academic Performance? An Empirical Assessment of Teacher–Selection and Self–Selection Mechanisms as Explanations of the Cultural Capital Effect", *The Sociological Quarterly*, No. 1.

Vollebergh, W. A. M., Iedema, J., & Raaijmakers, Q. A., 2001, "Intergenerational Transmission and the Formation of Cultural Orientations in Adolescence and Young Adulthood", *Journal of Marriage and the Family*, No. 4.

Wang, Q., Chan, H. W., & Lin, L., 2012, "*Antecedents of Chinese Parents' Autonomy Support and Psychological Control: The Interplay Between Parents' Self–Development Socialization Goals and Adolescents' School Perform-ance*", *Journal of youth and adolescence*, No. 11.

Yeonsoo Choi, Sung won Kim & Won–Pyo Hong, 2019, "Is the Role of Cultural Capital in Student Achievement in South Korea Different? A Systematic Review", *British Journal of Sociology of Education*, No. 6.

Ying, Y. W., Han, M., 2007, "The Longitudinal Effect of Intergenera-tional Gap in Acculturation on Conflict and Mental Health in Southeast Asian American Adolescents", *American Journal of Orthopsychiatry*, No. 1.

Yu, Xiulan & Han, Yan, 2019, "How Humble Families Produce 'Suc-cessful Descendants' —Class Advancement from the Perspective of Cultural Capital", *Chinese Education & Society*, No. 5-6.

后　记

　　自 2009 年开始关注流动儿童城市适应问题，并申请到了北京市教育科学"十一五"规划 2009 年度重点课题"在京流动儿童城市适应及干预策略研究"，城市适应对流动儿童个体和社会和谐与稳定都具有重要意义。为了促进流动儿童城市适应，也需要开发个体的内在资源，因此我在 2010 年申请到了教育部人文社会科学青年项目"流动儿童积极心理品质现状、成因及培养"。

　　在对流动儿童访谈过程中发现，流动儿童社会认同整合对其城市适应有重要影响，在 2014 年我申请到了教育部人文社会科学规划项目"流动儿童多元社会认同整合机制及对其社会融合影响的追踪研究"。流动儿童随着年龄的增长，会面临着就业、婚恋、在城市是否定居等一系列问题，为了更好地揭示 14 岁以上流动儿童的整体适应状况，我申请了 2014 年北京市社会科学基金项目"在京农民工二代城市适应现状、成因及干预研究"。

　　在上述研究中，我发现农民工及其子女融入城市最后和最重要的阶段是文化适应，但他们在文化适应过程中必然经历城乡文化的冲突与融合，而且两代人之间的文化适应是否存在代际传递？基于上述问题，我在 2017 年申请到了国家社会科学基金项目"农民工及其子女的文化适应过程与代际传递机制研究"。本书是我近年来对农民工及其子女文化适应研究的一些发现，希望能通过本书和更多的专家学者交流、探讨，为进一步促进农民工及其子女文化适应寻找方法、探索路径。希望借助本书的出版，激起社会各界更多地关注流动儿童，为同在蓝天下的流动儿童创造一个良好的社会环境。

　　本书能够顺利出版，我由衷地感谢科研处叶亮老师的帮助！感谢中国社会科学出版社郭如玥编辑的帮助！感谢中华女子学院专著出版经费的资助！感谢各位领导和专著评审专家的支持！感谢书稿写作过程中引用所有文献作者以前的研究！感谢在数据收集、录入、分析过程中帮助我的同学！没有众多人的帮助，也就不会有本书的出版。

感谢在数据收集过程中的每一位流动儿童与其父母！经过 15 年与流动儿童及家庭的接触，给了我不断探索的动力，不断克服困难的勇气！

在本书完稿之际，最后感谢一直坚持研究探索的自己，经过长期的思考和不断地调查研究，越来越找到了研究方向，走出了迷茫和失望，走向了笃定和坚强。

2024 年 1 月 26 日

王中会